U0052888

鞠有黃華
庚申冬月寫此為
士遴八十壽 倪亮

司琦
徐珍
教授合編

林家興
王麗文
博士助編

吳俊升先生暨夫人倪亮女士年譜

中華民國八十五年春

陳立夫

陳立夫

國家圖書館出版品預行編目資料

吳俊升先生暨夫人倪亮女士年譜／
國立教育資料館主編，司琦 徐珍編.
--初版.--臺北市：三民，民86
面；　公分
含索引
ISBN 957-14-2510-9（平裝）

I 吳俊升-年表　2.倪亮-年表

782.986　　85011511

國際網路位址　http://sanmin.com.tw

ⓒ 吳俊升先生暨夫人倪亮女士年譜
〔吳倪伉儷年譜〕

主　編　國立教育資料館
編　者　司琦 徐珍
發行人　劉振强
著作財產權人　國立教育資料館
發行所　三民書局股份有限公司
地址／臺北市復興北路三八六號
電話／五〇〇六六〇〇
郵撥／〇〇〇九九九八——五號
印刷所　三民書局股份有限公司
門市部　復北店／臺北市復興北路三八六號
重南店／臺北市重慶南路一段六十一號
初　版　中華民國八十六年四月
編　號　S 78094
基本定價　捌元陸角
行政院新聞局登記證局版臺業字第〇二〇〇號

ISBN 957-14-2510-9（平裝）

圖一：吳俊升、倪亮夫婦寓前散步：民國八十三年三月二十二日攝於洛杉磯。

圖二：吳俊升先生在香港新亞書院退休留影：攝於民國六十八年六月。

圖三：倪亮夫人參觀夏威夷東西文化中心留影：攝於民國五十三年九月。

圖四：吳俊升、倪亮夫婦九秩榮慶儷影。

圖五：吳俊升、倪亮夫婦九秩榮慶共吹燭光。

圖六：參加九秩大壽慶祝會親友盛況。

圖七：吳俊升、倪亮夫婦五十華誕儷影。

圖八：吳俊升、倪亮夫婦四十華誕儷影。

圖九：陳資政立夫先生萢洛城餐敍：陳資政九十華誕避壽來洛應邀聚敍：〔右起〕錢昌祚夫人、(站立者)□□□、(坐者)沈士華、吳倪亮、陳立夫、吳俊升、華仲麔先生、（背後站立者）華小姐。攝於民國七十八年六月二十八日。

圖一〇：鍾健、湯滌二位先生來訪：鍾氏〔後立右一〕和湯氏〔後立右二〕為抗戰時期教育部同事。次女百慶〔右〕在座。攝於民國八十三年夏。

圖一一：張迺藩夫婦、司琦夫婦來訪：司氏夫婦〔左〕自臺北來訪，適張氏夫婦偕公子紹遷〔右〕亦在座；均為民國四十三年五月張其昀先生任教育部長，吳俊升先生任政務次長同事，合影留念。攝於民國八十年夏。

圖一二：新亞書院祕書張海珠女士來訪：攝於民國八十二年四月一日。

圖一三：家人參觀洛城杭庭頓圖書館合影：〔右起〕長子百益、次女百慶、倪亮夫人、長女百平、吳俊升先生。攝於民國七十九年十二月二十三日。

圖一四：家人郊遊合影 (一)：〔右起〕吳俊升先生、次女百慶、倪亮夫人、外孫張約禮、長女百平、外孫陳中和、長子百益。攝於民國七十九年十二月二十五日。

圖一五：家人郊遊合影 (二)：〔右起〕吳百益、吳百慶、吳百平及〔百慶之子〕陳中和。

圖一六：家人郊遊合影(三)：〔右起〕長女百平、次女百慶、外孫陳中和、張約禮。攝於民國七十九年十二月二十五日。

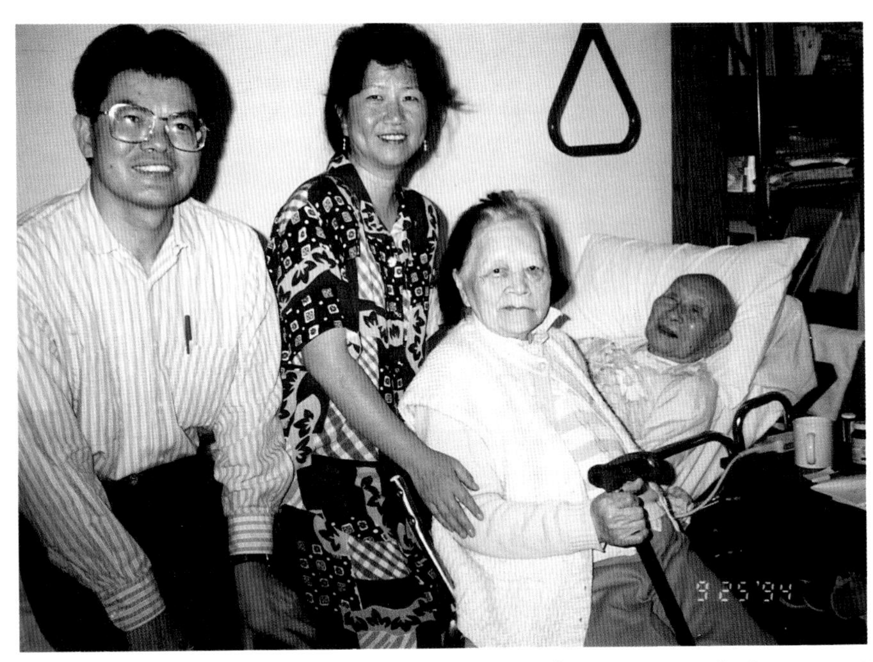

圖一七：林家興博士夫婦來訪：〔右起〕吳俊升、倪亮、王麗文、林家興。民國八十三年九月二十五日攝於吳先生病榻前。

圖一八：本譜編輯小組人員：研商文稿整理及排校等事宜〔右〕司琦、林家興、王麗文。〔左〕：徐珍、李耿旭、劉怡青。民國八十四年八月三日攝於臺北。

毛序

教育乃民族文化承先啟後的偉大事業。自清末興辦新教育以來，杏壇先進、或闡述教育思想、或研訂學校制度、或致力研究工作、或實踐教育理想有卓越貢獻者，其事功風範素為治教育史者所重視。教育先進的傳記足以發潛德之幽光，示後人以楷模，並且促使民族文化與教育事業不斷的創新與進步。

吳俊升和倪亮二位教授早年均曾就讀師範學校，並曾任小學教師；二位結褵後同赴法國巴黎大學深造。吳教授專研教育哲學，倪教授精攻教育心理學，並同日通過博士學位考試傳為佳話。返國後，又同在北京大學任教。伉儷在教育園地中，除短期從事教育或學校行政工作外，長期則致力於教學與研究工作；其在教育哲學及教育心理學的貢獻尤著。

國立教育資料館創設於民國四十五年間，吳教授襄助張其昀部長任政務次長；倪教授執教於臺灣大學心理學系，從事教學和研究。其時，我就讀於臺南師範學校，久已仰慕二位先進的大名；嗣自臺灣師範大學畢業後，為參加教育行政人員高等考試，曾詳閱吳教授所著《教育哲學大綱》一書，獲益匪淺；現閱譜文始知該書不僅為我國師範校院廣為採用、且為歷時最久的大學用書。在我從事兒童發展研究、兒童心智發展工作和配合美國海外盲人基金會專家推展盲生混合教育期間，曾參閱倪教授在臺灣大學心理學專刊和中國測驗學會的《測驗年刊》上所刊載的論著，對推展我國心理學的研究和應用影響深遠；頃見本譜已選載數篇重要的中、英文論著為例。

由司琦教授等所組成的本譜編輯小組成員為使二位教授的思想、學術、事功和風範永傳，並祝賀其九五華誕，合編《吳俊升先生暨夫人倪亮女士年譜》，涵義深遠。今稿成付梓，謹綴數語以為序。

毛連塭　民國八十五年八月於國立教育資料館

凡例

一、教育家吳俊升先生、心理學家倪亮夫人伉儷，早年同日榮獲巴黎大學博士學位，回國獻身杏壇，學術事功素為士林共仰。本譜為其伉儷年譜之合譜。

二、本譜稱譜主吳俊升教授（字士選）為「先生」，譜主倪亮教授（字朗若）為「夫人」，合稱為「夫婦」。譜主之父，加上「公」字，如「吳漢章公」；譜主之母，加上「太」字，如「薛太夫人」。對　國父、先總統　蔣公與繼任總統則稱「先生」或書其當時職銜；餘依學術著作通例，所述及人物皆直書其姓名（用全名），或加括弧附其字號，免加尊稱。至引文中的稱呼，均仍其舊以存真。

三、本譜內容以譜主自藏、口述及編者調查的資料為依據，不註明出處。然譜文選列譜主的專著或在報刊所發表的論述，均在條目中說明其出處，範圍很廣，不一一列舉。

四、本譜始於吳俊升先生出生之民前十一年（一九〇一），倪亮夫人出生之民前十年（一九〇二），止於民國八十四年（一九九五）底。

五、本譜條目繫年：民國紀元、西元在前（民國以前者加皇室紀年），後為干支。民國以前採用陰曆，出生月日加註陽曆；民國元年後採用陽曆。同年中，凡一事之月分無法確定者，附置於某季（春、夏、秋、冬）之末；月中日期不能確定者，或置於該月之末，或置於該月某旬（上旬、中旬、下旬）之後，依原始資料為準。

六、本譜中彩色圖片，用銅版紙精印，弁於卷首；至黑白圖片，篇幅占半頁或全頁為原則，配合文字刊出。

七、本譜標點符號：——（私名號）用於人名、地名、機構、名稱及紀元等，「」（單引號）用於平常引號，『』（雙引號）用於第二級引號（即引號內引號）。《》用於書名，〈〉用於論文及篇名，如《皇朝經世文編》關於「經世之學」的理論〉。唯在正文中古籍書名與篇名連用時，可省略篇名符號，如《淮南子・天文篇》。但引文詞詩聯，均依原文標點符號，以不增加亦不變動為原則。

八、著述取自譜主文集者，標明「文載譜主編（文集名稱）」，不列出處；因在譜後附有譜主的著譯書目，並列有出版處所及年月，故在條目中，文集出處及年月從略。其他著述如有「原載」者列後，如「原載（報刊）」，其後寫出出版處所及年月。

九、年譜將譜主的生平事實細分為條目，依條目的「時間」為序排列；年譜再就條目的「性質」，酌依傳記項目，如出生、家庭、教育、著述等分類，編附「索引」，以便檢閱。

十、年譜為依時記載一人生平事實的史書。本譜除記載譜主生平史實外，並選列譜主一生中活動照片及具有學術性、歷史性和紀念性的重要著述、詞文及字畫予以製版以保留原貌。因兩位譜主學以致用，畢生堅守教育崗位，德高望重，且共享遐齡；編輯二位著名學人之年譜的合譜，在體例上具有創新的性質。

吳俊升先生暨夫人倪亮女士年譜

目次

譜文目次

黑白圖次

附　載

吳俊升先生暨夫人倪亮女士年譜

一、幼年生活

民前十一年　一九〇一（光緒二十七年　辛丑）　先生誕生

十二月二十四日　先生生於江蘇省如皋縣南鄉車馬湖沈家莊祖宅（陰曆十一月初三）。父漢章（雲倬）公，母薛太夫人。

民前十年　一九〇二（光緒二十八年　壬寅）　先生二歲　夫人誕生

八月十五日　夫人誕生於南京（陰曆七月十二日）。父椿蓉（東甫）公，母鍾太夫人。

民前九年　一九〇三（光緒二十九年　癸卯）　先生三歲　夫人二歲

民前八年　一九〇四（光緒三十年　甲辰）　先生四歲　夫人三歲

民前七年　一九〇五（光緒三十一年　乙巳）　先生五歲　夫人四歲

圖一：太翁吳漢章公像　薛太夫人像

圖二：家庭系統圖

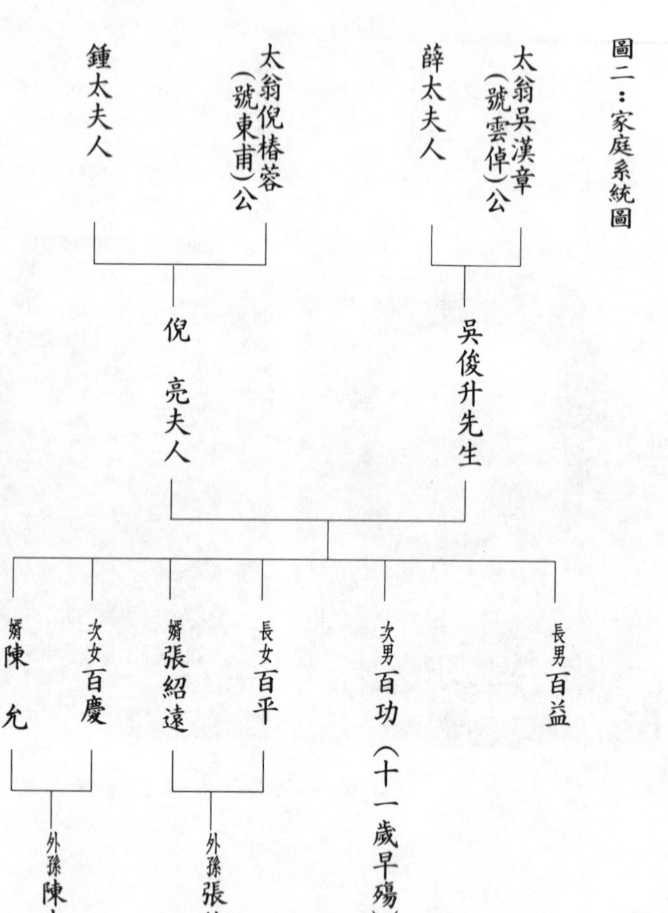

——先生及夫人之旁系（兄弟姐妹）從略。

本年　先生之父漢章公先後在鄉間各家私塾教讀，並在如皋師範學校肄業，準備應縣試，故由母薛太夫人挈先生寄居如皋縣鎮濤鄉薛家窯外家。

民前六年　一九〇六（光緒三十二年　丙午）　先生六歲　夫人五歲

本年　先生隨母寄寓南通平潮市大姨母徐薛太夫人家。開始入學啟蒙，塾師為鄰居秀才張先生，並由其命名俊升。

民前五年　一九〇七（光緒三十三年　丁未）　先生七歲　夫人六歲

本年　父漢章公自如皋師範學校畢業，受聘為車馬湖李橋鎮初等小學校長，因而移家李橋。

・先生入李橋鎮初等小學肄業，為受新式教育之始。

民前四年　一九〇八（光緒三十四年　戊申）　先生八歲　夫人七歲

民前三年　一九〇九（宣統元年　己酉）　先生九歲　夫人八歲

本年　父漢章公離李橋鎮初等小學職，赴上海進修單級教學法。

・先生隨母再度寄居外家，入薛窯初等小學肄業。學校距外家稍遠，午留校以所攜飯包果腹。

民前二年　一九一〇（宣統二年　庚戌）　先生十歲　夫人九歲

本年　父漢章公在上海進修完畢，返如皋勸學所任職，並隨同江蘇省視學來薛窯小學視察，兼得探視先生及親屬。

民前一年　一九一一（宣統三年　辛亥）　先生十一歲　夫人十歲

十月十日　辛亥革命發生。

本年　父漢章公受聘為如皋東鄉林梓初等小學校長，移家林梓。

・先生隨父轉學林梓初等小學。

・夫人入學南京貴格教會所辦培真女校，課本以英文原著為多，少數為中文譯著，對世界歷史及地理方面知識大為增進。

民國元年　一九一二（壬子）　先生十二歲　夫人十一歲

一月一日　中華民國政府在南京成立。

本年　先生在林梓初等小學畢業。

・夫人就讀南京滙文女子小學（日校。校址在南京北門橋估衣廓）。

民國二年　一九一三（癸丑）　先生十三歲　夫人十二歲

本年　先生升學如皋東鄉東陳鎮高等小學校，在校寄讀。因學優插入高小二年級。

・夫人進南京五台山培真女子小學。住宿。

二、接受師教

民國三年　一九一四（甲寅）　先生十四歲　夫人十三歲

本年　先生在高等小學畢業。

・先生應如皋縣立師範學校入學考試。因作文甚優，其中引用範本文句，被疑為全部抄襲。由何景平校長出題面試，題為「述自鄉來城沿途所見」。此題無法抄襲成文，而先生之作文，令何校長滿意，遂獲錄取入學。

民國四年　一九一五（乙卯）　先生十五歲　夫人十四歲

本年　日本提出二十一條不平等條約，迫我承認。如皋縣立師範學校學生亦發起抵制日貨運動，曾將如皋巨紳所開設的洋貨舖中日貨搜出焚毀，先生為引火之第一人。因事出愛國熱忱，巨紳與校方並未追究。

・夫人考入位於南京馬府街的江蘇省立第一女子師範學校，該校教員多為前兩江（江蘇、浙江）師範學院的教授。

民國五年　一九一六（丙辰）　先生十六歲　夫人十五歲

本年　父漢章公改任車馬湖王高岸初級小學校長，移家南通平潮市。

民國六年　一九一七（丁巳）　先生十七歲　夫人十六歲

民國七年　一九一八（戊午）　先生十八歲　夫人十七歲

民國八年　一九一九（己未）　先生十九歲　夫人十八歲

五月四日　北京學生因對日外交失敗，舉行遊行示威，發生「五四運動」。

秋　先生在如皋師範畢業。畢業前曾與級友同往江南各處參觀。因途中生病，返家休養。

本年　如皋師範校方留先生任附屬高等小學教員，任一年級級任。每週任教國文十小時。薪金每月銀幣十元。

- 「五四運動」繼續發展為「新文化運動」，當時如皋師範教員和附屬小學同事創辦《新心》期刊，鼓吹新文化，並發動反對地方舊勢力，先生之思想受其影響。
- 白話文運動遍及全國。上海商務印書館發售函授講義，提倡新教學法。如師附屬高級小學同人用一筆名研訂此種講義，互相研究。然後集體對於該館所出考試問題作答，與所有各地參加函授的教師競賽，得中第一名，共得幾百元獎金。其後，先生等更為商務印書館編輯第一套以語體文為教材之《（高級小學）新法國語教科書》。
- 夫人讀江蘇省立第一女子師範學校三年級，時值抗日學潮再起，夫人以該校學生代表出席南京學生會。
- 夫人在五四運動期間，一方面對外參加活動，一方面補習英文數學，準備升大學。

民國九年　一九二〇（庚申）　先生二十歲　夫人十九歲

七月　先生與劉大紳、戴杰等人合編之《（高級小學）新法國語教科書》（商務印書館，民國九年七月出版）（本書封面及版權頁見第十三頁）全六冊，一學年兩冊，供高等小學校學生用。前四冊純（均）是語體文，後二冊語體文和文體文（文言文）互用，文體文佔十分之三。選用教材的標準：「實質方面，注重關於身心、國家、世界的地方；形式方面，務求明爽、活潑、有規律，詞類顯豁，語法有序。」為廣被採用的一套教科書。此為先生與商務印書館文字因緣之起始。當時教科書由書局呈請教育部審定。審定批詞須印在版權頁。該書批詞為：

呈及高等小學用《新法國語教科書》第一第二冊均閱悉，當將該書交付國語統一籌備會審查去後，茲得該會呈稱：「這部書形式實質兩方面都還分配得宜，可以作為高等小學校國語教科用書等。」因查該會審查此書尚屬公允，應審定作為高等小學國語用書。

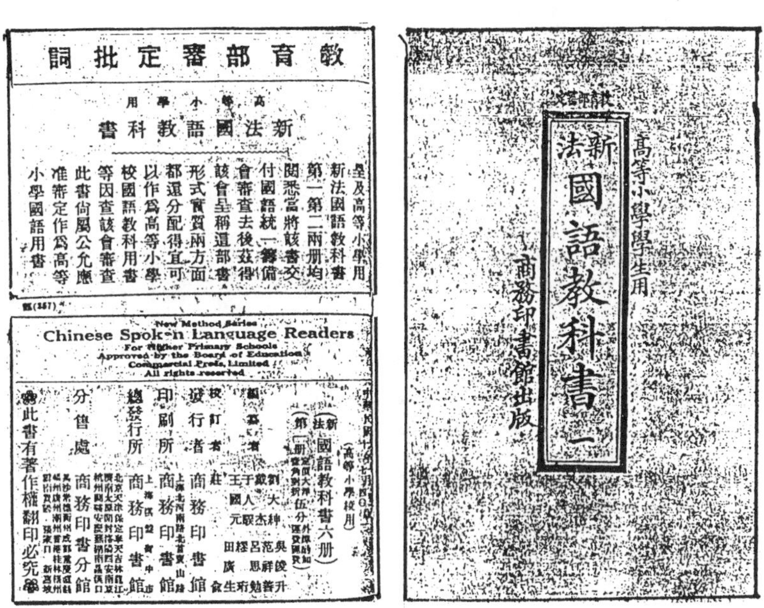

教育部審定批詞

高等小學用

新法國語教科書

呈及高等小學用新法國語教科書第一第二兩冊均閱悉當將該書交付國語統一籌備會審查去後玆得該會呈稱這部書形式實質兩方面都還分配得宜可以作爲高等小學校國語教科用書等因查該會審查此書尙屬公允應准審定作爲高等小學國語用書

New Method Series
Chinese Spok-n Language Readers
For Higher Primary Schools
Approved by the Board of Education
Commercial Press, Limited
All rights reserved

（高等小學校用）

（新法國語教科書六冊）

編纂者

校訂者 莊俞

發行者 商務印書館

印刷所 上海北河南路北首寶山路 商務印書館

總發行所 上海棋盤街中市 商務印書館

分售處 商務印書分館

此書有著作權翻印必究

教育部審定

高等小學學生用

新法國語教科書 一

商務印書館出版

圖三：吳等編《新法國語教科書》的封面及版權頁：本書由商務印書館出版，為吳俊升先生從事撰述之始。〔北京、作家吳宗蕙編審提供〕

本年　先生暑假入南京高等師範學校附設之暑期學校進修，同時準備應南京高師入學考試。

・先生應考南京高等師範獲得錄取。秋季入學，專攻教育。

・夫人考入南京高等師範。本年為大學開放招收女生之始，夫人成為該校最初招收女生之一。同年考入者連夫人一共八人，六人入外文系，夫人同另一女同學韓明夷入教育系，開始新的生活。

民國十年　一九二一（辛酉）　先生二十一歲　夫人二十歲

本年　南京高等師範教育科陸志韋、廖世承兩教授從事改訂〈比奈西蒙(Binet-Simon)智慧測驗〉（比奈早期譯為「皮奈」），選教育科同學數人組織智慧測驗團，赴南通、如皐、江都、丹徒各縣測驗中小學學生智慧。先生亦獲選參加。於本年春季出發，暑期工作完成。根據測驗結果由陸、廖兩教授編訂〈比奈西蒙智慧測驗〉中文改訂本。

・陸志韋等教授倡導修訂〈比奈西蒙智慧測驗〉，備為中國之用，此種修訂測驗可與其他國家修訂之〈比奈西蒙智慧測驗〉比美。夫人亦參與此一工作，備極辛勞，然甚感興趣，為夫人日後從事心理測驗之始。

民國十一年　一九二二（壬戌）　先生二十二歲　夫人二十一歲

本年　先生被南京高師學生自治會推選為評議會主席。

．南京成立平民教育促進會，提倡成人識字運動，夫人亦參與其事，得南京各小學之合作，設立夜班，市民成年者踴躍參加，為南京民眾教育建立基礎。

．夫人在大學期間習心理學，當時正值心理學行為主義派提倡之時，因此選習各種自然科學課程，如數學、化學、生物學和比較解剖學等科目。

民國十二年　一九二三（癸亥）　先生二十三歲　夫人二十二歲

本年　先生加入少年中國學會為會員。

民國十三年　一九二四（甲子）　先生二十四歲　夫人二十三歲

五月三十日　發生「五卅慘案」，上海日資工廠殺害工人顧正紅，而公共租界當局又殺害為顧案遊行示威的學生與市民數十人，引起全國反日反英運動。先生在東南大學被推為「五卅慘案」後援會主席，發動南京各學校各團體一致反英反日活動。

本年　先生在南京高師畢業後，經南高附中廖世承主任聘為附中教員，兼推廣部主任，任教高中論理學、初中公民科目，並在國立東南大學補修學分，獲學士學位。

・先生撰〈國家主義的教育之進展及其評論〉一文，在《少年中國學會月刊》發表，後收於少年中國學會所編之《國家主義論文集》（臺北縣文海出版社有翻印本，民國六十二年三月出版）。

・夫人從南京高等師範畢業後，再入東南大學一年，得教育學士學位。

民國十四年　一九二五（乙丑）　先生二十五歲　夫人二十四歲

秋　夫人接江蘇省教育廳之聘，任江蘇省立第三女子師範學校校長，校址位於徐州。在校任職二年，軍閥割據期間，正值江蘇和浙江打仗，年年兵禍，幸而校內教員都是青年奮發有為之士，專心教學，學生亦能專心學業；其後該校畢業生考入南京東南大學和北京高等師範大學者多人。

本年　先生在《教育雜誌》首次發表有關杜威教育學說研究之論文，題為〈杜威的職業教育論〉。

·少年中國學會第五屆年會在東大梅庵開會。會中屬共產黨籍及國家主義派者共推不屬黨派者為會議主席，先生獲推擔任。會友中屬於共產黨者有惲代英、楊賢江、鄧中夏等。屬於國家主義派者有曾琦、左舜生、陳啟天、余家菊等。無黨派者除先生而外，當時有李儒勉、楊效春、黃仲蘇、唐毅、舒新城、金海觀、曹芻等。會間對於少年中國學會的政治前途相爭不下，未有結論。僅議決推舒新城等五人廣徵會友意見再作決定。但意見仍極紛歧，少年中國學會即在此次年會後解體。

民國十五年　一九二六（丙寅）　先生二十六歲　夫人二十五歲

七月十二日　先生與南高教育科同級倪亮（朗若）學友結縭，父漢章公主婚。婚後在南京賃屋而居，時在暑假。

本年　暑假後夫人仍回徐州第三女子師範學校校長原任。

·國民革命軍在粵誓師北伐。江蘇省軍閥起而抗拒。先生與夫人離職避亂於上海，寄居友人李璞成伉儷寓所。

民國十六年　一九二七（丁卯）　先生二十七歲　夫人二十六歲

春　先生赴紹興師範學校為友人代課。夫人於國民革命軍攻克南京後返京。

夏　先生暑假返南京任第四中山大學教育行政院（相當於江蘇省教育廳）秘書處科員，司發布公報工作。

・由於江蘇省立中等學校全部改組，夫人改就南京女子中學教職，在南京另租寓所。

十二月二十五日　長子百益出生。

本年　國民革命軍攻克南京，成立國民政府。先生家鄉如皋縣縣政府亦改組，任命先生為如皋縣教育局長，未就。

・先生所著《論理學概論》（中華書局出版）。本書為師範學校「論理學」科教科書。第一篇〈緒論〉，共五章；第二篇〈思想歷程的指導〉，共七章。

三、負笈巴黎

民國十七年　一九二八（戊辰）　先生二十八歲　夫人二十七歲

春　先生與夫人在各種學術思想之激盪下聯袂自上海搭郵船赴巴黎深造。同船前往者有南高級友徐益棠。

本年　長子百益寄養外家，由岳父倪椿蓉公、岳母鍾太夫人撫養。

・船抵馬賽後改乘火車抵巴黎。時級友淩純聲已先在法留學，夫婦備受其照顧。

・先生在巴黎偕夫人先進 Alliance Francaise 補習法文，秋季同在巴黎大學文科註冊入學。

・夫人初讀巴黎大學文科，後轉入研究部門研究心理學，同時參加職業指導學科（vocational guidance），研習工人工作之心理狀態，並為了解工人各種心理才能而參觀多所大工廠，一年後獲「職業指導師證書」。

民國十八年　一九二九（己巳）　先生二十九歲　夫人二十八歲

本年　先生選修「社會學與教育學講座」教授福谷奈(Paul Fauconnet)之社會學，及瓦龍(Henri Wallon)教授之心理學。課餘略涉覽法文、哲學、教育學書刊。

・夫人在大學心理系研究期間，選修統計學、應用心理學、心理測驗等科目，得瓦隆・皮雅榮(Wallon Pieron)等教授之指導，將實習資料撰寫博士論文，並以〈比奈西蒙智力測驗〉及他種美國智力測驗如 Turman Otis 等為參考資料；論文印出後，獲多方研究者之介紹。

民國十九年　一九三〇（庚午）　先生三十歲　夫人二十九歲

六月十七日　次子百功生，寄養於鄉郊一托兒所。

本年　夫人續在巴黎大學攻讀，並在巴大附設之職業指導學院(Inslitut de L'Orientation Professionale)進修。

・先生向巴黎大學申請取得大學畢業之同等資格。開始參加福谷奈師所主持之博士論文研究班

(Seminaire)。由福谷奈師提出以La Doctrine Pedagogique de John Dewey（約翰杜威之教育學說）為先生之博士論文題，進行資料搜集與撰寫工作。

- 杜威經福谷奈師推薦由巴大授予名譽博士學位。並由福師介紹先生晉謁杜威，提出博士論文大綱，蒙其贊可，並同意將其My Pedagogic Creed譯為法文，作為先生論文之附錄。
- 先生會見杜威共三次。民國三十五年五月，先生在教育部《教育通訊》所發表的〈杜威先生會見記〉一文，敘述三次會見的經過；文中並解說民國十九年先生首次會見杜威，決定以〈約翰杜威教育學說〉為博士論文的緣由，以及日後交往的情形。

杜威先生會見記

今年（一九四六）年春初，我從美國回來，許多教育界的朋友會見時，都問到杜威先生的現況，和美國教育思潮的變遷。我現在寫這篇短文，獻給關心杜威和美國教育的朋友們。

一

一九二〇年杜威先生到中國來演講，我不曾有機會見他。那年秋季，我到南京高師讀書時，杜威先生已到北平，我只聽過杜威夫人的演講。後來杜威先生歸國了，我只讀了他的著作和他在中國的演講錄，沒有能瞻仰他的丰采。

第一次和杜威先生見面已在一九三〇年秋季的巴黎。那年他到法國接受巴黎大學的名譽博士學位。學位贈與典禮和開學典禮是同時舉行的。和杜威先生一同接受名譽學位的，還有愛因斯坦先生。我還記得舉行典禮的那一天，在富有歷史意義和充滿了藝術情調的巴黎大學大會堂內，各層都是滿座。教授學生和來賓出席的大約在萬數以上。會堂第一層前席坐著各科教授，服色斑爛，氣象萬千。巴大老校長一年一度的開學演說，是最動人的節目。他照例是宣讀一篇詞句典雅音調鏗鏘的演講詞。內容大概都是慕念已往文化的造詣，憧憬變動不居的將來，多少帶些憂鬱情調，因此也就增加了演講詞的戲劇性的優美，的確有許多來賓來參加典禮是為著欣賞校長的典雅鄭重的開學演講而來的。可是與其說為了欣賞演講詞的內容，毋寧說是為了陶醉於演講詞的優美的形式。對於這些來賓，聽演講其實和聽Opera是同一興趣。我國本是古文的國家。但是，試看國內各校開學和畢業儀式的潦草，卻自愧反不如西方國家了。這天校長讀過演講詞以後，繼續著是文科學長Délacroix先生對於杜威先生的學問和事業作介紹。杜威的哲學思想以及教育思想和實驗，文科學長都曾簡單說明並加稱頌。講完以後，親將名譽博士的飾徽，加在杜威先生肩上，杜威在大眾熱烈鼓掌聲中接受了這種榮譽；可是，並沒有任何答詞。依法國大學的慣例，受學位的人是不講話的，所以，這一天，我們只瞻仰了杜氏的丰采，沒有能聽到他的言論。繼著杜威受學位的有當代大科學家愛因斯坦，還有一位已忘記了姓名的歐洲一個國家的政治領袖。

在杜威接受學位的第二天，我的教授福谷奈先生 P. Fauconnet 介紹我拜訪杜威。原來這次巴黎大學贈送杜威名譽學位，是福谷奈先生提出的。福谷奈是涂爾幹 Durkheim 的嫡傳弟子。巴黎大學的社會學與教育科學的講座，在涂爾幹去世後，便是福谷奈繼承的。涂爾幹生前對於杜威便很推重。尤其在注重教育的社會觀點這一方面，兩人的學說有異曲同工之妙。福谷奈對於杜威，因為師承的關係，也很敬仰。同時福谷奈又是表同情於歐洲新教育運動的，他是新教育同誼會法國分會的會長，對於杜威的教育學說的注重兒童的觀點，也充分予以同情，頗想以杜威的教育學說來改進法國的忽視兒童本位過重成人觀點的傳統教育。因此，他提出杜威為一九三〇年巴大名譽學位的候選人。杜威的提出，非由於巴大哲學教授而係由於社會學與教育學教授，可見法國的推重杜威的教育學說，還在其哲學系統以上——實驗主義的哲學是不十分合於法國哲學家的脾胃的。

福谷奈在推薦杜威為巴黎大學名譽學位接受人的時候，因為法國著作界對於杜威的教育學說尚無系統的介紹，又因中國教育所受杜威的影響特深，因而鼓勵我以杜威的教育學說為論文題。他並且說，德國大學的研究論文以杜威教育學說為專題的，已經很多，法國大學還少有，我們應該提倡研究杜威學說的興趣。因為福谷奈先生的鼓勵，我便決定了以杜威教育學說為我的論文題。在杜威到法國受學位時，他便介紹我和杜威會晤。

我會晤杜威是在他住的拉丁區一個中等旅館內。進去通了姓名以後，他很高興的先用法語說了一句話，大意是：「我可以聽懂法語，你可以用法語講，我用英語答。」我很感謝他的好意，因為他恐怕我講英語有困難，但是，為了接談的便利和表示敬意，我們還是用英語接談了。我先告訴他我選擇他的教育學說為論文題的動機，他很高興。隨後將大綱請他指正。他指示了一兩點。最後我表示要將他的〈我的教育信條〉翻成法文作為論文的附錄，徵求他的同意，他欣然應允了。這初次晤面的一段學術因緣，為他接受學位的盛典做了小小的點綴，同時，也增加了我撰著論文的信心。

一九三一年我的論文完成出版，寄給杜威先生一本，承他覆函致謝，並且說他要仔細的讀，如若發現問題時，將提出討論。一九三一年秋季，我回國在北京大學教授教育學，一直到一九三六年冬季。在這五年半之中，我默察中國教育的理論和實施，感覺所受的杜威學說的影響實在是很大。可是，就我在撰著論文時研究所得，杜威的教育學說，實是體大思精，面面顧到，並沒有絲毫偏頗的地方。他總是以較高的概念統攝教育方面個性與社性，訓練與興趣，權威與自由，心理組織與論理組織，理論與實踐，純理與實用種種的對立而折衷至當的。可是，他的門弟子，闡述和實施他的學說，卻不免有偏重個性、自由、興趣、放任、心理主義、活動主義、狹隘的實用主義的趨勢。這種趨勢，在中國教育方面，在民國十年以後，表現得尤其顯明，且不免生出種種流弊。我覺得這樣以杜氏學說為標榜，而所實施的並不是他的主張，一方面固然對於教育本身有害，一方面也是對於杜氏本人欠公道。所以，我回國後發表的第一篇論文是〈重新估定新教育的理論和實施的價值〉。在這篇論文內，我是從社會的觀點來批評新教育的極端個人主義的趨勢，有許多方面還是用杜威自己的話來對於他的學派的極端主張加以糾正的。其後我繼續發表教育批評文字，以及出版《教育哲學大綱》，其中關於杜威教育學說的部分，都是試想將杜威的主張加以忠實的介紹，於必要時加以補充，而對於他的學派極端的趨勢，採取保留的態度的。我這種立場，在當時深受杜威學派影響的教育界，未免覺得不習慣，可是，因為杜威學說逐漸得著正確的認識，又因為時勢的推移，教育界極端的個人主義的趨勢，最近十幾年來已漸漸改向。不過我這樣批評式的介紹和解釋杜威學說，究竟是否有當於杜氏自己的意思？美國教育的實施，其中根據杜氏及其學派的主張的，其實際結果如何？這些都是我熱切希望知道的。所以，一九三六年冬季，我便乘在北大休假的機會到美國去，再向杜威先生請益。同時，考察美國教育的實況，以求印證。

二

我一到美國，使我在教育方面，注重社會價值的立場格外堅定的，同時，也使我感覺相當驚異的，即是這時杜威先生和他的學派正開始一種新運動，即是所謂Social Frontier 的運動。這種運動的主旨，在於發揮教育的社會功能。他們要藉教育的力量來實施社會計劃，實現新的社會理想，以保證社會大眾的生活。他們反對陳舊的個人主義，反對獎勵個人自由競爭，反對對於社會經濟取放任政策。他們的立場可以一句話來概括，即是：以有計劃的社會組織，來代替無限制的個人自由。這是他們的社會理想，也就是他們在教育方面所要達到的目標。我驟然看到這種新運動，所以感覺驚異，即是因為這種運動，恰恰與杜威學派的左翼如前進教育聯合會的偏重個人主義的立場相反。尤其可驚異的，是正如闞德爾教授Kandel 所批評的，這些教育學者過去注重個人主義和放任自由主義，突然一變而採取社會主義的立場，其自身理論的衝突與矛盾，毫不自覺。可是，這種運動的發生，也不是偶然的。一九三三年以後，美國經濟的恐慌，是發生這種運動的主因。杜威一派的教育學者，即想以教育的力量來改革美國傳統的放任自由的個人主義的社會經濟。他們的教育重心，偏向到社會的方面，乃是適應時代的要求。

此外，杜威自己的主張，原來是折衷於社會組織與個性自由兩個原則之間的。他最早對於教育的定義，便是根據社會與個人兩個觀點的。而他第一部引起教育界注意的著作便是《學校與社會》。在近代教育史上，杜威便是最早注意到教育的社會功能的那些先進教育學者之一。他的學派因為適應時勢的要求，而將其學說的重心從個人主義移到社會主義方面，實在是很自然的。杜氏本人其時也在他的學派所出版的專著：*Educational Frontier* 以及期刊 *Social Frontier* 上發表論文為這種運動張目，就他本人的學說立場而論，這也是不足為異的。他對於哲學及教育各方面的爭論一向是採取執兩用中的態度。中國古語說：「教學如扶醉人，扶得東來西又倒。」杜威對於思想界的領導，彷彿是扶醉人的工作。當他八十五歲的壽辰，他的友生合出一部專刊叫：*Philosophy of the Common Man*，其中胡適之先生有一篇闡揚杜威的試驗主義在政治學上的應用的文章。在那文內，他說他發現了杜威在社會哲學方面對於個人與社會的孰輕孰重時有變遷。他因寄信問杜威是否如此。杜威回復他說，確是如此，這種變遷是隨著時代的要求而起的。在納粹凶燄未張以前，個人主義傾向極端時，他略重社會的組織與權威；到了納粹主義猖獗的時候，他卻注重個性自由的保障了。這段話可以證明杜威及其學派在美國一九三三年以後數年間在教育方面注重社會的組織與計劃，還是出於杜氏一貫的主張。

我初到美國的心情，是感覺過去以社會的觀點批評杜氏學派趨向個人主義的極端，在理論上尚不能十分自信，所以要請教於杜威先生，並以美國教育實施的結果作佐證。既到美國以後，見到在這種新運動中杜氏本人及其學派正在自行矯正過去偏重個人與兒童中心的趨勢，而注重教育的社會價值，我的主張得了一種印證。因此，關於這一點，卻無再提出向杜威請益之必要了。我的問題大部分在晤見杜威以前已經解決了，這種學理方面的愉快，非是筆墨所可以形容的。

我在當時不但同情於這種注重教育的社會價值的運動，我還覺得這種運動有趨向另一極端的危險。當時美國有些熱心社會改革的教育家如 Counts, Childs, Rugg 等人，過份誇張教育的效能。主張由教育者自身決定社會理想，以教育力量求此理想的實現，遇必要時教育者還要直接參加改革社會的行動。他們即以哥大師範學院的「新學院」New College 為試驗這種主張的場所，他們還從事於組織政黨的工作。我當時即為這種運動前途擔憂。我的認識是這樣的：教育應該注重社會的功能，應該使未成年者適應和改造社會的生活，這是不成問題的。可是，教育者是否能自行決定一個新社會的理想？假使決定了，是否可單靠教育的力量來實現它？教育者為了實現這新理想，除了學校工作外，是否應組織自身成一個政黨來從事政治鬥爭以求這理想的實現？我對於這些問題的答案，都取保留的態度。因此，哥大師範學院的中國同學會請我演講時，我便以「教育學者自己的園地」為題，來批判這種運動。我的講詞中的積極主張是：教育學者自己的園地是教育理想和目標的批評和分析，以及達到教育理想和目標的技術的建立。在這園地以內的工作，教育學者是可以勝任的。出了這園地，要以教育者的身分去自行決定社會理想自求其實現，恐難勝任愉快。如勉強從事，難免採取不健全的主張貽誤了社會，或是無意間受了黨派的利用，成為政爭的工具。這一番話，未見得能博得當時所有聽眾的同情。可是我第二次到美國時，Counts 等人的運動，已經遭受了教訓，大見減色。以教育建立社會新秩序的呼聲，已經漸漸低了。當時對於蘇聯政治極表同情的 Counts 因為在實際行動中受了教訓，對於蘇聯的批評比他所目為反動派的人反更激烈了。「新學院」淪為黨派行動和鬥爭的場所，失去教育的意義，已經被哥大師範學院停辦了。我的不快的預言，竟於數年後不幸而言中。這是支節，且按下不表，讓我接著敘述與杜威先生的第二次會見。

三

我第二次會見杜威先生時間是在一九三七年春季，地點是在他的寓所。同時參加會談的，有為杜威編 *Philosophy of John Dewey* 的 Joseph Ratner 先生。我在前邊已經說過，教育之應該兼重社會價值，為已經解決的問題，當然不成為談話的對象。惟「社會」是個普通名詞。其範圍有廣狹之不同。小之三五人的社交組合，是一個社會，大之一個民族國家或是一個國際組織如國際聯盟或聯合國，也是一個社會。社交組合自然不足與民族國家和國際組織爭衡。問題是在決定民族主義和世界主義在教育方面的相對價值。我國自清末興辦新教育以迄第一次歐戰終了，教育精神是貫澈了民族主義的。第一次歐戰以後，世界人士憧憬於國際和平，傾向世界主義。杜威對於德國第一次致敗的原因，復有專著歸咎於她的狹隘的民族主義的哲學和教育，因此，在中國教育的理論與實施上，也以世界主義代替了民族主義。當時雖有少數思想家為此而危懼，但直至國民革命成功，教育上的民族主義，才漸漸抬頭。經過「九一八」的教訓，教育界才覺得高遠的世界主義一時不能實現，為求民族的自衛，在教育上仍不能不採取民族主義。但是在理論上這種轉變，是否確當？我便以此問題請教於杜威先生。我的問題很簡單的提出：「在中國受帝國主義侵略情形之下，教育上應該注重的是世界主義還是民族主義？」杜威毫不遲疑的答復我：「應該注重民族主義。」這個答覆增加了中國教育界對於民族主義的教育的信心。

我提出請教的第二個問題也是久蓄於心的。原來有一部分批評杜威教育學說的人，常說杜威主張在學校內「任兒童為所欲為」和「不令兒童為所不欲為」。第一項批評是毫無根據的。在杜威的教育著作裏，從未主張過學校應任兒童為所欲為。這是無政府教育家如託爾斯泰等人的主張，不是杜威的主張。杜威是否「不令兒童為所不欲為」呢？杜威的主張，是要儘量使兒童「欲其所為」，這是的確的。要兒童對於他們的工作發生興趣，自願從事，這是杜威的主張，也是他在教育方法方面的重要貢獻。但是，如果有一件社會性重要的工作不能令兒童發生興趣，自願從事，是否可勉強其從事呢？是否可令兒童為所不願為呢？換句話說：教育上是否可施行強制作用 Constraint 呢？這是教育上一個很重要的問題。舊式教育是慣施強制作用的，往往使兒童的正常工作，淪為苦工。杜威一派所主張的新教育，是否可以全不施強制作用呢？要答這個問題先要問：兒童在受教育時，以及出了學校加入社會生活時，所應從事的工作，教育者是否皆能使之發生興趣自願從事呢？如果答案是否定的，那麼不施強制作用，教育便不免有一種缺陷。我便把這個問題請教杜威先生。他的答覆是：如果在學校內，兒童的工作和其實際生活發生密切關係，需要強制學習的成分是很少的。如果社會的工作照他民治主義的理想，充實其文化陶冶的意義，即是極機械的工作，也可使其本身發生興趣，需要強制工作的成分也是很少的，可是，如果學校工作和社會工作不能安排到如此理想的境界時，強制作用如有必要也是可用的。他這個答覆，否定了他的批評者「不令兒童為所不欲為」的假定，也避免了「新教育乃是軟性教育」的批評。我尤其在理論上感覺滿意的，即是杜威這個答覆，為義務心的訓練留著餘地，而我在《教育哲學大綱》內所主張：道德教育應該從使兒童愛好應做的工作的階段，更進一步到為盡義務而做應做的工作的階段，從此得了間接的認可。

當時的談話，除了以上兩種問題而外，還涉及其他幾個次要的問題，現在已不盡記憶了。問題談完以後，我問他現在是否從事新著，他告訴我正在寫論理學。我心裏想：這位偉大的哲學家，最初本是以試驗論理學起家的，他的工具主義應用到普通哲學、社會哲學、道德哲學、教育哲學、美學種種方面而構成一個博大精深的體系，現在這七十八歲的老翁，還要回到論理學，加深奠定他的全部哲學的基礎，這種頭童齒豁老而彌篤的精神，是何等的偉大！果然不出二年，他的大著*Logic: The Theory of Inquiry*已經問世了。

那次談話完畢興辭，杜威先生一直送到電梯口，鄭重說「希望再會」，我也這樣答他。可是東西相隔數萬里，相見要憑緣分了；加之對方又是一位年近八十的老翁，我口頭說「再見」，心裏卻不覺有點惘然。

一九三七年我會晤了杜威先生以後，便離開美國由歐洲回國。當時中、日戰爭已起。我回國以後，直到一九四五年再度赴美，除了一度參加長沙臨時大學而外，其餘的時間，都是參加戰時教育行政工作，在連天烽火之下所從事的盡是撫輯流亡維持弦誦的工作；對於教育理論，無暇再作有系統的探究，對於杜威的學說，除了零星閱讀他的幾本新著而外，亦少有系統的研究和闡發。可是，根據實地觀察美國教育的經驗，和與杜威的談話，對於歐、美與中國教育的短長，略有認識，所以在贊襄教育行政時，截長補短，補偏救弊，卻也不無裨助，幾萬里訪問大師，也可算不虛此一行了。

四

我最感覺欣幸的，便是在一九四五年春季奉派到美國考察教育，得遂再晤杜威先生的私願。我二次到美國是一九四五年三月。到時杜威先生適在南部避寒，沒有能即刻晤見。我開始先參觀學校和訪問教育界。特別注意教育思潮的演變。我最感驚異的，即是杜威派的教育，比以前減少了聲望。雖然也有不少的人士把美國此次戰勝德、日的功勞一部分歸之於杜威派的教育。他們認為杜威派的教育，雖不注重整齊劃一的嚴格訓練，但是它能發展個人獨創的精神，培養在團體裏合作的態度，所以到了戰場能夠人自為戰配合共同作戰的目標而取得勝利，非德、日軸心國家機械式的訓練所可比擬的。軸心國家對於個人參加團體生活的訓練是 Unity in Uniformity，而美國訓練則是注重 Unity in Variety，美國式的訓練，仍然不能說完全是受杜威及其學派的影響，但是在教育方面杜威正是這種訓練的最好的代言人。因此，這次美國作戰的勝利，自亦不能不有一部分歸功於杜威及其學派。可是使得我驚異的，美國教育界對於杜威及其學派的批評還多於稱頌。美國聞名的幾個大學校長如哥倫比亞的 Butler，芝加哥大學校長 Hutchins 和加尼福尼亞大學校長都是反對杜威學派的教育主張的。而批評杜威的紐約大學的 Horne 和哥倫比亞大學師範學院的 Bagley 和 Kandel 仍然保持原來的立場。他們所抨擊的對象是所謂前進的教育聯合會 Progressive Education Association，他們攻擊所謂前進的教育，任兒童為所欲為，既無確定的課程，又無訓練，教師退居於旁觀的地位，完全憑兒童的興趣而學習，以致基礎的知識技能，兒童一無所得，而對於奮勉的功夫，也毫無訓練，馴致程度低降，紀律鬆弛，無教育的成效可言。平心而論，這種前進教育運動，推至極端，確有這種流弊。因為本身的流弊以及反對派的攻擊，所謂「前進的教育」在美國此時幾成為取笑的名詞，而前進的教育聯合會竟被迫而更改它的名稱。這種不景氣的情形，固非杜威學派始料所及，也是出乎我的意外的。在反對派中獨樹一幟儼然成為杜威學派的勁敵的，是芝加哥大學校長Hutchins。他的批評雖然偏重在高等教育方面，但是他的同情者，把他的主張推演到整個教育方面。他反對杜威學派不肯確定固定的課程，他反對課程裏種種繁雜的活動以及職業性的成分。他反對無限制的學生選科制。他認為有若干真理是傳之萬古而不敝，放之四海而皆準的。大學的課程應著重這些真理的傳授。他甚至於主張大學課程應回到中世紀的七藝。他認為要傳授這些真理使學生得著思想的訓練，莫如令他們閱讀古代的名著。所以他提倡如聖約翰學院Saint John's College所行的閱讀百種名著的辦法。他反對大學教育的職業化，他要大學保持文雅教育的傳統。Hutchins的主張恰恰是對於杜威學派的反動，而趨向於另一極端。可是值得注意的是他的主張，有漸漸成為主要教育思潮的趨勢。贊同的人，逐漸增多。並且在教育實施上，首先在高等教育方面，發生了很大的影響。哈佛大學、耶魯大學和勃林斯登大學，最近改革課程，注重普通陶冶學科，限制或取銷學生選科制，獎勵學生閱讀名著，可說都是受了Hutchins及其附從者的影響。假使我的觀察不錯的話，我可以說美國現代教育思潮，正是轉變到古典主義或形式主義抬頭而前進派失勢這一階段。

在這樣的思潮背景之下，訪問杜威先生是極有意義的。我這次訪問他，是在一九四五年的六月。其時他剛施行外科手術不久，但是身體已經恢復健康。和我一同訪問的有邱大年和朱啟賢兩位先生。杜威是在他的靠近紐約市中央公園的寓所接見我們的。同時接談的還有他的小姐Jane Dewey女士，是一位物理學家。八十六歲高齡的杜威先生，精神還是很矍鑠，和我八年前所見，並看不出顯著的差異。惟一不同之點，是他稍患重聽。有些問答，要他的小姐在他旁邊重述或是將對話的線索重提一下，以助接談的順利進行。我們本是準備了較多和較為專門的問題的，可是，因為他剛出醫院不久，又因年高的關係，我們不應該過份煩擾他，所以只談了幾個比較輕鬆的問題。

因為杜威是最關心中國的，尤其是最關心中國教育的，所以我們開始便問他對於中國教育有什麼具體的意見。他很謙虛的答覆說，因為他離開中國已久，不甚了解中國現實的情形，所以對於中國教育不好有甚麼具體的建議。他這個答復，並不是出乎我們的意外的，因為他的哲學方法，他的治學的態度，都不許他對於不十分瞭解的問題，隨便發表意見。他的這種慎重的態度，實在值得欽佩。當時我還想到一九四四年當中，美國有一部分人士受了國際有組織的宣傳，對於中國的一切，不免有過分苛刻的批評。當時他們乘機請杜威先生對中國教育界廣播，誰知事出意外，杜威在廣播詞中，只是很廣泛的希望中國注重科學和民主政治，對於現實卻毫無批評。這種知之為知之，不知為不知的「知識真誠」，正是這個偉大的哲學家和教育家的特色。

我們第二個問題是關於 Hutchins 和他的爭辯。我在前邊已經說過，芝加哥大學校長正領導著一個反杜威學派的運動。他和杜威在專著和雜誌論文裏彼此時有爭辯。最富有諷刺性的事實，乃是杜威的試驗主義哲學和他的教育學原是在芝加哥大學奠定的基礎。他的試驗論理學，即是他在芝加哥大學哲學系任教時，領導同事的幾個教授開創的，有名的芝加哥學派即是那時成立的。而杜威的新教育的主張，也是在他所主持的芝加哥大學附屬實驗學校 "Laboratory School" 經過實驗始具雛形的。誰知道五十年後反對他的學說最力的，卻是同一學府的校長和他的一部分同事。可是，在學術的演變上，這也是很自然的事實，在杜威本人自然也無所謂今昔之感。我們提出這個問題時，杜威含笑的回答我們說，Hutchins 的主張，雖然不免極端，可是，他在實施上並不如此。即如芝加哥大學便是很現代化，很注重自然科學的，他並沒有把它的課程簡化到中世紀的七藝。杜威的這段按語，對於 Hutchins 很公允。其實芝加哥大學不但是仍然注重自然科學，並且還容忍了他所深惡的職業主義。最近芝加哥旅館業公會請芝加哥大學開旅館研究班，招收大學畢業生予以訓練，並補助鉅額經費，Hutchins 居然同意接受了這個請求。從這個事例可以證明在理論和實踐的一致上，古典主義的 Hutchins 是遠不如實用主義的杜威的。

我們還向杜威先生提起聖約翰學院的閱讀百本名著的計劃。杜威表示這個計劃不足重視，因為這個學院的學生人數很少，其數目也不比它所規定的名著的數目為多（不過百人）。他對於這種計劃本身沒有直接批評，但是從他的其他的言論可以見到讀名著他並不反對，但是大學文理科課程如僅是限於百種名著，卻是他所反對的。

最後我們談起美國教育界發生這樣極端的反響，是不是因為杜威學派的教育主張和實施，不免有趨向另一極端的情形。杜威也承認這種事實。所以他介紹幾個他所認為合乎理想的試驗學校，希望我們去參觀。他絲毫不因為他的學說的受批評而對於新教育的前途發生悲觀。他介紹我們參觀試驗學校，還是出於他的一貫的主張；一切理論的爭執，惟有賴乎實際來解決。他沒有因為致力於抽象的教育哲學理論的發揮，而忘了教育的實際。一盎斯的實行勝過一磅的空論，這本是實驗主義者的根本見解。

杜威先生用慈祥的態度沈重的語氣答覆我們的問題，雖然聲音略有顫動，但是卻不表現絲毫的疲倦。可是我們為尊重他的健康，不敢過分延長談話的時間，所以在略談其他幾個比較次要的問題以後便告辭了。杜威先生送我們到電梯，還是鄭重的說「希望再見」。

五

現在距離我最後一次晤見杜威先生，快到一年了，我已經離開美國重回中國。我現在回溯與杜威先生數次晤見的經過，覺得杜威先生前後所予我的印象是：他不僅是一個偉大的「經師」，還是一個偉大的「人師」。我們從西洋教育史上考察，沒有一個教育家有類似他的博大精深的教育學體系的。也沒有一個教育家在教育實施上發生過如他這樣偉大的影響的。也沒有一個教育家以他的本身偉大的人格施教，如杜威這樣誠懇而一致的。他的教育理論和實施，如得著適當的瞭解，依然是世界教育的南針。將來的世界如果真正趨向於國際的和平和民主，杜威還屹然為人類的導師。為了人類前途，我現在敬為這八十七歲的老教育家祝福。

四、執教北平

民國二十年　一九三一（辛未）　先生三十一歲　夫人三十歲

四月　先生博士論文〈約翰杜威之教育學說〉完成，經導師福谷奈教授審閱通過。

・夫人在職業指導學院畢業，同時完成由皮也庸教授指導之博士論文，亦經審核通過。

五月　先生與夫人之博士論文雖已分別審核通過，惟均無力付印。（依章每一博士論文必須印成九十九冊，備分送世界各大學。）幸賴與先生同在博士班隨福谷奈教授研究之雅倫夫人(Mrs. A. A. Allen)悉其事，而其兄適為美國某基金會派遣來歐察訪有造詣之學生而予以獎助者；因介於其兄，而獲兩論文之印刷費用。

六月　先生與夫人之論文均於本月印成，並於同一日在巴大應論文口試而獲學位。是日福谷奈教授同為夫婦分場口試之教授。在試畢致賀，謂此非但為夫婦之論文試，且為一結婚之儀式云。事後論文藏巴黎大學圖書館。館中即將兩論文合訂為一冊，留法同學傳為佳話。

・先生之論文出版：*La Doctrime Pedagogique de John Dewey*, Les Press Modernes, Paris, 1931. Deuxieme Edition（Bibliothègue d' Histoire de Philosopie）Vrin, Paris,1958.

・夫人在巴黎之Jouve & Cie, Editeurs 出版其博士論文*Etude sur la Selection Psychotechnique des Apprentis dans une Ecole D'apprentissage*, 1931.

・國立北京大學與母校中央大學先後來電約聘先生為教育系教授，因應北大聘請在先，遂婉辭母校之聘，返國就北大職。

・夫婦乘西伯利亞鐵路火車返國，先在比利時、德國稍作停留。抵國門曾換車經過瀋陽，抵達北平，訪問北大及其他學術機構。

・在北平停留數日，即赴南京岳家拜謁岳父母。長子百益重歸懷抱。

・回如皋省親，兩老健在。見先生學成歸來，頗慰老懷。

本年　暑假後開學，先生赴北大任教，授教育哲學、德育原理、教育社會學、英文教育名著選讀等科目。課前多作準備，並編講義。

・夫人先應金陵大學陳裕光校長之聘就任教授，擔任心理學教授，講授醫預科心理學、普通心理學、心理測驗、應用心理學等科。借兩孩寄居岳家，暫未同赴北平。

．夫人赴北平任教北京大學教育學系，教授統計學及心理測驗二科，並於中法大學、孔德學院教授哲學概論。

民國二十一年　一九三二（壬申）　先生三十二歲　夫人三十一歲

四月九日　先生致胡適院長函。錄自《胡適來往書信選》，中國社會科學院近代史研究所中華民國研究室編，中華書局印行。〔該函係先生學長胡建人在大陸發現後提供〕

吳俊升致胡適函

適之先生著席：違　教忽忽數月，時殷馳慕。抵美後得悉　先生曾一度赴協和醫院施行手術，不久即已康復出院，至為慰幸。近想　起居必更佳勝也。俊于年初離校出國，諸承　指示，並賜餞別，盛意感篆無既。二月十五日抵美以後，先在舊金山、Los Angeles（洛杉磯）、芝加哥等處考察教育，最後來紐約，擬作較長之停留。抵紐約後即擬持　尊函往謁　杜威先生。但杜威先生適于數日前赴墨西哥訪問托洛斯基。自蘇俄黨獄發生以後，托洛斯基自稱頗受冤誣。杜威先生為調查真相，表章公道起見，遂領導國際人士所組織之托案國際調查委員會前往墨西哥聽取托洛斯基之申訴，以便作公正之評斷。此公此種愛護自由以及尊重公道之精神，老而彌篤，令人佩服不置。但于此調查委員會赴墨之次日，蘇俄駐美之大使，即在報端先宣稱杜氏一行本為托派，以期掩蔽事實矣。此種手腕固屬巧妙，但實卑劣也。杜氏回美約在兩周後，屆時俊當再持　尊函晉謁，請教一切。此時除在大學旁聽而外，並參觀學校，瀏覽書報。走馬看花，誠恐心得無多，虛此一行耳。七月間巴黎有國際教育會議，俊擬以私人資格前往參加，並順便赴瑞士及意大利考察，即于八月間由意乘船回國。大約九月間總可返校上課也。知關　尊注，特以奉聞。另有懇者：本學年瞬將終了，下學年院務，想先生必正在計畫之中。俊過去承乏教育系主任三年，雖賴　先生之指導，幸免隕越，但終覺個人興趣，以專心教學為宜，故擬請　准予下學年不再兼任系務。大年兄學問才力，勝俊數倍，如請其正式繼任主任職務，在俊個人可卸仔肩，在教育系方面，得大年兄之主持，必更有進展，為私為公，均屬相宜。俊作此請，並非故示撝謙，實屬出于悃誠。務懇准如所請，不勝感幸之至。專肅上達，敬請道安。

後學吳俊升敬肅　四月九日

十二月　夫人譯〈喬治居瑪主編的心理學全書〉（譯文影本見第四六頁）書介一文，原為法文。全文分：引言、本書的作者、本書的內容和心理學全書新編四部分，為我國學人最早譯介法文的心理學專書。文載《圖書評論》（劉英士主編）第二卷第二期，由國立編譯館於民國二十一年十二月出版。（北京、首都師範大學《學報》編審吳宗蕙女士提供）

本年　先生在北京大學與同事劉廷芳、楊廉等教授組織明日之教育社，並為《大公報》按月發刊「明日之教育」副刊。

・先生之《約翰杜威之教育學說》法文原著*La Doctrime Pedagogique de John Dewey*，經烏拉圭教育部譯為西班牙文節譯本（西班牙文本書影見第五七頁），列入一九三二年烏拉圭國家出版部之《教育全書》(*Encrclopedia de Eeucatien*)，在其首都孟都出版，譯者為 A. Jover Reralta。此本書《杜威教育學說》原為先生在巴黎大學之博士論文，後經譯為西班牙文刊行於南美。此書有關中、美、法、比、烏、及拉丁美洲其他諸國之知識交流。參見先生撰〈杜威教育學說西班牙文譯本題記〉。（題記影本見第一八六頁）

〔本文條目說明見前頁第一行。〕

喬治居瑪主編的心理學全書

倪　亮

主編者：George Dumas

書　名：Traité de Psychologie

出版者：Alcan, Paris.

一　引言

關於心理學的著作，英文的和德文的，國內學者已經介紹得不少，可是法文的心理學著作，卻介紹得極少，甚至可說是沒有。柏格森的幾部與心理學有關的著作，雖然是翻譯了，或是介紹過了，可是這幾部著作的哲學的興趣，勝過心理學的興趣，嚴格說起來，還不能算是真正的心理學的著作，更不能說是代表法國心理學的著作。並且，這些著作的介紹，還是由英文間接的多，由法文直接的少，介紹忠實的程度，也許還成問題。

本文所以要介紹一部法文的心理學的名著，便想彌補上述的缺陷，借以引起研究法國心理學的興趣。

何以要介紹喬治居瑪主編的這部心理學全書呢？這也有幾層原因：第一，這是全心理學界的一部鉅著。這部書係由二十五位心理學專家合編而成，心理學裏一切主要問題，都由專家分別加以討論。我們知道心理學的範圍，逐漸增廣，尤其是近二三十年來增加得更快，一個心理學家，要想把心理學的知識完全洞悉，已經是不可能了；如其更想把心理學的全部問題，都加以敘述和討論，成功一部無所不包的著作，那更是成了夢想。雖以詹姆士(Wm. James)和鐵欽乃(Titchener)的鉅著，還不能包括現代心理學裏的問題。在卅多年前，一位英國學者便這樣說：『我們已接近一個時代，在這個時代裏，單獨一個人已經不再能出版一部篇幅繁多的心理學大著了，因為功夫是很久長的，甚至一部書還沒有完成，便又要重行開始』。現在我們的心理學便已到達了這個時代。在這個時代裏，要認真出一部無所不包的心理學全書，非分工合作不為功。而實現這種分工合作的計畫的，卻以居瑪主編的心理學全書為第一部。像這樣體例的書，國內心理學界還沒有，即是心理學先進的國家，如德國美國和英國還少有——如其不能說沒有。誠然，在德，美，英等國有許多以教科書為名的心理學著作，未嘗不論及心理學裏各種主要問題，但是成於一人之手，內容便難免於簡陋，偏畸，不能和專家合作的心理學全書相提並論了。

這部心理學全書因為內容的廣博和討論的精詳，在全心理學的著作中，可稱重鎮。如其初學心理學的人，能涉獵全書，那麼對於心理學的研究，即使不能說是『升堂入室』，至少也可以說不是『門外漢』了。這是我介紹本書於讀者的第一點微意。

還有，這部書不但包括了整個的心理學知識，在廣博與精湛方面，表現了心理學的『全豹』，同時它還是法國心理學的代表，因為它隨處都表現着法國心理學派的精神。法國的學術界不是俯仰隨人的，各種學術都有其特有的貢獻和精神，心理學不是一個例外。這種精神，我在以下『本書的立場』一節中，還要討論；但是我們不妨在此舉一個最足表現法國心理學特色的一件事實。我們知道，法國對於心理學的供獻，最重要的有病態心理學，精神病學和神經病學三方面。而本書中關於普通心理事實及其敍述和解釋，借助於這方面的，非常之多。即如書中關於記憶，注意，感情生活，潛意識，聯念，人格，語言等章的敍述，討論和解釋，利用病態心理學的所在，也隨處可見。病態心理學之成為解釋普通心理學的一種方法，便是法國心理學的一種特色。至於精神病學及神經病學，即供給這種病態心理學的方法以具體的內容。在這方面，芮播和夏奈的貢獻，隨處都表現得清楚。

僅就以上所舉的事實，可以看出心理學全書是如何的散着法國的色彩。心理學全書，就其範圍而論，代表的是心理學的『普通』；就其色彩而論，卻又代表的是心理學的『特殊』。

二　本書的作者

在介紹內容以前，須先介紹本書的作者。主編者喬治居瑪，乃是法國心理學界泰斗芮播 (Thŏdule Ribot) 的弟子，現為巴黎精神病究醫士及巴黎大學試驗心理學及病態心理學教授，又為法國哲學會的會員。他對於心理學的貢獻，側重在變態心理方面。他的重要著作，除了心理學全書而外，有下列數種：一，憂鬱病中的智慧狀態 (Les Etats Intellectuels dans la Mélancolie, Alcan,

1900)二、悲苦與歡愉(La Tristesse et la Joié, Alcan 1900)；三、微笑 (Le Sourire, Alcan 1906)；四、因戰事而起之心理錯亂與神經紛亂 (Troubles Mentaux et Troubles Nerveaux de Guerre, Alcan,-1919)；五、奧德人民因戰事而起之精神病與神經病 (Les Psychoses et les Névroses de Guerre chez les Austro-Allemands)。

我在上文曾經說過，法國的貢獻，在變態心理方面，以變態心理學者如居瑪者主編代表法國心理學的心理學全書，眞可算是編輯得人了。居瑪的普通心理學的造詣，也是很深的。書中除了精神病學及病態心理學兩章，是出諸他的手筆而外，其他如全書的導言，結論，以及關於感情的發表，笑與淚，個人心理間的影響，內分泌與心理各章，也是居瑪自己所作。

和居瑪合作的有二十四人之多，其中有純粹心理學家，有生物學家，有醫學家，有社會學家，哲學家，一一加以介紹，非篇幅所許。姑將幾個比較重要的人物介紹一下。

(一)夏奈(P. Janet)是國際最有名的心理學家，法蘭西國家學會會員，法蘭西學院教授，曾爲本書寫心理的緊張及其變動 (La Tension Psychologique et Ses Oscillations)一章。(二)巴黎大學論理學教授，法蘭西國家學會會員，哲學辭書主編人辣郎德(A. Lalande)爲本書寫心理學方法論一章。(三)與居瑪合寫定向與平衡之章的是日內瓦大學盧梭學院心理學教授克拉巴萊德 Ed. Claparede。克氏是國際有名心理學家，其所著兒童心理學及試驗教育已出十一版，翻譯爲歐美各國文字。(四)寫動物心理學一章的是皮埃龍(H. Piéron)。皮氏爲法蘭西學院及巴黎大學心理學教授，其學說代表法國之行爲學派，現爲法國試驗心理學方面之中堅人物。(五)巴黎大學文科學長兼主心理學講座的戴洛克落(H. Delacroix)曾爲本書撰述關於思想及語言的各章。戴氏可稱代表正統心理學派。其主要著作有思想及語言一書。(六)法國心理學界後起之秀瓦龍(H. Wallon)，從生物學的觀點研究心理學，貢獻不少。他爲本書寫意識之生物學的問題，意識與無意識各章。(七)在變態心理學方面獨樹一幟之白龍戴爾(Ch. Blondel)則撰述意志及人格兩章。(八)社會學家如狄雄大學教授達維(G. Davy)爲本書寫關於社會心理學之一章。（九）醫學家郎齊羅瓦(J. P. Langlois)及（十）賴別喀(L. Lapicque)、（十一）生物學家愛也耳（A. Mayer)及（十二）若潘(Et. Rabaud)則分述心理學之生理的基礎。此外如（十三）抱哈(L. Barat)、（十四）伯萊(G. Belot)、（十五）布耳東(B. Bourdon)、（十六）邵乃伊(F. Challaye)，（十七）邵林(Ph. Chaslin)，（十八）到南(J. Dagnan)、（十九）居瑪(L. Dugas)、（二十）墨以耳生(I. Meyerson)，（廿一）普以葉(G. Poyer)、（廿二）阿弄奈(G. Revault d'Allonnes)、（廿三）芮(A. Rey)、（廿四）杜耳尼(A. Tournay)，均係法國學術界知名之士。

從以上關於作者的介紹，可知本書實由心理學各部分的專家，各就其專長合作而成，而本書的價值亦於此可見一斑了。

三　本書的內容

本書的內容，可分全書結構，與方法及立場兩項來介紹：

（一）全書結構　本書共計兩大卷，第一卷九百六十頁，第二卷一千一百七十三頁，共二千餘頁。從分量論，已足可稱心理學之鉅著。書為記念芮潞而作，書端並有芮潞的序文。內容的排列係遵一原則，即由簡單的心理現象，論到複雜的心理現象。在第一卷中，導論是導論心理學方法的。第一篇各章則敘述幾種重要的形態學的，神經學的，和生物學的觀念，作為研究人類心理學入門之助。第二篇各章研究那些『組成心理生活的基本原素』，如簡單反射動作，肌肉的收縮，超於基本的反射動作，交替反射動作，有意的動作，感覺，情緒，熱情和印像等等。第二篇中還有心理學的新頁，便是『分泌作用的心理』。第三篇為『感覺——動作的聯結』，則係研究較大的基本功能。此等功能都缺特備的感官和運動器官，却借助於多種感官和運動器官而起感應，對於此等借用的官能，並且加以一種比較簡單的系統化的作用。此等功能便是『定向功能』，平衡功能，情緒的發表，和語言等。在此等較大的基本功能以後，便討論到心理基本要素組織的普通形式，如習慣，記憶，聯念，注意，傾向等。此等形式的分析，天然成為從心理基本元素的研究到系統化的形式的研究的一種過渡。

第二卷第一篇研究系統化的種種心理功能，如知覺，包含了智慧活動，複雜情緒，意志作用，藝術科學的發明等。第二篇研究更大的種種心理綜合作用，如意識生活，潛意識生活，人格及品性等。還有一章則專討論心智的努力和疲勞。心理現象的敘述，由簡單而複雜，到了第二卷第二篇，可算告一終結。至於第三篇則附帶討論與普通心理學相聯帶的各種心理的研究，對於動物心理學，發生及種族心理學，個人間互相影響的心理學，社會心理學，精神病學，病態心理學，內分泌的心理等等，均有專門的敘述。最後又以結論綜述全書的立場，以及所受法國當代心理學的潮流的影響。

以上是本書內容接櫫的輪廓。以下便要敘述本書所取的方法和立場。

(二)方法和立場　本書內容的實質，斷非簡單篇幅所能概述，但若我們能將它的方法和立場加以說明，則全書的精神，亦未嘗不可以表達出來。

我在上文已經說過，本書的特點，便在它合心理學各部的專家之所長，而成一本無所不包的鉅著，但是它的困難，卻也由此發生。因為各部分的專家各有其特殊的見地，如其彼此沒有一種共同的見解做出發點和參照點，那末，這部全書便將雜湊成章，沒有系統可言。可是這種困難，本書如其說不能完全避免，卻至少可以說已經避免了一大部分。所以然者，便是因為二十五位作家，對於心理學有一個共同的概念。本書主編者居瑪自己曾說：『本書合作者有一個共同的概念，無此概念則合作之擬議更不可能。此共同概念，即在於認心理學完全根據於事實，且排除一切本體論的玄想於心理學領域之外』(第二卷一一三一頁)。

這個概念，在英國已經很老，我們可以一直上推到洛克，但在德國卻是發生未久，一直到海爾巴脫，心理學還是附屬於本體論的。在法國，這種概念經嘉巴尼斯(Cabanis)及孔德先後的敘述，始能確定。但是明白主張的，當推芮播。芮播在他所著的現代英國心理學的序言中曾說：『心理學將純粹為試驗的：它僅以觀察，定律，以及直接的原因為對象；它將不研究心靈，也不研究本質，因為這個問題超於經驗及證明之外，而屬於形而上學』。心理學全書作者的共同概念，便是這個試驗心理學的概念。但所謂『試驗的』，乃取廣義。居瑪自己曾說：『我們向無保留的贊同芮播的公式，並且正如芮播在其教授和

圖書評論　第一卷　第四期　壽治居瑪主編的心理學全書　六一

著作中所爲一樣，取試驗的廣義，使一切科學，凡根據於經驗，足以說明一種心理事實的原始的或現實的情況，和它的性質，它的構造，它的機括，它的演進，它的通性，它的在人類或動物方面的變格的，如同神經生理學，感覺生理學，試驗室裏的心理學，內觀心理學，記憶的心理學，自白，通信，應用問卷和調查的心理學，病態心理學，病理學，病態解剖學，動物心理學，社會學等等，皆相度情形，加以利用』（第二卷一一二二頁）。　本書的作者旣從這個寬廣的心理學的概念出發，所以方法不限於一種，取材不限於一途，而立場亦不限於一點，而本書仍不失其統一性。　關於此點，居瑪重言以申明之：『如其我們須得爲心理學下一定義，而使本書合作者，如非全體一致，至少也近於全體一致的同意，我們便要說這是一種科學，其在心理的事實的敍述及心理的機括的分析方面，內省法有緊要的以及準備的功用，而生物學和社會學則研究心理功能的生物的根原，以及社會的演進，病態心理學，精神病學和神經病學，則因其分析感覺運動的紛亂，分析簡單或複雜的心理紛亂，分析精神病，以及分析神經的損傷，亦有重要的貢獻（第二卷一一二六——一一二七頁）。

我們從這個定義，更可明白本書對於心理事實的研究和解釋是取的那些方法，借助於那幾種科學，取得那種立場。

居瑪明白告訴我們：『內省法是有緊要及準備的功用』的，所以本書並不排斥內省法。　這是首先値得注意的。這一點在行爲派佔優勢的中國心理學界，也許大不謂然。內省法有許多流弊，本書的作者未嘗不知，但是他們認爲它終是心理學不可少的一種方法。　居瑪說：『內省法的重要和必需，我們無須申述。　雖然反應心理學（按卽指行爲學）證明與內省法無緣，但是無人可以否認一切別種形式的心理學，離開了內省法便不成』（第二卷一一二二頁——一一二三頁）。　對於內省法的一切批評，居瑪說得好，『可是當我們聚集了這些批評時，却不得不承認，其中沒有一種批評是確定的，而所舉的幾種困難也僅足科責吾人於內省時特別審愼而已』（第二卷一一二三頁）。　寫心理學方法論一章的辣郎德也說：『可是此等反對的論調，理論遠超乎實際。　此等反對論調表明內省時應有種種的留心，卻不能毀滅內省的可能性』（第一卷一五頁）。

內省法是有流弊的，但是可以預訪；在適當的情形之下，內省法仍不失爲一種緊要的方法。這乃是本書作者普通的見解。所以本書內容，除了涉及反應心理學的數章而外，沒有一章對於心理事實的觀察和分析不借助於內省法的。在這一方面，這班法國的心理學家，還是繼承着芮播的餘緒。芮播不是說過：『內觀法或內省法乃心理學之根本方法，爲其他一切方法的必備條件』嗎(De la Methode dans la Science 1,278-279)?

本書雖然借助於內省法，但是內省法並不是唯一的方法。與內省法相反的行爲學的方法，本書也是採用的。原來行爲學代表一種學說，同時也代表一種方法。行爲學的學說，否認內心生活，否認意識的存在，這種立場，不是本書的作者所一致贊成的；可是行爲學的方法，在內省法而外，另闢一條新的途徑，從觀察及分析客觀的刺激與反應的現象入手，却是本書作者所贊同的。本書第二卷第三篇關於動物的心理學一章，係皮也甫教授所寫，其方法便與行爲學的方法相應合。皮也甫把行爲學定義爲研究『生物的綜合行動與環境關係的定律的科學』(見皮氏著試驗心理學)，已把這種觀念推廣到人類心理學了。夏奈在本書中所寫關於『變動』(Oscillation)的部分，也是採用行爲學的觀點；夏奈也曾把心理學定義爲『人類行爲的科學的敘述和解釋』(見本書第一卷第四篇第四章)。總之：本書雖沒有採取了行爲學的學說，却採取了它的方法。

本書還採取了一種『病理的方法』。我在上文曾經敘述過變態心理學乃是法國的特殊貢獻，因變態心理學的貢獻，使普通心理學可以應用一種『病理的方法』。原來自班爾拿爾(Claude Bernard)起，法國生理學家即否認生理現象與病理現象有根本性質上的區別。他們認爲病理現象乃是生理現象之過度或不及。這個觀念引伸到心理方面，更從變態心理的現象來觀察常態心理的本眞和機括，而這種方法便是所謂『病理的方法』。『病理的方法』的特點，更在於能濟試驗方法之窮；我們知道在試驗法不能應用時，可用消息法，歸餘法等等以濟其窮。而變態心理之於常態心理既是程度的差異，便可用消息及歸餘等法窺探常態心理的本來面目。這樣說來，觀察變態現象，不啻是一種天然試驗。五十年來，精神病學成爲心理學進步的主要原因之一，便是爲此。本書在討論意識與無意識的差異；分析感覺的功能，分析印像，觀念，情緒，傾向，對於人格所施的影響，各方面多是借助於『病理的方法』。『病理的方法』又曾（一）因研究衝動，抑制，意志消失 (Aboulie) 而從新改變意志的概念；（二）表明表象 (Representation) 之行動的效力；（三）指出記憶及語言等功能之複雜因素；（四）表明分析法所忽視的心理綜合功能的重要性。

此外催眠法及心理分析法，也是病理的方法之支派，本書也曾酌量予以採納。

本書又曾用『生理學的方法』，從生理的基礎，解釋心理的現象。有許多心理現象，本書都使它們和大腦，交感神經，腺體的情況相關聯，因而得着滿意的解釋。本書有兩章分述男女性以及各年齡的生理，有一章述肌肉收縮，反射作用，無意動作和有意動作的生理，有一章述身體努力的心理，生理，最後又有一章述內分泌的生理心理。

除了這幾章而外，關於感覺，知覺，需要，本能，情緒，笑，淚，言語，注意，記憶，習慣，等項的討論，提及生理方面的，亦復非常之多。全書有四分之一，係用之於生物學的歷程的探討，因此等歷程，社會生活以及心理生活始得伸展其根基於有機生活之中，而使得根本的探

件。

自從孔德以來，心理學的社會的基礎和生物的基礎，在法國心理學界是一樣重視的。芮諾說得好，『心理學如果以生物學爲起始，却也以社會學爲終點』。所以本書的作者，用了『生理學的方法』運用着『社會學的方法』。關於許多心理現象的複雜化，蛻變，和演進，往往用社會的原因來解釋。在這一方面，社會學家涂爾幹及其學派的影響是很顯著的。涂爾幹及其學派不主張以個人心理來解釋社會現象，却主張以社會現象來解釋個人心理，因爲從社會學的研究，曾經證明個人心理的許多功能，乃是受了社會組織的影響而成一定的形式。他這種主張和發現，使得心理學方面增加了一種『社會學的方法』。本書關於語言，有意動作，情感，情緒的發表等等問題的討論，都是同時採取生物學的觀點以及社會學的觀點的。

本書的作者也不忽略『試驗室裏的方法』。因爲從芮播以來，試驗心理學的概念已經成立了。一八八九年，生理學家播揑 (H. Beaunis) 已在巴黎大學創建了法國第一所心理試驗室，其後皮奈繼續爲該室主任，最近的主任，乃是本書的作者中一個重要脚色，皮也囉教授。關於

試驗室研究的結果，本書曾充分加以利用。不過這種試驗室的方法，範圍較廣。因爲從皮奈起，還引用了一種『試驗的內省法』，卽是在試驗時，令被試者敍述他的意識中的狀況。這種方法，德國的 Wurzbourg 學派如 Kulpe, Marbe, Buhler 也曾採用。

關於本書的立場，從以上方法及取材的敍述，已可見其大概。可是我們如其把法國各心理學派對於本書的影響，加以探討，也許可使本書的立場格外明顯。

現代法國心理學界，對於精神活動的概念，見解不同，大概可分爲心理原子論派或聯念派，唯理學派，柏格森派，行爲學派，社會學派等等。

心理原子論派或聯念派，認心靈作用，乃許多心理原子如感覺，觀念，印像，情緒等之結合。一切高等作用如記憶，知覺，智慧，推理，乃至理性的範疇，均可歸約爲上述種種心理原子。

此種學說雖歷經抨擊與修改，但在法國自但因 (Taine) 而後，以至播朗 (Paulhan)，芮播，夏奈，仍不少其代表者。不過是從靜的原子論轉變到動的原子論，和綜合的原子論罷了。本書所受原子論的影響，是很顯然的，尤其是關於生理心理學的幾章，幾乎完全是原子派的論調。全書的接構由簡單的因素到複雜的功能，也可看出原子論的遺迹。這是不足爲異的，因爲本書多數作者所親炙敎誨或私淑的大師芮播，始終未與原子論或聯念論絕緣。

不過我們要注意的，本書有許多地方，雖然採用聯念論的觀點或語氣，卻注重在聯念的活動性與綜合性方面，與一盤散沙的原子論，精神卻不相同。

唯理論的見解與聯念論正相反對。它認爲心靈有獨立的存在，它的作用，遵守先驗的範疇，其本體未可歸約爲爲零狗碎的心理的原素，其範疇未可歸約爲聯合的形式。在法國，代表這派的有康德的繼承者赫努唯愛(Charles Renouvier)。這派心理學經過芮播等的猛攻，幾乎無立足的餘地了。可是在心理學全書中還可發現其殘痕。在本書中關於論述智慧活動的幾章，認爲精神及其功能不可歸約爲其所組織的原素，顯然表明著唯理論的傾向。還有其他部分，因敘述的便利，往往借用着唯理論所常用的名詞。

柏格森用直覺的方法來代替聯念派和唯理派的內省法

，所以他對於心靈的見解，和聯念派及唯理派均不相同。柏格森認爲直觀法用社會通用的名詞來狀述心靈，失其心靈的本眞。他說名詞所代表的概念，乃是死板固定的，不能表達活動而連續的對象。而他用直觀方法所達到的心靈乃是活動而連續的，所以他反對直觀法；而因直觀法而見到的心靈，無論是一盤散沙如原子論者所見，無論是範疇分割清楚如唯理論者所見，他都是反對的。

柏格森把心靈看做活動而連續的，和詹姆士的『意識之流』的見解，代表現代心理學中一種主要的思潮。柏格森本人雖然不是本書合作者之一，但是他對於本書，未嘗沒有影響。即如夏奈的動的心理學，顯然和柏格森同調。而辣郎德論心理學的方法，柏格森的直觀法，未嘗不列爲方法之一。

行爲派在法國也有代表。皮也庸和夏奈，都把心理學看做研究行動的科學。但是我在上文已經說過，在本書中行爲派的方法，比較行爲派的學說，有更多的影響。

社會學派之於心理學，從孔德起，即以生物學和社會學來平分秋色。在孔德的科學分類表，並無心理學的地位，因爲他認心理現象乃生物的因素和社會的因素之結果，從生物學及社會學的觀點已足解釋心理現象。涂爾幹及賴維布洛（Levy-Bruhl）等社會學家，繼孔德之後，對於心理現象之社會學的解釋，加以着重，使心理學的研究，增加了一種新的方法，即是前文所論的『社會學的方法』。這種影響，直使心理事實的敍述和解釋，一改舊觀。而社會心理學也因此而建立在一個穩固的基礎之上了。

從以上的敍述，可知本書從一個寬廣的心理學的概念出發，所取的方法，有內省法，行爲學的方法，病理的方法，生理學的方法，社會學的方法，以及試驗室的方法種種。因此，本書的取材，也誠如居瑪所說，取之於神經生理學，感覺生理學，病態心理學，病態解剖學，動物心理學，社會學，……等等方面。而本書的立場，也受着當代聯念派，唯理派，柏格森派，行爲學派以及社會學派的影響。因爲方法的繁多，取材的宏博，以及影響的多方面，遂使本書的內容，兼收並蓄，無所不包，成爲整個心理智識的府庫，非是一家一派之學。其可貴之點，便也在於這博大精深的性質。

四　心理學全書新編

以上所介紹的心理學全書，計劃定於一九一四年以前，書成於一九二三年。該書出世，已近十年。這十年之中，心理學的研究，又有不少的進步。因此居瑪和他的合作者，有改訂的計劃。而心理學全書新編第一卷，已於一九三〇年出世。據第一卷的公告，新編的主編者仍是居瑪，而合作者由二十四人增至四十四人。此四十四人中有大部分仍是舊編的作者，但是新添的生力軍亦不少。最著名的如初民心理學家賴維布溫，如兒童心理學家皮阿謝(J. Piaget)都是當代的權威。新編共有九卷，常態心理學將佔七卷，變態心理學將佔二卷。每卷的篇幅當然要比舊編減少，但是九卷的總分量，預料必較舊編大大的增加(已出的第一卷已有四二五頁)。全書的結構，方法和立場，就已出的第一卷來推測，大約較舊編無大變更，所不同的大約是新材料的增加。

第一卷分兩部。第一部是『開端的概念』，分『人在動物界之地位』，『人類學的事實』，『年齡及性的生理』，『神經系之普通生理』，『神經系之特殊生理』，『意識之生物學的問題』六章。第二部爲『緒論及方法論』，分『心理學緒論』及『心理學之各種對象及其方法』二章。

第一卷的內容和舊編第一卷的導言及第一篇的『開端的概念』相當。所不同者，惟篇章次第略有更動，及篇幅增加而已。

我在介紹之餘，希望其餘的八卷，早日問世，使這一部偉大的著作，更能獲得一個新的生命。

民國二十二年　一九三三（癸酉）　先生三十三歲　夫人三十二歲

夏　北京大學教育系同事楊廉教授接任安徽教育廳長，約先生暑假中短期相助，任主任秘書。暑假期滿仍回北大任教，接眷赴北平定居。

de, porque su *yo* está perfectamente identificado con el ideal del buen comerciante. Se ve bien que, el primer comerciante la realización del bien es siempre penoso y en consecuencia tiene más probabilidades de fallar, y que el segundo está desprovisto de todo valor moral, en tanto que en el tercero es del todo natural, del todo libre y por consiguiente más seguro. En materia de educación, es justamente este último tipo de carácter el que Dewey quiere formar. Comenzar con impulsos, con tendencias, que son naturalmente sociales, ejercerlos ligando al niño con las actividades sociales, de manera que estos impulsos, estas tendencias, sean desarrolladas, se tornen inteligentes y se conviertan en hábitos que formarán la constitución de su carácter, es el programa de la educación moral de Dewey. Una vez que su carácter sea así formado, el niño estará identificado con todos los bienes morales y los alcanzará de todo corazón. Lo que será necesario hacer, no será sino reforzar esta aspiración al bien para cuando una distracción, una vacilación momentánea se presentare. Se advertirá que a propósito de la educación moral como a propósito de la educación intelectual, contrariamente a la pedagogía severa que hace hacer al niño lo que no quiere y a la pedagogía blanda que le hace hacer lo que quiere, la pedagogía de Dewey hace al niño querer lo que hace: hé ahí en que consiste el carácter esencial y la originalidad de su método.

Ou Tsuin-Chen.

(Traducción de A. Jover Peralta).

DIRECCIÓN DE ENSEÑANZA PRIMARIA Y NORMAL

ENCICLOPEDIA DE EDUCACIÓN

PUBLICACIÓN TRIMESTRAL DESTINADA A LOS TRABAJOS EXTRANJEROS)

TOMO XII. - N.os 1 y 2. JULIO A DICIEMBRE DE 1932

MONTEVIDEO. URUGUAY.

IMPRENTA NACIONAL

圖四：《杜威教育學說》法文本譯為西班牙文本書影：法文本於一九三一年刊於巴黎。次年由烏拉圭教育部譯為西班牙文本，刊行於南美。

八月　夫人應中法大學沈尹默校長之聘擔任教授，講授心理學。

本年　先生在《大公報》「明日之教育」副刊發表〈重新估定新教育的理論與價值〉一文，此為先生重估杜威一派教育理論與實施價值之開始。

・北京大學校長蔣夢麟、文學院長胡適之聘先生為教育系主任。

民國二十三年　一九三四（甲戌）　先生三十四歲　夫人三十三歲

五月　先生所著《論理學》（中華書局，民國二十三年五月）出版。本書編制體例與六年前《（新中華教科書）論理學概論》體例大致相同；但多新義、新例的增補。卷末增附〈兒童思想的訓練〉一篇。

十一月　先生在《大公報》「明日之教育」副刊發表〈中國教育需要一種哲學〉，對於當時偏重教育方法，忽視教育基本原理與方針提出補充意見。此文曾引起教育界的省思。

本年　先生在《大公報》「星期論文」欄發表有關時局的首篇論文〈中國並沒有抗日教育〉，強調中國為反抗侵略只有愛國教育，並無抗日教育。

民國二十四年　一九三五（乙亥）　先生三十五歲　夫人三十四歲

一月　先生著《教育哲學大綱》出版（商務印書館，民國二十四年一月初版），列入《師範叢書》。本書原為先生在北京大學講稿，曾經北京大學蔣夢麟校長閱過並惠序（序文影本見第六一頁）。

・蔣委員長召集部分教育人士在廬山會談，先生應召隨蔣夢麟校長前往參加會談。

二月　先生在天津《大公報》「星期論文」欄發表〈論國難期內的教育〉（論文影本見第六二頁）。本文對於當時停止平時教育改辦戰時教育之主張發生平衡作用，並對後來對日抗戰時期教育政策之制定與實施發生影響。

三月　拉朗德(Andre Lalande)所著*Precis Raisonne de Morale Pratique*第三版，經先生譯為中文《實踐道德述要》，在中華書局出版。全書分緒論、普通權利與義務、道德與教育三章。附錄〈道德教育之普通的原則〉。

・《教育哲學大綱》再版（商務印書館，民國二十四年三月再版），經增訂改歸《大學叢書》。

・先生譯 Andre Lalande 所著*Precis Raisonne de Morale Pratique*，《實踐道德述要》出版（中華書局，民國二十四年三月初版）。譯者鑑於「中國舊日之道德，本有詳細之規律。綱常名教，列為大端；嘉言懿行，定其細則。」但自「道德革新運動以後，是非善惡，漫無標準。」爰

圖五：吳著《教育哲學大綱》書影：為我國大學教育哲學科權威用書，由商務印書館印行六十餘年，本書影為其民國二十四年精裝本封面，已破損。

〔《教育哲學大綱》蔣序條目說明見第五九頁第二行。〕

蔣序

教育哲學一個名詞是很廣泛的。一個人本他所懷抱的哲學討論教育方法的哲理如杜威的「平民主義與教育」是集諸家的教育哲學撮其大要闡明諸家的思想使讀者明瞭諸家學說之派別鳥瞰全局山脈河流，瞭如指掌；這是本書所討論的教育哲學。

教育哲學之派別，實根據於各家不同的哲學而起。不知諸家哲學的背景，即不能明瞭諸家的教育哲學。吳君此書，先將哲學問題加以討論，使讀者先知哲學之性質和派別，然後討論教育哲學。識源別流，條理分明，實爲有志研究教育哲學者不可不讀之書。

近年以來，吾國之研究教育者，未能於本國和西洋重要思想及學說上站住脚跟。以致我們研究教育的同志們，常遭人指摘。但看吳君此書其中教育學派之倡導者，那一個不是在重要學說上站住脚跟的呢？

我讀過吳君所著教育哲學以後，覺其思想的清楚，文字的暢達，傳述的忠實，實爲近年來出版界不可多得之書，謹識數語於卷首，以爲介紹。

蔣夢麟序於北京大學。

二三・八。

〔本文條目說明見第五九頁第五行。〕

論國難期內的教育

在這嚴重的國難期間，全國各界的公私生活，都應該有一番新振作，以求挽救國家的危亡。教育是國家的一種重要的職能，在國難深重的今日，當然也應該認清需要，重謀適應。最近全國教育界的代表在南京會議所發表的宣言，便主張「實施國難期內所需要的教育。」國民政府行政院也曾令教育部籌議實施特殊教育的方案。同時平津學生界也有「非常時期教育」的要求，並且擬有方案。全國的輿論界，對於這種教育，也多有意見發表，國難期內的教育，究竟應該怎樣辦？這不僅是教育界本身，也是全國人士，所關切的問題。

本文的目的，不在提出國難教育的具體方案，却想從大體上來商榷實施或計劃這種教育時所應該注意的幾個原則。

要計劃及實施國難期內的教育，首先要認清教育效能的限度。教育對於救國的重任，固然可以擔當一部分，可是也只是一部分。教育要達到解救國難的目標，必得在全國的整個計劃之下，和國家的其他力量，通力合作。要不然單靠教育來獨當救國的大任，是沒有甚麼效果的。國難教育的實施，行了六七十年，到現在國難非但不能解除，反而格外加重？過去教育的方針不定，制度不善，固然要負責任。可是最大的原因，還在於全國的力量未能有計劃的和教育一同負起救國的使命。在今日重提國難教育，我覺得應該認清歷史的教訓，不可仍然只就教育範圍以內擬定方案，而應該先定一個全國的救國方案，然後講教育擔負一部分的責任。必定全國的力量，一齊向救國的目標邁進，然後教育才可以表現它的效能。即如救國的要務，莫過於國防和生產。可是必定在全國的救國大計之中，國防和生產都有了相當的辦法，然後談國防教育，談生產教育，才有實效。否則僅是在教育範圍之內，高談甚麼甚麼教育，又必蹈過去虛憍的覆轍。

要計劃國難期內的教育，還得認清教育救國的效力非但是有限制的，還是很迂緩的。常言說：「十年樹木，百年樹人，」教育所能效力的，本是百年大計。即是勾踐沼吳，也須靠「十年生聚，十年教訓，」非是一朝一夕之功。我們此時要用迂緩的教育，來救急切的國難，應該顧到教育的本質的制限，不可專求速效，還得同時從遠大處着想，希望收將來的時效。近年報紙和期刊上，發表了不少的關於國難期內教育的方案或主張，可是這些方案或主張的內容，無非偏重於課程以內加進與國難有關的教材，或是另加與軍事有關的特殊訓練，以求應付非常的局面；其中很少有比較遠大的計劃的。為一時治標之計，這些特殊的教材和訓練，固然是應該有的。可是這些辦法，究竟能收若何的實效？施行起來，是不是會退化為只是點綴國難的具文？這便很難說。我們對於這些辦法，不可存太大的希望。我以為要教育眞能表現救國的實效，還得另有一個比較久遠的方案，應該根據挽救國難的大目標，把整個教育的精神，重加刷新，把整個的教育組織，重加調整。國難期內所需要的教育，不應該只是在原有教育而外，另加的一部分的特殊教育，而應該是全部貫澈救國目的的教育。國難期內所需要的教育，也不應該只是應付一時非常局面的教育而應該還是應付「來日大難」的教育。這樣的見解，也許有人要譏為迂闊，可是我却以為惟有這樣辦，教育才眞能顯出救國的偉大的力量。我們知道，教育史上所豔稱的以教育復興德意志的費希特（Fichte），在強敵壓境的時候，他對國人的演講，並沒有主張甚麼非常時的特殊教育，却是從遠大處着想，要建設一種新教育制度來發揚祖國的文化，改造國民的品性，樹立復興的基礎。他的實際教育事業，對於復興德意志最有貢獻的，并不是甚麼急功近利，而是創設了近代式的柏林大學，和促進了新教育制度的完成。這件歷史的事實，應該使我們相信，要靠教育來挽救危亡，對於救急辦法，固然不可忽略，對於比較計慮久遠的方案，尤其應該注意，因爲教育救國的眞正效能，固在此而不在彼。

這個比較計慮久遠的救國教育方案，內容應該如何，此地當然不能詳論，可是也不妨提出其中的幾個要項：第一是教育理想的確定和統一。教育理想的確定和統一，乃是國民理想的確定和統一的先決條件。在國家危急的今日，國民思想的無政府狀態，不免割裂國家意識，分散對外力量，實在是民族國家最大的危機。國民理想的紛異，卽是教育理想紛異的反映。今後的教育，應該明白規定以效忠民族國家爲最高理想，不許分歧，然後才有統一的國民的理想，才可產生對外一致的力量。第二是對於普及義務教育，應該要下更大的決心。自從中央撥款補助以來，各地義務教育，漸能推進。可是因爲款數太少，距普及之期，還是很遠。現在國難深重而一般人民的國家意識又很薄弱，推行義務教育實是建設心理上的國防的根本要圖。這一件事要政府下更大的決心，立刻籌措鉅款來推行。對於民衆的政治教育，也應該立刻作有效的推行。第三是實施青年訓練。青年是國家的基本力量，青年訓練是復興民族基礎工作，在俄、德、義諸國，青年訓練已見成效。我國此時應該採取此種制度，訓練有堅強的體魄，貞固的品格，熟練的知能的青年，以當救國的重任。第四是整頓人才教育。救國大業，固然倚賴大多數有現代知識技能，富有愛國情緒，能犧牲一切爲國家効忠的國民，可是在各方面領導國民做切實救國工作的，還是少數傑出的人才。人才的盛衰，成正比例，古今中外，都是如此。培植任重而致遠的人才，也是國難斯中應該特別注重的一件事。中國現在實施人才教育的機關，是中學與大學。中學與大學的現狀，很令人懷疑能否爲國家儲備眞才。學額的浮濫，課程的支離，訓練的鬆懈，以及學生選擇的不依公平標準，埋沒清寒子弟深造的機會，凡此情形，都得澈底整頓，然後才可希望造出眞正的人才，擔當救國的大任。

以上所舉的四大項，如能切實做到，而全國除教育以外的其他各種力量，也都聯合向同一目標前進，救國的大計，庶幾可以完成。

也許有人要說，這些辦法，收效都是很遲的。可是我們要知道：「七年之病，求三年之艾。苟爲不蓄，終身不得。」

譯拉朗德名著，以期建設新道德律，樹立新道德權威。

十月十日　長女百平生。

民國二十五年　一九三六（丙子）　先生三十六歲　夫人三十五歲

本年　先生上半年續在北大任教，依北大規定服務五年可以休假一年辦法，乃於本年寒假開始休假，赴美考察教育。

民國二十六年　一九三七（丁丑）　先生三十七歲　夫人三十六歲

春　先生在美考察教育，經過舊金山、芝加哥，而後抵紐約作較長時間考察。

・在紐約訪謁杜威並請教兩個主要問題。第一問題為「在中國受帝國主義侵略之下，教育上應該注重的是世界主義還是民族主義？」杜威答稱：「應注重民族主義。」第二問題為有人批評杜氏學說，常謂杜氏「任兒童為所欲為」與「不令兒童為所不欲為」。第一項批評毫無根據，但對第二項批評，似乎近似，先生以此請教。據答：「為在學校內兒童之學習與實際生活發生密切關係。兒童所為皆為其所欲，是無需強制作用的。」先生繼續請問：學校工作與將來在社會所從事工作如不能使其一一為兒童所欲為，是否仍需強制？杜氏之答覆為肯定的。因此種問答乃否認一般認新教育為「軟性教育」之批評，亦對德育方面義務心之養成保有餘地。

・哥倫比亞大學師範學院中國同學會約請先生演講，乃以「教育學者自己的園地」為講題。對於當時哥大師範學院所提倡之 Social Frontier Movement 持保留態度。先生講演要點為：「教育學者之自己園地為教育理想和目標的批評和分析，以及達到教育理想和目標之方法的建立。如離此園地欲以教育者之身分自行決定社會理想，從事政治活動求其實現，恐非教育者所能勝任。如勉強從事，難免採取欠健全的主張而貽誤社會，甚至受黨派之利用，成為政爭之工具。」此種言論在當日未必為聽眾所接受。但先生於一九四五年再度訪美時，Social Frontier運動早已停歇。哥大提倡此種運動之「新學院」(New College)亦已停辦。

夏　夏初先生取道歐洲返國。在巴黎訪謁舊日師友，福谷奈、瓦龍與皮也庸教授均曾重晤。

・在巴黎參加兩國際學術會議：一為國際學術年會，一為國際道德教育會。在後者作演講，題為「中國的道德教育」。同時出席與演講者有李石曾先生。

・先生在巴黎稍作停留即乘義大利輪船返國，同船有留英回國之周鴻經、唐培經、汪沅等窗友。並有桂永清將軍及捷克駐華公使，桂將軍邀捷克公使用法語對中國同船者演講，先生中語口譯。船抵香港，以上海已發生戰事，因而捨舟登陸。

七月七日　盧溝橋事變，中日戰爭起，夫人離開北平率子女南奔避難。

八月十三日　滬戰爆發，夫人率子女轉逃如皋，不數日，又以空襲返南京，與親戚同逃湖北蘄春。

八月　先生應《國聞週報》記者之囑，撰〈教育研究的檢討和展望〉〔影本見六八頁〕一文，後載《文教論評存稿》。

秋　先生在廣州乘火車到漢口，再乘船抵南京。其時眷屬已離北平返南京，又由南京避地湖北蘄春。並聞北京、清華、南開三校已南遷，將在長沙成立長沙臨時大學。先生遂先返鄉省視雙親後，即赴蘄春挈眷同赴長沙西南臨時大學報到，臨時大學中三校之文學院不久即遷南嶽。

〔本文條目說明見前頁第十二行。〕

教育研究的檢討和展望

現當舊年結束新年開始的時候，人們照例應將過去經驗作一番清算，對於將來的成就，作一番展望。我們教育研究者也應該就本分的業務，檢討過去，策勵將來，所以我便應了「國聞週報」記者的徵求，寫成這篇文字。

要對過去教育研究的結果加一番檢討，並預期將來的進展，這不是一件容易事。一則因關於研究的結果的搜集，不易齊備；一則因為執筆者為自己研究的範圍所限，不能羅列一切，沒有遺漏。因為這兩層原因，以下的敍述和推測，不敢自信完備，還希望研究教育的同道的補充和指教。

（一）

教育成為專門研究的對象，教育研究能和一切科學的研究同列，不過是近三、四十年的事。一直到現在，還有一部分人對於教育學的可能，根本發生懷疑的。至於「教育家」（pedagogue）的被惡名，更是到處皆然，不僅是由於字源上涵有輕鄙的意義。在本世紀開始時，各國大學雖然大部分正式設立了教育學的講座，可是主講教授還不能和其他各科教授受同樣的重視，凡此一切情形，一部分固然由於少數人的輕鄙和懷疑新興學問的成見，一部分卻也由於教育學自身的幼稚。教育研究的結果，在當時還不能和其他先進的科學達於同等重要的境地。

可是以上所說，乃是教育研究初興起的情形。就現在情形而論，我們教育者卻也不應「妄自菲薄」。如其就研究結果的嚴確程度而論，我們固然還不能和嚴整的科學，甚至還不能和合理化的應用科學如醫學和工程學等等分庭抗禮；可是就研究的興趣，研究結果的數量和影響方面說，我們卻不能不承認教育學在近三、四十年來，是進步最速、前途最有希望的學問的一種。

就教育上的以及與教育有關的新發明而論，日內瓦大學教授克拉巴柔德（Ed Claparède）在一九一四年以前，便已舉出二十種之多。這些發明是：1.優生學（一九〇四年或一八八二年）英國發明）；2.相關係數的研究和計算（一九〇一年美國，一九〇四年英國）；3.心理分析（一九〇〇年奧國）；4.皮奈——西蒙測驗（一九〇五年法國）；5.試驗學校（一八九六年美國，一九〇五年法國，一九〇六年德國）；6.教育科學院（一九一二年瑞士、比利時）；7.泰洛制度(Taylorism)（一九一一年美國）；8.「新學校」（一八八九年英國）；9.成績落後兒童特殊教育（一八六七年德國，一八八八年瑞士）；10曼哈姆制（一八九〇年德國）；11低才兒童特殊教育（一九〇五年美國）；12工作學校（一八九六年美國，一九〇七年德國）；13蒙台梭利制（一九〇九年意國）；14露天學校（一九〇四年德國）；15學生自治制（一八九一年或一九〇一年美國）；16童子軍制（一九〇八年英國）；17游戲場制（一八九〇年左近美國、德國）；18節奏體操（一九〇〇年瑞士）；19兒童法庭（一八九九年美國）；20職業指導（一九〇九年美國）；（見 Ed Claparéde., *Psychologic de l' Enfant et Pedagogie experimentale*, P. 96） 在這短短二十年的時距之中，居然有二十種的發明，差不多平均每年有新發明一種。我們不能不承認教育研究結果的豐富。我們如其將最近二十年的新發明加上，這張表還得大大的加長。

就教育出版物而論，也可見一般人對於教育研究的興趣增加。單就德國一國而論，據一九一〇年左右的統計，出版的教育雜誌，便有五百種之多。在本世紀初年，法國對於出版物也有統計，其中以教育著作爲最多。關於英美等國雖然現在未得著統計數字，料想教育著作亦不在少數。教育鉅著如大辭書之類，據闞德爾（Kandel）的調查，義大利在過去五年中出了兩種教育辭書。德國已有教育辭書至少四種，此外還有幾大套的教育手册。俄國也至少出版了教育辭書一種。在這些新編的教育辭書而外，原有的教育辭書如法國畢松（Buisson）、英國華德生（Watson）、美國門羅（Monroe）的鉅編，以及中國和日本的仿作，更是大家所熟知的。

此外教育研究的重要工具書，還有種種的教育年鑑。現今各重要國家，差不多都出版了教育年鑑（參考拙作世界各國的教育年鑑，見「明日之教育」舊編第四期）其中最重要而兼有國際性的，有三種：第一種是闞德爾主編 *Year-books of the International Institute of Teachers College*；第二種是潘爾賽

(Lord Eustace Percy ）主編的 *Year-book of Education*，第三種是國際教育局（Bureau International de L Education）主編的*Annuaire International dr l'Education et de l'Enseignement* 。這三種年鑑對於各國教育的制度和狀況，都有很詳細和正確的記載。

從種種國際教育的組織，也可見教育研究的興趣的增高和普徧。這些組織很多，其中最重要的，如新教育同誼會（New Education Fellowship）、國際新教育協會（Ligue Internationale pour l'Education Nouvelle）、世界教育聯合會（World Federation of Educational Associations）、世界中等教育人員聯合會（Bureau International des Fédérations Nationales du Personnel du l'Enseignement Secondaire）等等，對於教育的研究，很多直接或間接的貢獻。

對於教育研究有直接貢獻的，要算各大學的教育院系或教育研究所。在美國，各大學幾乎全有教育學院或學系，這些院系也幾乎全設教育研究課程，對於教育問題的貢獻，在數量上首屈一指。其中貢獻最多的，當推哥倫比亞大學師範院。美國教育家關於教育研究的興趣，依克伯屈（Kilpatrick）的分析，大約分三種：一是理論興趣，所研究的對象，乃是教育的目的問題；一是實用的興趣，以教育的實施爲研究的對象；一是測驗的興趣，目的在以嚴整的數量的方法，實用於教育的研究。這三種興趣，分別集中於三種特殊學問，一是教育哲學，二是教育行政，三是教育心理學。這三種特殊學問，各有一個權威的學者作領導。我們可以說，這便是杜威、克伯萊，和桑戴克。

德國學者研究教育的中心，也在大學。大學裏早經設有哲學和教育學的講座。在教育理論上貢獻很多。最有名的是格涅格斯堡（Königsburg）大學的哲學和教育的講座，此同一講座，康德曾經主講三十四年，海爾巴脫曾經主講二十六年，盧聖克讓茲（Rosenkranz）曾經主講四十六年。大師前後相繼，並且都經過很長久的主講時間，宜乎對於教育理論，尤其是理想主義的教育理論，有重要的貢獻。現在關於教育理論研究，大概集中於施勃蘭根（Spranger）和克里克（Krieck）兩位大學教授。施勃蘭根的文化哲學，和克里克的國社主義互相輝映，促成了歐戰前德國的民族主義教育哲學的復興。在德國除了大學裏的理論研究而外，師範學校的改制和昇格，也促進了對於教育實際問題研究的興趣。

在英國，關於教育研究可以心理敍述的，首爲 Nindlay 和 Green 兩位教授所提倡的試驗教育學。自一九一一年起，*Journal of experimental. Pedagogy* 即已出版。此外如 E. Jones 應用佛洛衣德的研究分析到教育，爲教育的實施，開了一個新方面。皮耳生（Pearson）教授的相關度的研究和發現，經過施皮爾曼（Spearman）應用於心理學和教育學的研究，對於智慧的性質，也有重要的發現。關於教育理論的研究，現在以倫敦大學教授南尼(T. Percy Nunn)爲重心。雖然新起的教育學者，理論很爲紛歧，可是正統派的個人主義的教育哲學，仍推南尼爲權威。最近 University of London Institute of Education 的成立，更將使倫敦大學，成爲教育研究的中心了。

正如過去德國大學將哲學和教育學聯合設立講座，使教育與哲學的研究，發生極密切的關係，法國大學現在的社會學與教育學的聯合講座，也使教育學與社會學相連，而促進了教育的社會學的研究

(Etude sociologique de l'education）。這種研究，現在以涂爾幹學派為中心。在法國關於教育的心理的研究方面，皮奈的工作由他的共同工作者西蒙（Dr. Th. Simon）繼承下來，以皮奈學會(Sociètè Alfred Binet）為研究中心。此外心理學家皮治庸（H. Pièron）和瓦龍(H. Wallon）以巴黎大學的心理學院（Institut de Psychologie）為中心，所從事的兒童智慧和品格的發展的研究，對於教育也有很大貢獻。

全歐洲研究教育的中心，首先要推瑞士。瑞士的所以重要，因的它是兩種重要教育研究機關的所在地。第一所是盧梭學院(Institut Jean Jaque Rousseau）。這個學院是一九一二年，即是盧梭誕生的二百週年成立的。它是一個研究教育同時訓練教育人員的機關。瑞士知名的心理學家和教育學家如克拉巴柔德（Claparède）、皮阿謝（Piaget）、范柔愛（Ferrière）、波維（Bovet）都和盧梭學院有關係。該院所主編的現代教育叢書（*Collection d' Actualité Pédagogique*）對於教育研究極有貢獻。其中最著名的幾部專著，如 Piaget 的兒童的語言和思想（*Le langue et la pensée chez l'enfant*）和兒童的判斷和推理(*Le jugemqnt et le raisonmènt chez l'enfant*）以及 Descoeudres 女士的反常兒童的教育（*L'education des enfants anormaux*）和兩歲到七歲兒童的發展（*Le developpement de L'enfant de deux à sept ans*），都是世界聞名的。

瑞士的第二所重要的教育研究機關，便是日內瓦的國際教育局(Bureau International de L'Education）這是一個國際的組織，目的在於調查和研究教育事實，並備各國政府關於教育問題的諮詢。自一九二五年起，范柔愛所主持的新學校的國際辦事處（Bureau International des Ecoles nouveeees）和國際道德教育局（Bureau International d'Education morale）都併入國際教育局以後，使後者更成爲研究「新教育」和道德教育的中心。前面已提到的國際教育局的國際教育年鑑，爲國際教育事實的總匯，對於比較教育的研究，大有貢獻。此外該局復就學制系統、師制訓練、經濟恐慌對於教育的影響等等重要問題，向各國教育部調查事實，分析比較，做成各項的報告。此項報告到現在爲止，已有一千多種，都是很有價值的比較教育資料。

瑞士有盧梭學院爲教育的科學的研究機關，有國際教育局爲國際教育情報機關，所以它便成爲全歐洲的也可說全世界的教育研究的中心。

我們論述教育研究的重要地點，還不可忘記了義、奥兩國。在義國，蒙臺梭利夫人還在繼續發展她的教育法。她的方法初由變態兒童推行到常態兒童，現在復由幼稚園教育，推行到小學教育了。此外關於教育理論的研究，當推相第利（Giovanni Gentile）的理想主義的教育哲學爲重鎭。這種哲學已經貫徹了義國的整個教育系統。

奥國的教育研究，應該特別注意的，還是佛洛衣德的心理分析對於教育的應用。這種應用，對於教育的方法開闢了一個新境界。還有維也納市的新教育的試驗，也是値得提敍的。

最後應該提到教育研究在蘇俄進行的狀況。在蘇俄，教育理論方面研究的目標，在於如何應用馬克斯主義建立一種教育理論的系統。在這一方面，現在還沒有什麼重要的成就。在蘇俄的教育文獻中，馬克斯、恩格斯和列寧除了偶然提到教育的主張而外，並沒有教育的專著。第一部採取馬克斯主義的觀點的教育專著，當推列寧夫人（Mme Kroupskaïa）所著的大衆教育與德謨克拉西（法譯名 *L'Instruction Populaire et la Democratïe* ），這一部書僅論及工作學校，未從全體教育問題建立馬克斯教育學的系統。白龍斯開(Blonski)的工作學校（法譯名 L'Ecole du Travail) 也只是建立了馬克斯的多藝訓練的觀念，而沒有建立馬克斯教育學的全體。（參考 Pranas DicIininkaitis : *La Liberié scolaire et L' Etat*, chapitre premier)比較有系統的著作，當推平克維忌(A. P. Pinkicvitch)的蘇俄新教育（*The New Education in the Soviet Republic* ）這書雖然想把馬克斯主義貫徹教育的全體，可是系統還欠完備精密；關於普通理論部分，和非馬克斯的教育學相比，很少特色，關於課程組織和教法的部分，因爲最近教育制度上的改革，也已經不能籠照和解釋現行的制度了。這部書就其系統而論遠不及杜威的民本主義與教育和相第利的 *Sommario di Pedagogia come Scienza Filosofica*的博大精深。馬克思教育學系統的建立，還有待於將來哩。

在教育實施方面，蘇俄教育的普及，可算是一種的成就。蘇俄所施行普及的方法，實在是實際教育學方面的一種嘗試。關於課程和教法的革新，現在還少有什麼成就，過去數年中曾經採取課程混合編制法、道爾頓制和設計教學法，可是因爲施行結果的失敗，現在這些新制度已取銷而回復舊制了。

關於教育的專門研究，蘇俄在此時似乎還不曾特別注意，今年出版的平克維忌的蘇俄的科學與教育（*Science and Education in the USSR*）中列舉著蘇俄的各種研究所和研究所得的結果，其中並沒有教育一項。教育研究，當然不能沒有，大概是比較的欠注意。教育研究的發展，還有待於將來。

以上是從外方面考察教育研究的一般情形。從教育的發明、書報的數量、國際的集會，以及幾個重要國家研究教育的現狀，我們已經大概可以見到教育研究的外貌。以下更須從內方面，考察這些教育研究，究竟關涉那些主要的問題？研究的結果，和將來的趨向，大概如何？

（二）

教育研究的部門，日漸繁複。就大體而分，所研究的問題，大概可以分三大類：第一類問題，是關於教育事實本身的研究的；第二類問題，是關於教育理想的研究的；第三類是關於教育實施方法的研究的。現在就這三大類研究情形，提要敍述一下。

教育的事實本身的研究，是一種純粹學問，不以實用爲主要目的的。教育就其制度而論，是一種社會的事實，這種事實，可與其他一切社會現象同樣成爲研究的對象的。就其學說而論，也是一種事實。在何種時代、何種社會，發現何種教育學說，這種事實也是可以加以客觀的研究的。關於教育事實的研究，發展最早的便是過去教育事實——教育史——的研究。教育史的研究之中，學說史的研究，又比制度史的研究發展稍早。這種教育史的研究，不但是教育事實的研究之中發展最早的，也是一切教育研究中發展最早的。最初大學所設的教育學講座，便是從講述教育學說史開始的。在不多久以前，法國大學研究院關於教育的博士論文，還限定必須以評述教育學說爲題。教育史的研究發展最早，所得的結果也是一切教育研究結果中最可靠、最不會發生爭議的。近代關於這一方面的研究的權威，如 Compayré, Guex, Monroe 和 Cubberley 等人，可算是登峯造極了。將來如仍用原有的方法來治教育史，大概是難得什麼大發展的。

教育史是研究過去的教育事實的，關於現實的教育事實的研究，又另成一部門，這便是比較教育的研究。這種研究的前途極有希望，最初研究比較教育還只限於實用的性質，供一國實施的參考。現在這種研究有發展成爲一種獨立學問的趨勢。最近哥倫比亞師範院國際教育研究所和日內瓦的國際教育局的工作，一方面搜集各國的教育事實，一方面作比較研究，已經得著很豐富的結果。這種研究的最大收穫，不僅在得著零星的見聞而已，對於教育事實彼此的關係，必定有重要的發現的。

教育事實的研究，還有一個方面，即是關於初民社會的教育的。我們只知道文明國過去教育的演進和既在的狀況，我們對於教育的認識，還不算充分，我們還得就現存的文化落後的社會的教育制度加以考察，以推想有史以前我們的教育的起源。這便是民族學研究的一部分。關於這部分的研究已有ch. Letouroreau的*L' Evolution de l'education dans les diverses races humaines* 和Hambly的*The Education among Primitive Peoples* 開其端。今後的教育研究者關於這一方面的研究，或是根據民族學的紀錄，加以分析整理，或是自行實地考察，都可以得著豐富的結果。

教育史的研究、比較教育的研究、民族學的研究，都可以獲得教育事實的明瞭。明瞭了教育事實，還得進一步要求這些事實的解釋。因此要求，又起了一種新的教育的研究，這便是教育的社會學的研究。這種研究，便是想把教育史、比較教育和民族學的研究所得的教育事實，和社會其他事實相關聯而求得教育事實的解釋。教育事實和社會其他事實的關聯，早經哲學家和社會學家的發現。遠如亞里士多德，近如孟德斯鳩，都已表明教育與政治的關係(參考Montespuieu：*L'Esprit des Lois*, Livre IV, Ch, I）。斯塞賓爾（Spencer）更具體的指出教育與社會政治、法律、宗教等事實的關聯（參考Spencer, *Education Intellectual*, Moral and Physical Ch. II）現代的美國的社會學者芬奈(Finney）還用「社會平行原則」（The Principle of Social Parallelism ）來表明社會文化程度和教育制度相應的現象。（參考 Finney, *A Sociological Philosophy of Education*, Chapter V） 德國學者巴爾脫(Paul Barth)對於教育史的研究，竭力把每一時代影響於教育的社會的力量指示出來。馬克斯派的學者用經濟觀來解釋教育史。平克維忌便說：「在一切時代，學校乃依據社會的結構，而此社會結構依最後的分析則為一國的生產程序的形態所決定，這個事實是最顯明的。」這見解一經推演便成教育的經濟史觀了。

以上所引，均是教育的社會學的研究的開端。可是要用嚴整的科學方法，把這種研究造成一種獨立的科學的，當推法國社會學及教育學者涂爾幹（Emile Durkheim ）。涂爾幹以為教育事實為社會事實，應為社會學研究的對象；研究的結果，可成為普通社會學的一部；而研究的方法，也便是普通社會學的方法；最重要的，便是應該從社會組織的本身，解釋教育的發生和演進的原因。正因為教育的事實和其他社會事實有聯帶的關係，任何教育系統，都不是和其他社會事實無關的一種獨立的創作。它是「經過長久時間逐漸組成的各種制度的總和，這些制度和其他社會制度有聯帶關係，所以正如社會組織的本身一樣，不能任意變更……如其我們從歷史方面研究教育制度的創立和發展的情形，我們必定見到它們是根據著宗教、政治組織、科學發展和產業狀況等項的。如其我們和這些歷史上的原因分開，它們便成爲不可究詰了」(Durkheim, *Education et Sociologic*, P. 14)。涂爾幹的教育的社會學的研究便在分析這些原因。可是他雖然提出了這種研究的目標和方法，他自己卻未及因這種研究而建立一種科學。最近瑞士有一位教育學者叫剛多(Emile Candaux)的，卻根據了涂爾幹的目標和方法，對於中古以迄近代西洋教育的事實，加以客觀的分析和解釋。他研究的結果不過是這種學問的一部分，其他各部分還有待於社會學者或教育學者根據教育史、比較教育和民族學所提示的事實加以細心的分析，再和社會其他事實參伍並觀，考察它們聯帶的關係而求得因果的解釋，然後才能使這種教育社會學眞正成爲「教育事實的科學」（La Science des Faits Pedagogiques ）哩。這種科學的現況，雖然還很貧乏，可是它的前途是極有希望的。

提到「教育社會學」的名稱，當然要聯想到美國斯密士（Smith）、施奈登（Snedden）等人所提倡教育社會學（educational socioolgy）。可是這後一種學問的內容，極不一致。雖然有一部分也致力於教育與社會的關係的研究，可是它的主要興趣不在對於教育事實，作客觀的、社會學的研究，而在於從社會學的觀點，建立教育的目標和原則。所以它和前一種教育社會學，實在是同名而異實的。我們應該在敍教育理想的研究時，加以論列。

（三）

關於教育理想的研究，就現況而論，有兩種趨勢：一種趨勢，在於根據一種哲學，來決定教育理想，另一種趨勢則在於根據社會現狀的分析來決定教育理想。第一種趨勢促進教育哲學的研究，而第二種趨勢則促進上文所提到的斯密士和施奈登等人所領導的教育社會學的研究。這兩種研究的現狀和將來現在略加研究。

教育哲學的研究，在方法上有兩大派別：一派是在教育以外尋求一種哲學，把這種哲學自外應用到教育上來，決定教育的理想，教育哲學，成爲一種應用哲學，傳統的教育哲學家皆屬於這一派。從系統的教育哲學者海爾巴脫起，教育目的便主張靠倫理學來決定的。現代的教育哲學家如斯勃蘭根（Spranger）、相第利（Gentile）、南尼（Nunn）都是根據一種普通哲學來規定教育理想的。第二派教育哲學家不主張從外方將一種哲學應用到教育方面來，而希望教育自身能產生一種哲學，克里克便屬於這一派，杜威的立場也和這一派相近。

關於教育哲學研究的這兩派，我看還是第一派比較接近於事實些。我們只要檢討一下哲學思想史和教育思想史，便可見到每個時代的教育思想，都是當時的哲學思想的反映，而教育哲學家的系統，無非是他本人的哲學系統演繹而成。（參考拙著教育哲學大綱一六—二四頁）這種事實，可以證明教育哲學終是哲學的應用，要研究教育哲學非從哲學下手不可。至於第二派的主張雖然可以提高教育哲學的地位，但實事上離開普通哲學，這種教育哲學也無法從教育自身建立，即使隨便建立了，也未必合於時代的要求。即以克里克和杜威而論，他們的教育哲學便不盡然是從教育本身產生，而仍然是從教育以外的普通哲學產生的。克里克的教育哲學，一部分是根據於德國傳統的理想主義一部分是根據於新起的國社主義。

杜威的實用主義的教育哲學，也是他的實用主義的哲學的應用。在他的第一部關於教育的系統的著作我的教育信條（*My Pedagogic Creed*）發表以前，他已經建立了實用主義的心理的基礎。至於代表整個的教育哲學系統的民本主義與教育的出版，更遠在杜威建立實用主義的論理學的基礎以後。從此亦可見杜威是先決定了實用主義的哲學的輪廓，然後才建立了實用主義的教育哲學的。他的教育哲學，多少還是他的普通哲學的應用。

以上是說現代教育哲學研究的方法。現在再看看現代各派教育哲學研究的內容。現代各派教育哲學，就其內容而言，大致可依幾個主要國度而分。英美的教育哲學，仍然不脫傳統的經驗主義的影響而演變成為一種實用主義。重經驗、尚活動、求實效，為英、美共同的教育理想。但是在大同之中有小異。英國教育哲學，仍守著傳統的個人主義的最後壁壘，側重個性的發展。南尼的教育的事實與基本原理（*Education: Its Data and First Principles*）可為代表。美國的教育哲學，雖然也根據於個人主義，可是總想力求個性發展和社會化兩個原則的調和而成爲一種新個人主義，也卽是民治主義。杜威的民治主義與教育，可爲代表。因此我們可稱英國的教育哲學爲個人主義的實用主義；可稱美國的教育哲學爲民治主義的實用主義。

實用主義的反面便是唯智主義或理性主義。法國的教育哲學，便是偏在這一方面：偏重理智的訓練，忽略實際生活。一切事理的認識，都是從分析成最簡單、最清晰的觀念入手，然後再把這些觀念，推演成理論的系統。教育的訓練，也是注重這種論理的程序。「寧取頭腦清楚，毋取頭腦複雜」，這是蒙台茵（Montaigne）的教育格言，也是法國教育的傳統見解。法國有一位教育學者叫波果(R. Paucot)的，曾經用"Vivre la Vie"和"Penser la Vie"兩句話來作英、法兩國教育理想的對比，(見R. Paucot, *Les fins generales de l'education et le progres humain*)，實在是很有意義的。可是法國和英、美兩國不同，舉不出理性主義的教育哲學代表人物，我們却可以說法國整個的教育制度，便是這種哲學的代表。

法國與英、美兩國的教育哲學，雖有唯知與唯行之分，可是卻也有一共通之點，這便是十八世紀以來綿延未絕的個人主義。和這種個人主義正相反對的又另有幾派教育哲學。一派是德、義的理想主義的國家主義，一派是蘇俄的唯物主義的社會主義。德、義的教育哲學，在細目上雖有不同，但是在根本精神上卻是一致的。這根本精神有兩種元素：一是重國家輕個人的國家主義；一是這種國家主義所憑藉的基礎，卽是理想主義，以國家的組織爲理想的最高表現。我們可以說德、義兩國現在流行的教育哲學，乃是費希脫（Fichte）、海格爾（Hegel）的教育哲學的復興。義國的相第利（Gentile）固然是一個新海格爾主義者，（參考Merrilt Moor Thompson, *The Educational Philosophy of Giovanni Gentile*, Chapter III）克里克（Krieck）的國社主義的教育哲學，也不過是歐戰以前，德國正統派的教育哲學系統的嗣續而已。

反個人主義的蘇俄的教育哲學，顯然又另有立場，它的社會理想超過國家主義而爲涵有國際性的社會主義，而這種社會主義的哲學基礎，卻建築在與辯證的理想主義正相反的辯證的唯物主義之上。現在這種新教育哲學雖然正遵循著馬克斯、列寧的遺敎在創立之中，可是整個的蘇俄的教育制度，卻已經是這種新哲學的具體表現了。

以上是檢討現代教育哲學研究的方法和內容。可是上文說過教育理想的研究，有兩種趨勢，適才所說的憑一種哲學來決定教育理想，不過是第一種趨勢。還有第二種趨勢卽是憑教育社會學的研究來決定教育的目標。教育社會學的內容，極不一致，可是最近的發展，比較趨重於教育的目標的社會學的決定這一方面。向這一方面發展的教育社會學者，可舉施奈登（Snedden）、潘退爾斯（Peters）爲例。施奈登在一九二一年出版一書，卽名*Sociological Determination of Objectives in Education*。此書的內容，係憑社會學的方法，分析社會的需要，以定教育的目標。潘退爾斯亦用相仿的方法分析教育的社會的目標、大綱細目、條分縷析。卽如訓練公民的總目標一項，卽包涵小目標三百種之多。（見Peters, *Foundation of Educational Sociology*, PP. 109—128）最近潘氏又將此項公民訓練的目標的分析，擴張成書，書名：*Objectives and Procedures in Civic Education*，內容項目，格外繁複。其他課程編制專家如Bobbitt, Charters, Ernest Horn 等，也採取同樣方法編制所謂「科學的」課程、教育理想，究竟是否可憑這種社會學的方法來決定，頗成問題。波特(Bode)在他的現代教育學說中，克伯屈（Kilpatrick）在"Hidden Philosophies"一文中（見*The Journal of Educational Sociology*, Vol. 4, No. 2, PP. 60—68）以及作者在拙著教育哲學大綱中，對於教育理想不能憑分析社會現狀而定，已有說明，此處不必複述。但要表明的有二點：一點是對於社會現狀，須有一種哲學作批評的根據，然後才可分析教育應具的目標；第二點是目標分析得過於繁瑣，沒有意義，因爲教育和配置機械不同，應養成臨機應變的能力，不應只是機械的配置，一一相對的，S——R的特殊關聯。總之，教育社會學的研究，就其決定教育理想一端而論，並不能代替教育哲學的研究。這兩種研究，在將來還是不可偏廢的。

（四）

關於教育實施方法的研究的敍述，比較繁難，因爲關於行政組織、課程編制、教學方法的研究等等都應在內，而實施所憑賴的基礎科學如兒童學、教育心理學的研究，也得提及。關於此等方面，爲篇幅所限，只得擇要敍述。

教育學的不能如醫學工程學的合理化，最大的原因，便在於教育學的基礎科學——心理學——還沒有像生物學、物理學、數學那樣的進步。現代的心理學，發展得雖然很快，可是學派紛歧，方法複雜，研究所得的結果，很少一致可靠的。因此教育的實施，彷徨失據，始終還不能達於合理化的境界。教育學所以不能受人重視，這是一個重要的原因。心理學之中，和教育最有關係的，有兒童心理學和教育心理學。兒童心理學雖然自盧梭以來，已由許多哲學家、醫學家、生物學家、語言學家，繼續建樹了基礎，可是心理學家的專門研究，乃是輓近的事。就其發展的現階級而論，關於兒童心理的發展，雖然發現了不少的事實，可是對於這些事實的解釋，還缺少公認的原則，因此教育上的應用，也就很費斟酌了。教育學者現在從兒童心理學所能得到的一個重要觀點，卽是：兒童的心理，並非是成人心理的具體而微。兒童和成人的差異，不僅是量的差異，還有質的差異，教育學者得著這種啓發，在一切教育的實施上，便不能再完全取成人的觀點了。可是兒童和成人心理的質的差異究竟在那裏？這就沒有定論了。關於這一方面的研究，皮阿謝（Piaget）的幾部著作：如兒童的世界觀（*La Representation du Monde chez L'Enfant*）、兒童的物理的因果觀念(*La Causalite Physique chez L'Enfant*)、兒童的道德判斷(*La Jugement Moralé chez L'Enfant*)、兒童的語言和思想(*Le Langue et la Pensée chez L'Enfant*)、兒童的判斷和推理) *Le Jugement et le Raisonement chez L'Enfant*)，無疑的有重要的貢獻。可是他所得的結果，究竟是否可靠，還有待於將來研究的證驗哩。

教育心理的範圍，和普通心理學與兒童心理的範圍，很難畫分。依照桑戴克的教育心理學，內容大概分稟賦、學習心理及個別差異三部分。這三部分與普通心理和兒童心理都有重複的地方。如何使研究上彼此分功，避免重複，實在是教育心理學的一個當前緊要的問題。現在姑就桑戴克所分的這三部分檢討一下，關於稟賦的研究，集中於遺傳與環境的相對的重要的問題。這種研究至今還沒有滿意的結論。不過一般的看法，稍有變遷。在十九世紀末葉本世紀初葉，一般人比較重視遺傳，致引起居友（Guyau）的反響，寫出遺傳與教育（*Hrédité et Education*）一部書來表明教育的力量。現在的一般人因為受了行為派的放棄本能，反對遺傳的學說的影響，又比較的重視環境的影響了。這個問題的最後結論雖然還不可得，但是研究的方法已經比以前精密了。（即如行為的學習過程的研究追究到胚胎以內，便是一例）並且教育學者重視環境，也比重視遺傳更能發揮教育的效能的。

學習心理的最近發展，漸漸有動搖桑戴克的學習定律的趨勢。在過去教育實施所認為比較可靠的定律，便是桑戴克的學習定律。課程組織、教法、訓育各方面，大都是根據著學習定律而實施的。現在學習定律漸漸站不住，而新定律又還沒有建樹起來，教育實施更將進退失據了。桑戴克以及行為派對於人類學習的研究，在方法上有一缺點，即是太重分析，把學習的過程，完全歸約為特殊刺激對於特殊反應的機械的聯繫。在動物的學習過程中，刺激與反應的關係，已經不盡然如此，何況在心理發展程度較高的人類？完形心理學派Koffka, Köhler等人對於學習心理的方法和見解，注重行為的整體，注重學習者的領悟作用，確可校正桑戴克以及行為派的缺點。在教育的應用上，這兩派的學習心理何去何從，是否有調劑的可能？在現時還不能作何種決定。可是我們教育研究者對於學習心理研究方法應該有一點暗示；即是爲了教育上的應用，我們最需要的是人類學習的心理。而研究人類學習心理，最好便側重人類的學習爲研究的對象，不可專以白鼠，甚至於也不可以專以猩猩爲研究學習的對象。因爲首先假定白鼠或猩猩的學習在本質上和人類學習沒有區別，次則專以白鼠或猩猩等爲研究的對象，最後再想憑白鼠或猩猩的學習心理來逆料人類學習的心理，這種方法，已經證明不是一種健全的方法了。今後的學習心理，應該讓兒童心理家負大部分的責任去研究，即在兒童學習的情境之中，研究兒童學習的心理，這樣得到的結果，也許不致抹煞人類學習的特點而於教育的研究，有很大的幫助。

正統的教育心理學的第三部分，便是關於個性差異的。關於個性差異的研究，有兩個重要的方面，一是人格分類的研究，一是智慧的測驗。關於人格分類的研究，自希臘古代的氣質學說以至於近代各種專門研究如W. Stern的*Die differentialle Psychologie*，皮奈的*La Psychologie individuelle*，以及德國最近發展的Charakterologie；法國最近發展的Biotypologie，都以區別人類的個性爲目的的。區別的標準，或依生理，或依形態，或依心理。依心理而生的區別，或以智慧爲準，或以注意爲準，或以其他心理功能爲準，又各自不同。這種分類學遠不如動植物的分類學，至今還沒達於準確的境界。教育實施，所能憑藉的兒童分類法，還只是經驗的分類法而已。

個性的差異之中，最重要、最與教育有關的一項，便是智慧才能的高低。自從皮奈、西蒙的測驗發明以後，教育家得著類別兒童智愚的利器。可是皮奈・西蒙的測驗，依其性質，只能測驗兒童智慧發展的遲速。（智愚卽依遲速而分）可是除了少數低能的兒童而外，無論智愚兒童，從皮奈・西蒙的研究，他們智慧的發展，都能達到同一極限。（西蒙定智慧年齡十三歲半爲極限）雖然達到此極限的遲速，各不相同，可是一經達到此極限，智愚便無從再分，而皮奈・西蒙的智慧測驗，便失其功效，不能對於這些人在才能上有所類別了。因爲早達極限的人，未必在將來才能的表現上，比遲達的人格外優越。換句話說，卽是判別智慧發展遲速的標準，未必能同時作判別智慧高低的標準。美國當代的智慧測驗運動，憑著只能代表智慧遲速的智慧商數，來作爲預測兒童成人後智力高低的標準，因而決定他們應受的教育的程度，在其實際影響上，已經引起柏格萊（Bagley）的抗議，（見Bagley, *Determinism in Education*）而在技術上加以批評的，還有法國的心理學家皮治庸(Henrie piéron）。（參考Piéron, *Le Developpement Mental et L'Intelligence*, pp.54—56)

皮奈・西蒙的智慧測驗，既有上述的制限，所以近年來各家的研究結果，對於它雖然多所修正，可是拿它當做區別智力高低的量表，還不免於缺陷。

除了皮奈・西蒙的智慧發展的測驗而外，還有其他種種的智慧測驗，其可靠的程度至不相同，其功能也各有制限，教育研究者應用時，應該特別小心。

在檢討了教育實施所依據的基礎科學的研究狀況而後，應該論述教育實施問題的研究。未述研究的結果以前，先得對於研究的方法約略加以檢討。在過去教育的實施往往是墨守陳法無研究之可言。卽使偶有研究，所用的方法也都是「經驗的」（empirical），因此所得的結果，往往不準確可靠。

自從十九世紀末葉以來，研究教育者，受了物理科學的啓示，漸思採用試驗的方法，使得教育的研究科學化。物理科學的方法，既奉爲圭臬，所以試驗的程序，也依著物理科學試驗的程序。我們知道物理試驗的一種特式，是有準確性，所以有準確性；便因爲在試驗時，能分析情景，加以控制，試驗的結果，復可施以測量，而給以數學的處理。教育的試驗，既以此種程序爲標準，所以也得採取分析的與數量的方法。將受教育的兒童的身心狀況和他的情景，分析成多數因子，一一加以控制而變易其中一個因子，然後用各種的教育測驗來測量其結果，以定某種教材或某種教法的數量的價值，這便是一切號稱科學的教育研究法的程序。這種以物理學爲模範的、數量的、分析的研究法，在現時頗爲盛行。教育統計和測驗運動，卽是應運而起的。教育科學家大都主張這種方法。現在美國以桑戴克、麥柯爾等人主張這種方法最力。「凡是存在的都是可以測量的」，是他們的信條。

可是對於教育採取比較寬廣的見解的教育家，大都不贊成這種方法，認爲這種方法不適宜於研究教育問題。杜威一派的教育哲學家，便持這種見解。他認爲凡是可以用數測量的，必定是特殊的，而凡是特殊的必然是可以與他物相離絕的。受教育的對象，乃是整個的人格，而這整個的人格所牽涉的因素，卻是爲數很多，我們在事實上無法使其中某些因素與其他因素相離絕而加以測量。教員的聰明處便在於把這些不可分的因素，一律置諸考慮之下。這裏的判斷是對於質量的情景而起，所以判斷本身也必然是質的而非是量的。採取分析的、數量的、研究法的教育研究者，忽略了這種制限，往往使得研究的結果，反不正確。卽如一種科目的新教學法的試驗的進行，往往是採取所謂等組實驗法。用兩組能力相等的兒童，分別施行新舊兩種教學法，支配教學的情境，使兩組除教法不同外，其他情境無不相同。在這兩種教法施行若干時之後，再用該科目的測驗，測驗兩組的成績，依數字的表測驗所得結果，僅是該項特殊科目的成績，可是兩種教學法對於整個兒童人格所施的影響如學習的態度等等，無法除開，也無法測量，因此兩種教學法最後的優劣，還是無法判定的。

分析的、數量的方法的制限還不止於此。父母和教師在教育兒童時所遇的情境，絕不會兩次完全相同的。而數量的決定，則假定情境的前後一律相同，因此便不適於教育情境的要求。過分重視數量的決定，足以阻礙智慧的運用，使教育成為機械化，至多也只能對少數特殊科目的教學見其效率而已，對於課程和方法的改造等等較大問題，是無法應付的。這又是分析的、數量的研究法的制限。

杜威派的學者主張用綜合的方法作教育實施的研究。兒童的一切反應，要從整個行為的系統中考察它的意義和影響；而這種意義和影響，也只須與以性質的衡鑒，無須加以數的測量。因此他們主張關於教育的研究或實驗，應該丟開數理科學而以生物科學為模範。（參考 Dewey, *"The Sources of a Science of Education"* pp. 64—66和Kilpatrick, *"Certain Conflicting Tendences within the Present-Day Study of Education,"* in Essays in Honor of John Dewey, pp. 173—190.）

這兩種教育研究法的衝突，如何解決，成了今後的教育研究者的一個緊迫的問題。完形心理派最近的興起，顯然為綜合的研究法張目。這種新學派的影響，不久會要及於教育研究的範圍的。

教育實施的研究，所用的方法，除試驗法而外，當然還有觀察法、調查法種種；因為次要，且不必論。我們且轉而檢核一下研究教育實施，問題所得的結果。這一方面的結果，眞是書不勝書，舉其犖犖大者而言。例如行政組織的合理化和標準化；課程編制的比較適於社會的需要和個性的差異，更能適合於兒童心理的新教學法的發明；盲啞兒童低能及天才兒童等等特殊教育的發展，因特殊教育的研究而發生的普通兒童教法的改進（如蒙台梭利法、德可樂利法、皮奈、西蒙皆從研究特殊兒童教育而發明）；訓育方法的社會化；職業指導的設施；學科心理的研究的發端……，凡此一切，都是研究的結果，而將來的發展也是無有止境的。

先生被任為文學院院務委員會召集人兼主席，主持院務。三校文學院原任院長及教授集中一地，人才稱盛。

十一月　先生在南嶽上課未數月，忽奉電召赴漢口，由教育部新任陳立夫部長約見。謂已獲北大蔣夢麟校長同意請擔任高等教育司司長，囑即就任。先生因戰時徵召，義不容辭，遂受任命。

·先生尊翁雲倬公聞先生任公職，手諭誡勉。

·夫人與兒女自南嶽移居漢口，不久即乘輪船經宜昌赴重慶定居，沿途舟車勞頓，但得以欣賞長江兩岸，巒山如林，江水奔流，風景不易常見。到重慶後，得朋友之助，賃居民房，暫時安頓，然時遇空襲。

五、西遷重慶

民國二十七年　一九三八（戊寅）　先生三十八歲　夫人三十七歲

一月　先生就教育部高等教育司司長職，在漢口辦公。

七月八日　次女百慶生。

本年　教育部在漢口辦公人員因漢口撤守，西遷重慶。

・先生就高等教育司職後，充實司內人員：邵鶴亭繼任第一科科長，黃龍先連任第二科科長，新設第三科、第四科，以陳東原、任泰分任科長；並新增各科專員及科員，陣容一新。因人員均為先生薦請部長核定任用者，故辦事相當順利。

・〈學生貸金辦法〉與〈導師制辦法〉，〈大學組織規程〉與〈課程整理辦法〉，及〈大學教師資格審查辦法〉分別擬訂施行。

・全國大學統一招生開始施行。

・長沙臨時大學遷昆明，改稱西南聯合大學。西安臨時大學遷漢中城固，改稱西北臨時大學。

・西北農學院設於武功，西北工學院設於古路壩。

民國二十八年　一九三九（己卯）　先生三十九歲　夫人三十八歲

二月　夫人應國立重慶大學張洪沅校長之聘，任教商學院，遷居沙坪壩。該校防空洞堅固，校舍分散，不虞空襲，得以安心教學。

三月一日　第三次全國教育會議召開，通過有關高等教育等案。蔣中正委員長到會訓話，主張教育不應有戰時與平時之分，並號召教育界人士勿自鳴清高，應加入中國國民黨共同救國建國。

本年　重慶遭日機大轟炸。

・先生尊翁漢章公在籍逝世，由薛太夫人及親友料理喪葬，戰時交通阻隔，先生歷久始得噩耗。父喪未臨，僅在渝遙奠。

・先生以高等教育司司長職隨張道藩次長赴成都視察國立四川大學。

・國立男、女師範學院，分別在藍田與江津設立。

・先生在重慶加入中國國民黨，黨證字號組登字三三五六一號，同時入黨的有張其昀學長等人。

・夫人在重慶大學商學院凡七年，擔任教授兼統計專修科主任，講授統計學，學生多半遠離家鄉。時馬寅初、劉大鈞、朱國璋先後為商學院院長，教授皆一時碩彥。雖有空襲，學生仍可在防空洞中做習題、在地上用粉筆寫統計公式；畢業後參加高等考試，錄取者甚多，分派至各機關任統計首長職位者甚多。

民國二十九年　一九四〇（庚辰）　先生四十歲　夫人三十九歲

本年　國立音樂院設立。

・先生開始兼任中央訓練團指導員。

・先生四十誕辰，適逢耶誕，司中同仁設宴為先生祝壽。夫婦合照留念。〔四十華誕儷影見彩色照片第八幅〕

民國三十年　一九四一（辛巳）　先生四十一歲　夫人四十歲

本年　隨陳立夫部長赴昆明及貴陽視察大學院校。

・貴陽農工學院設立。

・敵機轟炸沙坪壩中大，隨同陳立夫部長前往慰問。

・國立貴陽師範學院設立。

・國立社會教育學院設立。

民國三十一年　一九四二（壬午）　先生四十二歲　夫人四十一歲

本年　因戰事日亟，交通困難，停止大學聯合招生，改為分區聯招。

民國三十二年　一九四三（癸未）　先生四十三歲　夫人四十二歲

二月二十四日　我政府應印度政府之邀，特組織中華民國教育文化訪問團赴印訪問。團長為顧毓秀次長。團員除先生外，有沈宗濂、吳文藻，秘書為顧毓瑞。自二月廿四日啟程抵印，經參觀各處，計歷新德里、旁遮普(Punjab)、孟買、Hyderabad、Bangalore、Mysore、Madcos Howach、加爾各答、Bengal Talonagac 等處。參觀文化機構有各省大學及國際大學等；名勝有泰姬陵(Toj Mahal)、愛佛蘭千佛洞(Ellora Caves)等，並曾訪泰戈爾及甘地故居。在印度受駐印專員沈士華伉儷及駐加爾各答總領事保君健伉儷之接待。

三月　先生與邊振方合著之《理則學》出版（正中書局，民國三十二年三月初版）。全書九章：緒論、人類的思想與行為、觀察實驗與事實、歸納推理、類比推理、演譯推理（上）、（下）、實證及論與行。廣徵博引，深入淺出。

五月三日　先生訪印經昆明返抵重慶。

八月　先生所著《教育哲學大綱》出版（商務印書館，民國三十二年八月，渝版），增列〈渝版自序〉。〔影本見第九八頁〕

本年　先生在印度參觀日程完畢，並赴錫金及大吉嶺遊覽。

・擬訂〈中印文化交換計畫〉，中印交換大學生九名。

・次子百功患惡性痢疾不治，殤於北碚江蘇醫學院。

民國三十三年　一九四四（甲申）　先生四十四歲　夫人四十三歲

秋　教育部改組前，陳立夫部長派先生與總務司長蔣志澄，赴美考察戰時教育。

十一月二十日　行政院改組，以朱家驊氏繼任部長，先生辭司長職。朱部長挽留，婉謝。

冬　抗戰時期的教育，記在《中國歷史圖說（第十二冊）：現代》（樂炳南編撰）一書的〈抗戰期

〔《教育哲學大綱》自序條目說明見前頁第六行。〕

渝版自序

教育哲學大綱自二十三年完稿，二十四年開始印行，到此時複印渝版，忽忽將居十年了。渝版除了極少處文字的修正而外，在內容上可算完全沒有變更。內容沒有變更的原因，並非是原版已臻完善，無須改動。其原因在於原書的性質原在評述與教育有關的幾個哲學根本問題，以及幾家重要教育哲學學派的主張，而哲學理論的時間性本來比較的少；這十年來本書所評述的各派學說，無論是在哲學本身方面，或是在心理學或社會學方面，雖也時有發展，但其基本立場，並無重要的變更，尚不致影響本書的內容。再環顧教育哲學的著作界，在這過去十年之中，似乎也很沈寂。若干權威的作家，其教育哲學的系統或已完成，或正在哲學系統本身的建立方面繼續努力，在教育的理論和實施方面，尚少新的貢獻，可供本書的取材。在若干次要的新興學說方面，細加探究，其根本要點，也都已包括在本書以內，除了最近幾年來在美國方面有所謂新唯實論一派對於教育似有新的主張和見解，未在本書評述之列；但其系統似乎尚未完成，在教育方面的意義也不十分明確，非待相當的發展，尚無論列的可能，所以本書對此，也未加增補而維持了原稿的內容。

此外著者在大戰方酣烽火遍地的今日，複印本書，也不能無所感觸。這次的世界大戰，大家都說乃是思想與主義的戰爭，極權主義與民治思想的戰爭。我們可以更徹底些說，這乃是兩種不同的教育哲學的戰爭。軸心國和聯合國的過去各以不同的理想教育他們的人民，養成不同的國民性，追求不同的理想，由理想的衝突進而引起行動的衝突，這是此次戰爭的根本原因。戰爭發生以後，兩方各以其經過不同方式訓練而出的人民進行戰爭，以求最後的勝利，現在也正是兩派不同的教育哲學受實際考驗的時期。這兩派教育哲學有什麼不同呢？粗略些說：一派重視群體，一派重視個體；一派注重組織與紀律，一派注重個性與自由；一派重視意志的鍛鍊，一派重視智慧的啓發；一派謳歌戰鬥，一派愛好和平。總而言之，這兩派教育哲學正是本書所分析的兩派不同的社會哲學——集體主義（或極權主義）與民治主義（或個人主義）——的反映。現在這兩派的戰爭雖未結束，但是勝負之數已決，勝利終將屬於民治國家的一邊。和上次大戰一樣，民治主義又經過一度的考驗而將獲得再度的勝利。經過這次戰爭以後，世界教育哲學的趨勢如何？我國教育應取如何方針？研究教育哲學者在此時應有預先加以考慮的責任。著者不敢對將來教育思潮的演變作何預言，但可以猜測軸心國家在戰敗以後固將推原禍始，在相當範圍以內，對於他們的教育改弦易轍，即是將來戰勝的民治國家如英美等國也將從此次戰爭取得教訓而對於他們的教育理想作相當的修正。我們要預測將來，且先覆按過去。上次歐戰德國失敗以後，隨著威瑪憲法的頒佈，進步的教育家也起而改革學制，創立教育理論，舉行新教育試驗，一切以民治主義與和平主義爲依歸。只因改革太快，多年傳統教育所造成的國民性，不能憑新教育於旦夕之間加以更變。舊理想與新教育正在互相衝擊摩盪之中，又加以國際政治上的種種刺戟，造成國民情緒的不安。希特拉利用時機登高一呼，便取得政權使德國政治與教育哲學復回故轍，又變本加厲，釀成第二次的世界大戰。今後軸心國家的教育能否改變黷武好戰汨沒個性，盲從領袖的斯巴達式的極權主義，走向民治主義的途徑，那便要看他們戰後改革教育的步驟如何，以及戰勝國組織世界新秩序對待戰敗國家國民的態度如何來決定了。說到戰後的英美等國的戰後教育，仍將以民治主義爲依歸，這自然是無可置疑的。可是遠識的英美教育家們，從此次戰爭最初的挫折，必將感覺他們的教育與訓練有重新檢討的必要。他們也必要感覺到此次戰爭的勝負，並不完全取決於兩方人民的教育與訓練。資源的多少，兵員的多寡，也應該計算在內。因此可知將來的勝利，並不完全是教育與訓練的勝利。不但如此，經過此次戰爭，民治主義的教育，還不免暴露種種弱點，即如組織的比較鬆懈，行動的比較迂緩，個己幸福的過分重視，甚至犧牲精神的缺乏，都是美中不足的表現，在將來的教育上有加以矯正的必要。原來在此次戰爭以前，在民治主義最發皇的美國，有許多教育家已感覺此種教育的弱點，起而加以矯正。所謂"Social Frontier"一派的教育運動，即爲矯正此種偏重個人主義的教育的積弊而起。經過此次戰爭的考驗，我相信英美教育也必定要對於「紀律」，「組織」，「義務」，「克己」，「犧牲」等等觀念，多加注重，而使傳統的民治主義的教育，得着相當的修正的。

此次大戰中聯合國勝利以後中國教育應採如何的方針呢？在答覆此問以前，讓著者再回溯上次大戰以後中國教育思想演變的一段歷史。中國教育自從清末改革以後，一直到上次歐戰爲止，雖然宗旨屢有變更，但是愛國主義爲一貫不變的精神。當時的教育家們都想假教育的力量，變法自強，湔雪國耻。這種精神到上次歐戰以後突起改變。因爲當時德國的失敗，英美有許多教育家都歸咎於德國的教育；他們認爲德國的教育，注重權威，注重訓練與組織，注重民族國家的利益，和英美教育的注重自由，注重興趣，注重個己自我表現與世界和平主義不同，正是戰爭勝負之所由分。恰巧當時中國的教育是主張發憤圖強，犧牲小我，效忠國族的教育，精神和德國教育比較接近，却與美義教育異趣；加以當時國際和平主義正是高唱入雲，似乎將來的世界，永爲和平理想和國際正義所規範，戰爭將永遠絕迹，雖弱小國家，亦將取得和平與正義的保障。其時中國的教育界因爲對於時代這樣的認識，便毅然改變了過去一貫的教育方針，對內變爲崇尚個人自由，對外則憧憬於國際主義。以致從民七到民十六十年之間，學風大變。對內則紀律鬆弛，不能成爲有組織的國家；對外則幻想和平，成爲精神上和物質上解除武備的國家。直到國民革命奠定政權以後，這種個人主義和理想的國際和平主義的趨勢，才漸漸矯正過來。可是因爲教育哲學的錯誤，已使中國之成爲有組織能自衞的國家至少耽遲了十年，而於此次神聖戰爭中食其後果。這是一件極可憾可惜的事！這次大戰以後民治主義又獲勝利，今昔情勢，頗相類似，過去這段歷史，也許有重演的可能。可是爲了國家民族的前途，決不能任其重演！軸心國家誠因過分注重組織訓練，過分汩沒國民的個性，過分重視國家民族的權益而失敗；但是我們中國還是一個組織沒有完成的國家，我們却無庸過慮組織機械化。我們個人的思想和行動還是太嫌散漫自由，我們却無庸害怕過於嚴格的訓練。我們的國家，還是太缺乏國防和軍備，我們的人民，還是太重私利。我們此時也還不致因過重國家民族的利益對外黷武好戰，對內犧牲個人。因此我們將來的教育決不能忽視組織與訓練，也決不能放棄民族的本位。我們當然也崇尚民治主義的理想，當然也蘄求國際新秩序的建立；但是必先養成守紀律負責任的國民，纔具備眞正民治的條件；必先自完成一個獨立自主的民族國家，在將來新國際組織中，才能成爲一個有力的單位。我們必須檢討過去，預測將來；外觀世變，內審國情，建立一種合理的自主的教育哲學，作今後教育實施的南針，才不致俯仰隨人，再蹈上次歐戰以後的覆轍。如果著者以上的分析不錯，那麼今後我國的教育哲學既不應採取軸心國的極權主義，也不應完全摹仿英美式的民治主義，而將以折衷於善羣與修己，組織與自由，訓練與興趣，民族與國際之間的一種健全社會哲學爲依歸。國父手創的三民主義，以民族民權民生三者相界相成，使民族主義不致流爲極權主義，使民權主義不致流爲偏重個人主義的民治主義，使民生主義不致流爲空想的國際共產主義，正合於這種折衷綜合的社會哲學的條件。今後的中國教育哲學無疑的應該是以三民主義爲基礎，演繹而成的一種系統。這系統的完成，便是今後中國研究教育哲學者的使命了。在這勝利快要來臨的時候，歷史不可重演，教育必須改造。讓我呈獻本書，作爲建立中國教育哲學的一種參考。

吳俊升

三一，八，五・重慶沙坪壩寄廬・

中的建國大業〉中〈戰時教育發展〉部分，有以下簡要的敘述。

抗戰期間日人對我學術文化機關摧殘最烈，政府特頒布〈總動員時期督導教育工作辦法綱領〉，指示戰爭迫切時各級教育機關之應變辦法。其後在〈抗戰建國綱領〉中，又對教育制度、教材、技術人才教育，以及戰區農村教育等作說明。

戰前我國大學及獨立學院共一〇八所，在校學生約四萬人。民國三十四年，全國專科以上學校增至一百四十所，在校學生八萬三千餘人。且繼續派遣學生出國深造，並加強國際文化之合作。中等教育，戰前全國中等學校三千二百多所，在校學生六十二萬七千多人；至三十四年，全國中學增至四千五百餘校，在校學生約為一百三十九萬四千人。同時政府又注重中學、職業及師範不同性質學校之比例發展。

民國二十七年，陳立夫任教育部長，其部內人事，如高等教育司長吳俊升等人，均為教育界一時之選。當時政府為抗戰與建國並重，必須準備建國人才，雖在顛沛播遷之中，不但將原有院校遷至後方，並在後方增設新校，協助戰區青年到後方求學，各地均設立機構予以協助，並創設貸學金制度，解決戰地學生困難，後即一律改為公費，為國家培育和維護人才，影響深遠。

該書列有「陳立夫像、吳俊升像」（見第一〇四頁）及「抗戰時期教育部高級職員合影」（見第一〇五頁）。

・先生與蔣志澄一同抵美。

本年　抗日戰事日亟，先生參加倡導「十萬青年十萬軍」運動。

圖六：陳立夫像　吳俊升像

569
陳立夫像

陳立夫從民國二十七年（一九三八）一月七日，在漢口就任教育部長，到民國三十三年（一九四四）十二月，整整七年，正値對日抗戰期間，也是訓政時期的最重要階段。在其任內，雖在戰時萬難之下，然安撫流亡學生，重整後方絃歌，擴展改革各級教育，並建立制度，發揚民族文化，訓練並徵調學生直接參加抗戰工作，從未稍懈，對於抗戰建國確實盡了極大的貢獻。

570
吳俊升像

吳俊升，江蘇如皋人，南京高等師範學校畢業，東南大學教育學士，法國巴黎大學文科博士，曾任小學、中學、師範學校教員、大學教授、校長、教育部高教司長、次長等職。著作甚多，爲有名學人。

吳氏在戰時任高教司長，爲戰時高等教育創立許多新的制度，收效至宏。尤其對戰區流亡學士，其貸金辦法及其後之改爲公費制度，均係吳氏所手擬，爲國家培養人才，貢獻至大。

圖七：抗戰時期教育部高級職員合影：中立者為教育部長陳立夫，其右身材高大者為次長朱經農，其左為高教司長吳俊升。原載《中國歷史圖說（十二）》。

六、舌耕南京

民國三十四年　一九四五（乙酉）　先生四十五歲　夫人四十四歲

夏　吳百益參加中央大學入學試，以文學院第一名錄取。

八月十五日　日本投降，世界大戰結束。

本年　先生在美考察教育，以在紐約時間為多。常相往者有李璜（幼椿）、邱大年諸教授及張孟休窗友。

・先生第三次訪問杜威教授，同訪者邱大年、朱啟賢兩教授，所談及的有關中國教育現狀及芝加哥大學校長赫欽斯(Hutchins)及杜威的教育思想等問題。

・先生自紐約乘 Liberty Ship 東返經巴拿馬運河，返抵上海。即赴南通平湖市戚家省母，相見悲喜不勝。旋即奉母赴南京馬元放襟弟家暫住。未久先生遄返重慶，與家人團聚，開始在中央大學任教。

民國三十五年　一九四六（丙戌）　先生四十六歲　夫人四十五歲

本年　中央大學遷回南京，先生亦挈眷回京任教，兼任正中書局總編輯。

・先生患胰臟炎甚劇，住中央醫院療治，幸而脫險。

・夫人率子女回南京，任教東方語文專科學校。

民國三十六年　一九四七（丁亥）　先生四十七歲　夫人四十六歲

一月一日　先生應窗友陳修平在京之邀宴，座中多少年中國學會舊友。曾琦（慕韓）社長出示〈元旦試筆詩〉囑和。先生敬步原韻奉酬，並簡陳啟天（修平）、沈怡（君怡）、余家菊（景陶）、曹芻（潄逸）諸友。

丁亥元日奉和曾慕韓社長試筆詩

梅庵雅集記當年，一曲廣陵散若煙。❶
謀國敢辭叢詬謗；收京忻看下樓船。
廟堂事業胸中策；兒女情懷枕上篇。❷
待得河清海晏日，共君酒醉杏花天。

❶ 少年中國學會最後一次集會係在東南大學梅庵。先生被推臨時主席。會友政見互異，深愧未能平停眾議。此次會後，少中遂成廣陵散矣。座中追懷廿五年前事，相與慨嘆。

❷ 曾慕韓社長新續絃，有定情並度蜜月詩。

・夫人得南京市政府沈怡市長之同意，奉派簡任為南京市政府統計長。專司調查記載南京市政府各局、處之事業狀況。依數字、表格顯示其進度，逐年逐月比較，並與其他各縣市做比較參照，以得知該市各種業務進行狀況。其首要者，一為人口及年齡統計，二為文盲掃除進展統計；再次為南京工人生活費指數及公務員生活費指數之編製。此二種生活費指數之編造，每一報告到社會部、國民政府主計部常受外界訾議；然仍堅持既定的規格，據實以報，雖諸多批評，不為所動。

・薛太夫人患癌疾，住中央大學醫學院療治，不幸於深夜遽逝。先生未及在側，抱憾終生。喪葬之日，長官親臨弔唁者甚多。每逢七日即在廟裡誦經敬表哀思。

民國三十七年　一九四八（戊子）　先生四十八歲　夫人四十七歲

本年　先生在中央大學任教，並兼正中書局職，為局事常往來京滬。

民國三十八年　一九四九（己丑）　先生四十九歲　夫人四十八歲

三月　南京戰事危急，夫人調任內政部統計長。

四月五日　教育部改組，杭立武繼任部長。由行政院通過先生為教育部政務次長。先生於抗戰時期應陳立夫部長之邀，任高等教育司司長。此次先生謙稱「因國難又起，遂應召再作馮婦。」

四月二十三日　國軍撤守南京。

四月　戰事日亟，家人移居上海。先生隨部撤離南京，旋即遷廣州。

・先生奉派至昆明處理雲南大學風潮。風潮平息，留同往之任泰督學暫代雲大校長。

・夫人調任內政部統計長，遷廣州辦公。

九月　廣州情勢緊急。夫人自請離職赴香港，任教珠海書院、廣大書院、香江書院等校。

本年　戰事日亟，國民政府再遷重慶。教育部西遷時，杭立武部長因公在臺北，部務由先生暫為主持。

·戰事失利，政府疏散人員，僅留極少人員隨遷成都。先生經疏散，率部中部分人員乘飛機赴港暫住。

·長男百益赴美求學。

民國三十九年　一九五〇（庚寅）　先生五十歲　夫人四十九歲

三月一日　蔣總統中正復行視事，旋即改組政府。六月行政院長閻錫山辭職，提東南行政長官公署長官陳誠繼任為行政院長。

十二月十八日　五十初度（五十華誕儷影見彩色照片第七幅）。先生撰詩述懷。

庚寅五十生日述懷詩

四十九年是與非，天心人意總相違，依鄰肯負平生志，去國深悲遊子衣。

莽莽神州千劫換，茫茫蒼海一身微，憂時愧乏匡時策，何日收京好賦歸？

・和韻庚寅酬唱者有宗孝忱、張一渠、李晉芳、江絜生等師友。詩詞載《庚年酬唱集》第一集。

本月　先生在港初與翟毅夫、胡建人、余鑑明諸位創辦九龍實用技藝學校，教師均一時之選，顧一樵、陳石孚諸名教授俱在校任教。但以學生人數甚少，不能維持，終至停辦。

・先生與錢賓四、唐君毅、張丕介諸位將原設之文商專科學校籌改為新亞書院，成立後先生受聘在校任教。同時在珠海學院兼課。

・夫人受聘在珠海學院任教，並在華僑書院及廣大書院兼課。

民國四十年　一九五一（辛卯）　先生五十一歲　夫人五十歲

十二月　夫人自港赴臺。

冬　教育部電召先生赴臺，被任為赴巴黎出席聯合國教科文組織大會代表。會後返臺，經正中書局留任編審委員，主編華僑學校課本。

七、任職臺北

民國四十一年　一九五二（壬辰）　先生五十二歲　夫人五十一歲

二月一日　吳百益在美國波斯頓大學得文學碩士學位。

八月　夫人受聘任臺大理學院心理系教授。教授醫預科心理學、心理測驗、普通統計、變態心理學等科目。（夫人回憶當年心理系學生極為用功，安心向學；同仁專心授課，為時九年。學生慎思、慎言、慎行，教師讀書、教書、寫書，生活簡單安靜。其後，臺大畢業生遠赴英國、美國讀研究所，學有所成者甚多。）

本年　先生續在正中書局任職。

・先生在國立臺灣師範學院（後改為大學）兼授「杜威教育思想」。（國立編譯館黃發策編纂提

供）

・先生兼任革命實踐研究院教育組指導員。

民國四十二年　一九五三（癸巳）　先生五十三歲　夫人五十二歲

十月　先生譯《自由與文化》（譯自杜威原著*Freedom and Culture*）詮釋「自由」與「文化」的真義以及兩者之間的關聯性。時在杜威教授逝世七月。本書列入《世界名著選譯》，由正中書局出版。

本年　先生續在正中書局任職。

・先生在革命實踐研究院任高級班指導員。

・先生發表〈論三民主義教育的綜合性〉一文，在《華岡學報》發表。

・先生發表〈杜威的知識論〉一文，在《華岡學報》發表。

民國四十三年　一九五四（甲午）　先生五十四歲　夫人五十三歲

五月二十日　行政院改組，俞鴻鈞任行政院長，張其昀任教育部長。張部長邀先生為政務次長。

十月　夫人與鄭發育、張幸華合撰〈中學生人格測驗研究報告〉（影本見第一一六頁），文載中國測驗學會《測驗年刊》第二輯，民國四十三年十月出版。

本年　先生被任命為聯合國文教組織大會代表，赴烏拉圭出席第八次大會。先生以李石曾先生在烏拉圭宣揚中國文化有年，向部推薦為代表團團長。會後赴北美處理公務，途中曾訪秘魯、巴西、阿根廷等國，參觀當地華僑學校，並向僑胞演講。

・先生在紐約代表教育部主持成立教育部在美教育文化顧問委員會。

民國四十四年　一九五五（乙未）　先生五十五歲　夫人五十四歲

一月二十二日　夫人著〈民國四十三年度心理學研究〉一文在《教育與文化》周刊第六卷第四期發表。本文分：一、各種普通智慧、特殊能力及人格測驗的研究；二、心理學上綜合的研究；三、中外古今心理學說貫通的研究；四、心理學研究範圍擴大等四部分敘述；認為四十三年度所表現成績甚足稱道。

一月　夫人編著《初商統計製圖》上、下兩冊三版發行。本書遵照〈初級商業職業學校暫行課程標準〉之規定，並依商業上的實際需要以及編者教學及從事統計工作經驗編輯而成，學理與技術並重。書末附有〈中西統計名詞對照表〉便供檢閱。

〔本文條目說明見前頁第一行。〕

中學生人格測驗研究報告

倪　亮・鄭發育・張幸華

一、前　　言

本研究工作係受中國測驗學會委託辦理。一部份經費由測驗學會和臺灣省立師範學院中等教育輔導委員會補助。設備、用具由國立臺灣大學心理系儘量供給和借用。工作進行得測驗學會艾理事長偉和宗理事亮東、孫理事邦正，師範學院中輔會沈主任亦珍，尤其是臺灣大學心理系蘇主任薌雨等各位先生的支持和鼓勵。又有師範學院韓幼賢女士、臺灣大學心理系黃國忠、劉英茂、李石生四位助教，及三四年級學生楊有維、林昭光等幫同進行測驗、記錄、記分、整理、統計、計算等辛勤工作。被試係在臺灣省立臺北第一女子中學、第二女子中學、省立女子師範學校、臺北市立女子中學、省立臺北建國中學、成功中學、師範學院附屬中學、臺北市立大同中學等八校隨機取樣男生三百人，女生三百人，合共六百人。這八個學校的校長和教導主任，對於測驗工作，給予充分便利和協助。此次研究工作，得以順利完成，作者特此對以上各位先生和同學表示謝意。

二、摘　　要

1. 此次測驗所得結果大體而言，被試反應正常。知覺穩定，情緒平衡，人格完整，無消極，悲觀，焦慮，緊張，多疑，憤恨，狂妄，自大，等任何反常現象。可以表示一般學校青年內心生活正常而安定，此足告慰關心中等教育和青年運動人士者也。

2. 在智慧發展方面，正常而逐年開展進步，這也是表顯青年智慧本質總量甚佳。

3. 在智慧反應方面，較之以往各家所得結果，此次被試所表現的 W, D, Dd 各項彼此比例，Dd 特多。此為表示現今一般青年學生反應靈敏，「明察秋毫」頗有「好學」精神。

4. 在反應上 W 和 Z 的分數比例比較上算太低，表示思想組織能力，尚未見充分發展，「好學」有餘，「深思」不足。

5. 測驗上與智慧有關的幾個因素的分數高低，與學校學業成績分數高低，二者未能表現相關現象。即學校學業成績最優良的未必全是智慧最高的。智慧最高的未必都能在學校表示優異學業成績。這，引起對於教學方法和考核成績有檢討的需要。

6. 我們的獻議之意是減少零碎知識背誦強記的負擔。對於教材內容意義的了解，關係的比較，全盤的領略，問題疑難的解答，創造想像的啓發，自發活動的鼓勵，思想進程和推理的指導更多注意。如此種教學能蔚為風氣，普遍推行。一二年後盼能有機會再測驗一次，結果就可能大有分別了。

三、羅氏測驗簡介

心理測驗的方法，由於心理學的基本觀點倚輕倚重之不同，可分為心理測量（Psychometric Test）和投射測驗（Projective Test）兩種。前者對後者而言，皆自稱為客觀測驗（Objective Test），現今所有智慧測驗，能力測驗，民意測驗，以及各種特性測驗等屬之。這類測驗的問題範圍確定，記分方法劃一。其目的在對於人類的行為或能力，作客觀的衡量。

後者對前者而言，並非不客觀，而是更注意到被試的內心生活。投射測驗就是用不太確定的刺激或可以自由表現意念的動境，使被試在此種刺激或動境之下，不自覺的將其複雜深沉的整體內心生活，智力，欲望，興趣，需求，煩悶，焦慮等投射出來。不僅是測出各項因素的絕對數值，並須能加以綜合的解釋。此種投射測驗最常用的有羅氏墨跡測驗，麥氏統覺主題測驗。其他更有自由聯想，戲劇作演，拼圖，建屋，塑土等多種。關於此類測驗專書專刊已有多種。普通心理學雜誌亦常載有專門研究報告。在這最常用的兩種測驗之中，尤以羅氏墨跡測驗的圖片形式，不受社會文化背景影響，故於國際間更可普遍應用以供比較。

羅夏哈（Hermann Rorschach）生於瑞士貝恩（Bern）。他在西曆 1911—1921 年設計此種墨跡圖片，僅為用作研究「想像作用」（Imagination）之用。其後又用來診斷（Diagnosis）被試心理內部生活病態之起因。最後發現此種測驗不僅可以用於心理病理的探討，且可作為衡鑑整個人格之用。繼起研究者，在法國有盧西（Loosi）和迂斯特里（Usteri），在美國有貝克（Beck）克婁佛（Klopher）凱萊（Kelley）赫耳玆（Hertz）諸氏。我國臺灣大學心理學系，考古人類學系，精神病科，曾經應用這種測驗，來研究常態成人之智慧高的智慧普通的，以及病態的人，和幾種高山族人。至於此次研究對象，則爲一般中學青年。

羅氏墨跡測驗係十幅圖畫卡片。各圖均爲不甚顯明的墨跡，形式不確定。圖片第一至第七爲深淺墨跡，第二第三圖微有紅色斑點。第八至第十這三圖具有色彩。施行方法爲個別測驗，每一主試測驗一個被試，使被試依次逐圖審閱，口述圖中所見所感。見仁見智，各抒已見。主試記錄被試反應時間及反應內容。詳細記錄，並得加詰問。然後根據記錄，作記分整理分析統計工作。此種整理工作，在美國克婁佛與凱萊兩氏，注重整體的研究，即應當從投射整體來窺測被試深沉人格。貝克則注重詳細的分析，層層分析，作客觀檢討。此次研究，則兼採兩者之長。記分方法，多宗貝氏。解釋觀點，兼採克、凱兩氏。

被試爲前言所列八校初中一年級至高中三年級學生。各校每年級約爲十至十五人。總共每一年級一百人，男生五十人，女生五十人。六個年級共六百人。年齡由最小的至最大的均被選在內。學業成績，操行成績，出生地與籍貫和家庭職業等，均爲隨機取樣。

主試在事先均實習多次，測驗程序和講解說明，均有詳細劃一的規定。方言困難，都已避免。故雖爲個別測驗，在實施方面，力求客觀而標準化。

測驗環境幸賴各校安排，都能保持安靜。測驗日期在正常上課期間之內，不在假期，不在考試之前，亦不在考試期間。時間多在下午，而不在最後一堂，以免被試精神不安定。測驗於四十二年十月開始，四十三年四月底完成。在可能料到可以導致誤差的因素，事前都儘量設法避免或減少。此種大規模的舉行投射測驗，國外亦不多見，國內尚屬創舉。故於籌劃和設計，曾經多人長期審愼考慮，總期能使此次測驗的效度和信度增高。

四、測驗的效度和信度

此種測驗效度的研究根據前所舉諸氏的研究，係一方面獲得測驗所得結果，再詳細調查被試以往情形，現在狀況和以後演變，加以比較核對，得一結論，以期測驗所得結論，確能表示被試內心生活、能力高低、以及欲望煩悶之所在。此一測驗效度甚高，巳爲採用此種測驗所公認。故測驗本身效度，巳無疑義。至於此次所做實驗，其信度如何，實爲一重要問題。此次信度計算方式，係依照貝克計分方法。將巳測驗被試三個月後再隨機取五十名複測（Retest）一次，就其重要七個項目，依兩次記分求相關係數，以考查信度之高低。附列如下：

信度：初測覆測相關係數

項　目	相關係數
T. R.	0.83
W/T.R.	0.77
Z	0.87
Z/T.R.	0.74
M	0.61
F+%	0.68
F/C	0.71

從上表觀之，七項相關係數最高者達0.87，最低者亦有0.61。雖因項目性質各異，權重高低各有不同。不便以薄爲弗氏（Fisher）之 Z 而求其平均數。然僅就一般性而論，相關不可謂不高。兩次測驗相隔時間三月之久，能仍有此等相關係數，故此次測驗信度可謂相當可靠。

五、各項範數

這種測驗是綜合的應用，單憑一個或兩個因素不足表示被試智慧高低或人格之是否正常。因素分數數值高低無絕對意義。正如單獨體重多少斤不能表示人的胖瘦或健康與否，必須看體重與身長年齡之配合及其他生理狀況如何，始可作綜合的決定。所以在此種測驗個別應用和解釋時，所關問題甚多，現將各種範數，附表如後，藉供配合參考之用。

六、各種符號的意義

1. 關於智慧之符號　R（Response）表示被測驗者的反應總次數，R 愈多被測驗者的精神活動愈活潑，但僅可表示他的智慧之一方面。白癡固不能有很多的反應(R)，但 R 低不一定是低能，因爲 R 不只是智力的表現。據貝克的研究，普通正常人之R值，最低自十五起。其平均數爲 32 65。

W（whole）表示被測驗者之綜合，推理抽象思考等能力，亦爲表示智力之一種數值。W 值愈多，其智力愈高。智力低的人不能有多的W，但是智力高的人也不一定 W多。據貝克的研究，正常人的 W 值，平均爲5.50，約略爲R 的六分之一。

Z (Organization)、值表示思想組織的能力。Z 的算法完全根據貝克的 Z 換算表來計算的。智力愈高，Z 值愈高。

最後有關於智慧方面的記號是 F+%。(Form Plus)。這是以F+/F++F- 之公式算出來的。表示被測驗者的知覺意象之明確度。因此，F+%愈高，他的記憶愈好，仍爲表示智力之一方面。但智力高的人，也不一定有大的 F+%因爲感情因素，有時發生抑制形態知覺的能力。然而有時在憂鬱狀態的人，也可能產生非常高的 F+%，(也許至100%)。所以 F+%仍是一種控制思想與知覺能力的指標，並不是代表智力本身。另一方面，F+%又可表示「自我力量」(The strength of Ego)。知覺正確的人，應有堅實的自我。據貝克的研究，精神健康的人，最少要有60%的 F+。

A%(Animal percent) 表示反應內容中之有關於動物的百分率。由卡片圖最易看出動物之形像。因此，這種看法是最定型的知覺 Stereotyped Percepts。智力不同，則A%不同。智力低的人可能出現高的 A%，精神病者，智力高的人，藝術者，有時其A%很低。

2. P 表示從衆的反應 例如圖片九之兩側很像熊或其他動物。這種看法是很普遍的。因此這種反應稱爲從衆反應 (Popular Response)表示社會社交性。孤獨而不喜歡社交的人，P 值很低。P 值愈高。社交性亦愈大。

3. 關於感動性之符號。M (motion) 表示運動，即帶有運動的反應。這種運動反應，是在被測驗者之精神生活裏面發出來的活動。這種精神活動是意味人之沉思和想像。因此，這種反應之內容含有弗洛伊德之潛意識或夢想的材料。所以M愈多，想像愈活潑。M亦可謂被壓抑欲望之化裝發洩的表現。

4. C. CF FC 都是表示感情活動。C表示原始的感情，衝動性，易動氣質。CF 表示敏感性。FC 表示對人之溫情。這種反應數目之分配，C應該佔最多，而 FC佔最少，CF 在兩者之間。

ΣC 是這三種 C 之綜合。一個 C 算爲 1.5，一個 CF 算爲 1，一個 FC 算爲 0.5，然後共計（ΣC）總分若干。ΣC 愈多，表示感情生活愈活潑。

5. M 與 ΣC 之比例表示經驗之平衡 (Experience Balance) M 與 ΣC 之對比，如 M 分數多，則表示內向性 (Introversion)，如 C 分數多，則表示外向性。

6. V (Vista) 表示立體知覺，意味吾人面臨聳高之山嶽，或無際之深淵，而感覺自然之偉大，自身之渺小。即表示一種自卑感。

7. S (Space)表示圖片中之空白，而被試者看爲形態的知覺。這種知覺，是被測驗者勉强構成的，所以用來表示他的意志力量。S 值愈大，意志愈堅强。

8. T/F.R.表示對於各圖片發出第一個反應所需要的時間，這種反應時間愈快，表示被測驗者愈敏感，活潑。

9. Y (gray) YF FY 表示對於白黑，明，暗之知覺。貝克還不能說出這是什麼因素，只說這是自卑要素。

表（一）高初中各年級各因素證數（算術平均數）

	初一	初二	初三	初中	高一	高二	高三	高中
T.T	①29.84 (16.53)	45.35 (13.45)	50.52 (13.15)	41.89 (17.14)	40.79 (11.15)	43.07 (13.02)	40.99 (10.10)	41.62 (11.53)
TT/TR	116.14 (68.96)	103.23 (48.79)	148.03 (65.80)	122.80 (67.84)	87.99 (48.98)	85.66 (49.26)	76.06 (44.44)	83.24 (48.30)
FstR	70.77 (43.25)	54.52 (30.94)	58.74 (36.16)	68.34 (34.65)	52.03 (28.49)	43.84 (25.34)	51.98 (33.48)	49.28 (29.87)
T.R	23.95 (18.97)	36.77 (19.65)	34.05 (19.11)	33.59 (19.43)	34.00 (17.00)	38.66 (19.39)	36.62 (17.98)	36.43 (18.26)
W	2.20 (2.64)	3.20 (3.33)	3.74 (3.65)	3.05 (3.30)	4.08 (3.34)	5.95 (7.25)	5.61 (5.29)	5.21 (5.58)
D	20.80 (11.09)	24.89 (12.92)	24.47 (13.37)	23.59 (12.63)	24.34 (11.49)	23.36 (12.64)	24.45 (15.23)	24.05 (13.20)
Da	7.62 (8.97)	7.96 (10.27)	6.10 (7.28)	7.23 (8.94)	5.34 (7.36)	5.65 (7.35)	5.99 (7.20)	5.66 (7.31)
DW (DdW)	②0.09	0.01	0.00	0.03	0.00	0.02	0.00	0.007
S	1.82 (2.67)	2.97 (2.51)	2.06 (2.57)	2.28 (2.63)	2.16 (2.62)	1.93 (1.79)	1.95 (2.45)	2.01 (2.36)
Z	8.09 (8.49)	10.56 (11.17)	13.26 (11.32)	10.64 (10.62)	14.21 (12.61)	15.40	16.86 (14.85)	15.49 (16.25)
M	1.78 (3.71)	2.04 (2.77)	2.41 (3.24)	1.79 (3.27)	2.35 (3.48)	3.16 (4.25)	2.53 (3.62)	2.68 (3.79)
K	0.58 (1.04)	1.20 (1.59)	0.94 (1.38)	0.91	1.34 (1.92)	1.25 1.69	1.56 (4.58)	1.35
Ta	0.29 (0.66)	0.59 (0.91)	0.50 (0.95)	0.46	0.50 (0.93)	0.92 (0.97)	0.69 (0.89)	0.70
ΣC	1.08 (1.97)	1.35 (3.39)	1.47 (2.73)	1.30 (2.76)	1.42 (2.29)	1.55 (2.40)	1.88 (1.57)	1.61 (2.21)
Y	0.80 (1.67)	1.12 (1.30)	1.60 (2.13)	1.14	1.15 (2.18)	1.45 (2.11)	1.66 (2.46)	1.42
V	0.53 (1.06)	0.95 (1.19)	0.85 (1.42)	0.77	0.71 (1.31)	1.10 (1.59)	0.79 (1.38)	0.87
F+%	59.72 (17.25)	67.26 (14.65)	66.43 (12.62)	64.46 (15.19)	69.23 (12.69)	65.97 (13.42)	66.91 (14.14)	67.37 (13.50)
A%	41.64 (20.59)	43.92 (16.61)	40.48 (17.67)	42.04 (18.42)	43.47 (18.78)	40.64 (13.96)	41.16 (16.79)	41.76 (16.68)
P	2.65 (2.40)	3.69 (2.27)	4.22 (2.14)	3.52 (2.32)	4.21 (2.06)	4.59 (2.31)	6.17 (3.18)	4.99 (2.70)
Sex	0.21 (0.73)	0.16 (0.46)	0.30 (0.71)	0.22	0.34 (0.78)	0.16 (0.41)	0.38 (0.51)	0.30

①括弧內數字爲標準差
②凡數量太小者均未求標準差

七、測驗結果之分析

1. 學年差異（表一）

據表一，各項目之各年級比較時（即初一與初二，初三，比較，直至高一與高二，高三相互比較）能得三種大概傾向。第一種發展傾向是分數隨年級進展而增多。第二種是二年級的分數大於一年級，而又大於三年級的山型傾向。第三種是二年級的分數，小於一年級與三年級的谷型傾向。屬於第一型傾向的是初中部T.T, W, Z, M, ΣC, Y, P, 和高中部 Dd, Z, ΣC, Y, D, 屬於第二型傾向的，是初中部 T.R.S. K, T, V, $F_+\%$，$A_+\%$和高中部 T.T, T.R, W, M, T, V, 。屬於第三型傾向的，是初中部 T.T. / T.R, F. R. Sex ，和高中部 F.R, D, S, $F_+\%$，$A_+\%$ Sex。

由此可知，屬於發展傾向因素之中，關於智力方面的較多。即組織能力，想像力，適應環境之能力都隨年級而增加，但其發展要素之中，高中部與初中部不同。只有Z分數自初中一年級至高中三年級一直增加，即表示智慧要素之一的組織能力，是隨年級而增加。其他種種智慧要素沒有這樣增加傾向。普通人之智商並不隨年齡增加。智慧要素有的不隨年齡變化，而有的隨年齡變化。$F_+\%$ 沒有發展之傾向，即證明知覺意象之明度，不受年齡影響。

關於 W, M, ΣC, Y, P 之發展傾向，可以分爲初中與高中之兩個發展傾向不同的時期。初中時期，這些要素的發展傾向是明顯的。到了高中時期，W, M, 就變爲山型傾向，而 ΣC, Y, P, 雖都然還有發展傾向，但與初中時期之發展傾向不連續，因爲在高中一年級的成績當中，有的和初中三年級的稍爲相同，有的稍爲減低。

高中部 Dd, 有逐年增加的傾向。這表示年級愈高，瑣碎偏僻苛求的反應愈增加。

總之，現代中學生的人格發展，大概而言，是正常的。他們的智慧，尤其組織能力繼續地發展，而其對於外界的反應，內面的精神，想像能力等均有適合的發展。但對於實際活動能力之發展，稍嫌不正常。因爲D要素的數值，在初中一年級以上都沒有大變動。這種實際活動能力應當隨智慧發展而發展，但事實上未能表現此種發展。其發展精力反而表現於瑣細，偏狹苛求方面（Dd多）。自卑感亦繼續增加（Y增加）。所以他們對於外界社會之適應，也許是表面上的。即或能有模倣性的社交，却不能眞眞了解社交之本質。

表二 學年分類

	初一		初二		初三		高一		高二		高三	
	男	女	男	女	男	女	男	女	男	女	男	女
T.T.	30.16(12.48)	29.91(18.35)	42.71(14.25)	47.98(12.05)	43.13(10.25)	57.90(12.55)	40.23(9.03)	41.34(12.9)	41.77(9.84)	44.36(14.39)	46.75(9.95)	41.2[illegible]
T.T. / T.R.	115.01(74.00)	117.26(63.51)	108.19(51.03)	99.27(48.63)	115.26(66.9[illegible])	182.60(45.9[illegible])	89.84(40.95)	86.13(57.64)	86.02(37.37)	85.29(58.80)	69.91(40.60)	82.21(47.[illegible])
F. R.	69.72(38.95)	71.81(47.13)	49.23(26.52)	59.80(34.00)	55.28(38.93)	54.20(32.47)	54.82(30.46)	49.24(28.23)	40.41(23.49)	47.26(26.61)	51.54(30.32)	[illegible]
T. R.	29.16(17.13)	30.73(20.62)	32.61(18.41)	39.92(20.13)	31.52(19.51)	36.60(18.43)	32.21(16.32)	35.76(17.47)	36.47(14.83)	40.85(22.29)	37.83(17.76)	35.41(18.12)
W	2.03(2.41) 6.9%	2.37(2.84) 8.8%	3.14(3.34) 0.96%	3.26(3.32) 7.9%	3.34(3.35) 10%	4.14(3.90) 11%	4.14(3.58) 12%	4.02(3.08) 11%	4.63(3.95) 12%	7.26(9.27) 17%	4.56(4.44) 12%	6.66(5.82) 18%
D	21.07(10.07) 72%	20.53(12.05) 66%	23.46(12.95) 71%	26.31(12.80) 64%	22.54(15.25) 71%	26.40(13.18) 72%	22.87(10.65) 71%	25.81(12.15) 72%	20.17(11.40) 55%	26.55(12.95) 64%	26.27(17.75) 69%	22.62(11.8[illegible]) 63%
Dd	7.35(8.93)	7.86(9.00) 25.5%	5.62(6.81) 17%	16.30(12.42) 25%	5.38(7.45) 17%	6.12(7.05) 18%	4.69(7.82) 14%	5.98(6.81) 16%	4.06(4.41) 11%	7.24(9.13) 17%	6.74(5.64) 17%	5.24(8.13) 14%
DW (DdW)	0	0.18(0.71) 0.5%	0.02(0.14) 0.04%	0	0	0	0	0	0.02(0.14) 0.05%	0.02(0.20) 0.04%	0	0
S	2.03(2.51)	1.58(2.80)	2.01(2.25)	3.93(3.46)	2.31(2.41)	1.80(2.69)	2.46(2.55)	1.86(2.66)	2.64(0.14)	1.82(1.89)	2.26(2.44)	1.64(2.44)
Z	7.93(8.12) 27%	8.24(8.85) 26%	11.37(11.60) 34%	9.74(10.75) 23%	12.81(11.15) 40%	13.70(11.55) 37%	14.25(13.73) 44%	14.16(11.35) 39	18.32(15.75) 50%	22.48(23.82) 55%	15.25(14.93) 40%	18.46(14.[illegible]) 52%
M	1.51(3.16) 5.1%	2.04(4.17) 6.6%	1.72(2.66) 3.9%	2.36(2.85) 5.7%	1.55(2.92) 4.9%	3.26(3.33) 8.9%	1.38(1.67) 4.2%	3.32(4.42) 9.2%	2.18(2.49) 5.9%	4.18(5.29) 10%	2.27(3.82) 6%	2.78(3.18) 7.8%
K	0.67(0.98) 2.2%	0.48(1.08) 1.5%	1.28(1.54) 3.9%	1.12(1.63) 2.7%	0.72(1.18) 2.2%	1.16(1.52) 3.1%	1.14(1.58) 3.5%	1.54(2.19) 4.3%	1.46(1.79) 4%	1.04(1.57) 2.5%	1.66(1.79) 4.3%	1.45(1.32) 4%
T	0.42(0.83) 1.4%	0.16(0.36) 0.5%	0.56(0.81) 1.7%	0.62(0.99) 1.5%	0.26(0.63) 0.8%	0.74(1.12) 2%	0.48(0.92) 1.4%	0.51(0.93) 1.4%	1.08(0.84) 2.9%	0.73(1.05) 1.7%	0.82(0.77) 2.1%	0.56(0.98) 1.5%
ΣC	0.91(1.58) 3.1%	1.25(2.28) 4%	0.84(3.55) 2.5%	1.85(2.82) 4.5%	0.81(1.01) 2.5%	2.13(3.60) 5.8%	0.93(2.57) 2.8%	1.91(1.84) 5.3%	1.02(0.59) 2.7%	2.04(3.27) 4.9%	1.72(0.41) 4.5%	2.03(2.16) 5.7%
Y	0.83(1.74) 2.8%	0.76(1.59) 2.4%	0.82(1.05) 2.5%	1.42(1.44) 3.4%	1.58(2.28) 5%	1.62(1.96) 4.4%	0.92(1.36) 2.8%	1.38(2.74) 3.8%	1.04(1.58) 2.8%	1.66(2.53) 2.5%	1.86(1.84) 4.9%	1.46(2.92) 4.1%
V	0.49(1.03) 1.6%	0.56(1.09) 1.8%	0.68(1.07) 2.1%	1.22(1.25) 2.9%	0.91(1.63) 2.8%	0.78(1.17) 2.1%	0.66(1.30) 2%	0.76(1.31) 2.1%	1.16(1.72) 3.1%	1.03(1.44) 2.5%	0.46(1.37) 1.2%	1.12(1.32) 3.1%
$F_+\%$	59.18(16.94) 202.9%	60.26(17.63) 196%	68.61(16.45) 210%	65.90(12.30) 161%	65.96(13.60) 209%	66.90(11.55) 182%	66.53(13.01) 206%	71.92(11.55) 201%	71.16(13.30) 195%	60.78(11.30) 148%	66.37(13.34) 175%	67.44(10.[illegible]) 190%
Sex	0.18(0.61)	0.24(0.83)	0.16(0.41)	0.16(0.50)	0.44(0.87)	0.16(0.46)	0.48(1.02)	0.19(0.36)	0.16(0.31)	0.21(0.49)	0.72(0.50)	0.04(0.19)
A %	40.63(19.58)	42.60(21.53)	48.73(17.10)	39.10(14.60)	41.56(20.20)	39.40(14.65)	44.93(22.05)	42.01(14.69)	43.32(14.15)	37.96(12.96)	39.58(15.85)	42.93(17.61)
P	3.01(2.63)	2.28(2.08)	4.12(2.36)	3.26(2.08)	4.40(2.30)	4.04(1.95)	4.48(2.10)	3.94(1.98)	5.36(2.26)	3.82(2.13)	3.74(2.05)	3.59(2.13)

2. 高中與初中的比較

據表二，T.T. TT / T.R. Dd, S, 之外，其他要素，均係高中的大於初中的。T.T. TT / T.R 都是反應速度的要素。就反應速度而言，初中快於高中，這表示初中生比高中生天眞而少考慮。初中生多零碎反應，不考慮整個情況（Dd多）。因此初中生比高中生活潑。高中生比初中生成熟。

3. 男女差異。（據表二）

女學生之反應在各學年中寬泛的說都是多於男學生。（女學生的TR多於男學生的）。由此可見表面上女學生比男學生活潑敏感。我們從此可以看出現代女學生的氣質之一面。至於 Sex P A%這三個因素則男生反應較女生爲多，而這三個因素正是表示關於對外接觸能力的。所以實質上男生對於外界情況之關心，比女生爲甚。又除初二女學生的一值高於男生之外，男生的 S 值，一般均高於女學生。由此可知男學生的意志比女學生的堅强。

關於 Sex, A%, P, S, 之外其他因素的實值，都是女生大於男生。由這些因素對於反應總數之百分比來比較時，男生之 W, D, Y, V 不一定比女生小，男生的 Z M F% 百分比，大體而言，大於女生。各年級女生的 ΣC百分比都大於男生的。

這樣的結果表示，男生的性格方面智力活動的因素所占比例比女生的大。女生性格方面，還是感情反應所占的比例比男生高。

4. 與貝克的標準或與其他學者所得的結果比較（表三）

表（三） 各項範數與其他研究結果比較

研究者		Rorschach	Beck	Hertz	Benn-Eschenburg	臺灣大學					倪與鄭	
被試	種類					控制組I*	控制組II**	排灣	賽西	阿泰耶	初中	高中
	人數	?	?	300	209	50	20	92	105	39	300	300
年齡		Adults	Adults	12.6−13.5	13−15	Adults	Adults	14−70	13−75	15−59	12−17	15−21
因素												
R		15−30	32.65 (17.68)	27.05 (8.89)	33.6 (9−81)	33.32 (20.70)	18.95 (5.80)	21.90 (9.81)	17.00 (9.04)	22.83 (12.73)	33.59 (19.43)	36.43 (18.26)
W		4−7	5.50 (3.76)	6.87 (4.74)	5.8 (0−18)	8.38 (4.91)	4.60 (2.89)	4.56 (2.83)	3.10 (1.86)	2.49 (2.13)	3.05 (3.30)	5.21 (5.58)
D			22.85 (10.40)	14.08 (6.55)	18.4 (4−36)	21.52 (9.26)	13.45 (5.80)	15.61 (8.30)	12.43 (7.44)	16.66 (8.52)	23.39 (12.63)	24.05 (13.20)
Dd			3.02 (3.38)	1.93 (4.38)	7.1 (0−54)	3.28 (7.56)	0.80 (1.39)	1.41 (2.71)	1.42 (2.03)	3.74 (4.99)	7.23 (8.94)	5.66 (7.31)
S				1.73 (1.80)	1.0 (0−7)	2.52 (2.58)	0.50 (1.02)	1.50 (1.42)	0.77 (1.09)	1.15 (1.61)	2.28 (7.49)	2.01 (2.36)
Z			31.10 (26.44)			45.13 (24.0)	18.27 (8.70)	17.29 (10.70)	9.95 (7.04)	7.73 (9.10)	10.64 (10.62)	15.49 (16.25)
M		2−4		2.82 (3.71)	1.3 (0−5)	3.44 (3.20)	1.10 (1.38)	0.49 (0.90)	0.42 (0.75)	0.38 (0.70)	1.79 (3.27)	2.68 (3.79)
ΣC		0.5−2.5		1.34 (1.51)	1.3	2.76 (2.50)	0.90 (0.19)	1.44 (1.90)	1.00 (1.33)	1.37 (1.86)	1.30 (2.76)	1.61 (2.21)
F+%		70+80%	83.91 (8.12)	88.80 (3.09)	71 (55−100)	79.98 (9.53)	74.3 (14.11)	62.53 (20.89)	68.12 (22.08)	63.08 (18.34)	64.46 (5.19)	67.37 (13.50)
A%		30−55%	46.87 (17.58)	54.13 (10.77)	47 (15−90)	44.90 (14.38)	68.0 (15.80)	44.54 (23.30)	47.01 (26.00)	41.86 (13.98)	42.01 (18.42)	41.76 (16.63)
P						5.38 (1.58)	3.70 (1.29)	2.15 (1.33)	2.43 (1.50)	2.79 (0.54)	3.52 (2.32)	4.99 (2.70)

* 控制組I 本曾受高等教育之staff大学教授及学生.

** 控制組II 未受高等教育之成年勞動人員

與貝克的標準比較，初中生的反應總數稍高或幾相等於貝克組。（因 t＝0.50）高中生的反應總數顯著地很高（t＝2.58）。但初中生的 W 值顯低於貝克組，（t＝2.40）高中生的 W 實值就與貝克的相等（t＝0.76）。W值與 R 值應該有一種比率；貝克以其比率爲常模，如與此常模比較時，中國中學生的 W 值是不到常模的。反之，我們的 D 值與貝克的相差不遠（初中的 t＝〇・八五，高中的 t＝一・二五）。我們兩組的中學生的 Dd 值比貝克組的高（初中 t＝七・三二，高中 t＝五・八六），而我們的 Z 值就又顯著的低，（初中 t＝一四・七二，高中 t＝八・七二） F₊% A%值也顯然較低（初中 t＝三五・三六、t＝三・二八，高中 t＝一八・一〇、t＝三・六七）。

雖然附列比較表，以供參考，但是在解釋時不能根據分別獨立的各項分數直接比較，那將引起誤解和不正確的結論的。投射測驗和他種心理測驗不同也在此。

正如前面所說，此種投射測驗，分別各自獨立的分數數值高低，只能備做參考。若欲加以解釋，須將幾個有關因素綜合考慮。此次中學生與智慧有關因素分數在逐年增進。一則表示此種因素與智慧發展有關，二則表示現在一般中學生確在進步。惟在發展情形下，比例尚未能適當配合。

即屬於全盤的了解，(W)和組織方面，(Z)比例的少，而屬於精密，審慎瑣碎，苛求(Dd)方面的較多。所以中學生的智慧總量很高，且逐年進展，不過在指導青年致力學業之方法和着眼 (Approach) 途徑應重加考慮。

5. 內容的分析

把反應的內容分為五種，文，社，自，Im 康。「文」是表示有關文字數字的反應，「社」是表示關於社會，公民，史地，宗教的反應，「自」是關於自然，物理化學的反應，Im 是關於武器，工具 機 械應用的反應，「康」是關於康樂，音樂，美術，遊戲，體育的反應。

表四　反應內容高初中比較

	初一	初二	初三	高一	高二	高三	初中	高中
文	0.21 (0.55)	0.95 (0.94)	0.13 (0.52)	0.11 (0.56)	0.16 (0.58)	0.13 (0.36)	0.43 (0.79)	0.13 (0.51)
社	2.05 (2.98)	2.18 (2.74)	1.96 (2.33)	1.77 (1.90)	2.22 (6.83)	2.13 (2.66)	2.06 (2.69)	2.03 (4.37)
自	1.67 (3.12)	1.57 (1.81)	2.20 (2.54)	2.17 (3.13)	1.11 (1.25)	2.09 (2.91)	1.81 (2.56)	1.79 (2.61)
Im	0.84 (1.16)	1.20 (1.54)	1.03 (1.57)	1.00 (1.34)	1.01 (1.49)	1.29 (1.74)	1.02 (1.44)	1.10 (1.53)
康	0.20 (0.50)	0.30 (0.39)	0.54 (0.94)	0.53 (0.85)	0.67 (1.25)	0.93 (0.75)	0.35 (0.67)	0.71 (0.98)

關於「文」「自」然之內容，初中比高中多。而這 兩種內容是受學校教育的直接影響的。「社」之值，初中與高中約略相等。此種內容，也是受學校教育的直接影響的。所以由這三種內容相比，我們可知初中學生很易把他們所學到東西投射於羅夏測驗。就是說，初中學生的言行，是把所學得的直接表現出來。高中學生對於所學習的，就比較有消化吸收的能力。「Im」與「康」之值，都是高中比 初 中大。此種「Im」與「康」的內容，不可能從所習功課內容方面，刻板的，直接的，囫圇的背出。必須就已學習的內容，加以消化和吸收，就自己內心與趣理想融會貫通始能有此種反應。故就反應內容而言，高中生比初中生更有自發的，內心的活動。

6. 各種因素與學業成績及操行成績之相關

表五　學業成績上下組在羅氏測驗各項目之統計表徵數

組別 ＼ 項目		Ist R	W	D	Dd	S	Z	TR	M	C	CF	FC	T_o	Y	V	F+%	A%
上	平　均	0.98	5.00	25.69	8.26	2,21	12.58	37.26	3.35	1.20	1.26	1.44	1.05	1.89	1.33	65.67	41.49
組	標準差	0.54	3.96	12.87	7.30	2.56	10.19	20.47	2.90	1.70	1.27	1.68	0.89	1.89	1.03	16.49	13.26
下	平　均	0.98	4.92	21.82	6.74	2.48	14.73	31.36	2.73	0.97	1.09	1.41	0.85	1.51	1.00	69.36	43.79
組	標準差	0.56	3.92	11.35	6.80	2.45	13.15	17.49	2.93	1.03	0.97	1.37	0.78	1.44	0.85	16.16	19.42
	t　值	0	.16	1.79	1.23	.69	1.03	1.71	1.71	.98	.89	1.38	1.46	1.30	2.03	.24	.31

在測驗的各因素記分與學業成績操行成績間之相關，普通是用皮爾遜相關依數表明。然而而由於本測驗之抽樣性質不適宜採用相關係數。故乃求兩組差異。此種統計上之 t 值，不但能顧及樣本分配之各種問題，同時能作爲相關之有效指數。

因本測驗之被試者係按年級性別抽樣，每年級男女人數各五十，由八個中等學校抽得。各學校學業成績給分寬嚴既不一致，因此不能歸併據以求皮爾遜相關係數。然若用T值則可大大減少此種困難。首先同年級各學校學生按該校學業成績及操行成績分爲三組，使上下兩組各佔四分之一成爲分配上之兩個極端組，中間一組人數佔四分之二。如此將各校同年級學生上下兩組分別總合構成學業成績及操行成績分別歸併上下兩組。倘若學業成績或操行成績與本測驗各因素記分有相關時，則上述方法構成的上下兩組在本測驗各因素記分之分配，必顯示均數之顯著差異。根據此事實求得 t 值如表五與表六。

表六　操行成績上下但在羅氏測驗各項目之統計表徵數

組別	項目／統計數字	F.R.	W	D	Dd	S	Z	T.R.	M	C	C.F	FC	T。	Y	V	F+%	A%
上	平　均	0.80	5.55	23.00	7.75	2.10	19.20	39.50	4.05	1.50	1.50	1.65	1.20	2.00	1.35	64.75	41.00
組	標準差	0.50	3.49	11.61	6.31	1.48	16.80	18.57	4.34	1.38	1.38	1.28	1.00	1.80	1.39	16.70	12.41
下	平　均	0.78	5.40	27.75	7.75	1.90	16.60	35.00	2.65	0.95	1.05	1.85	0.95	1.05	1.40	65.00	40.75
組	標準差	0.13	3.90	11.90	7.60	1.74	10.00	21.91	2.82	0.23	0.81	1.63	0.97	1.16	1.55	12.25	12.95
	t	.49	.13	.04	0.00	.39	0.53	.70	1.22	1.70	1.22	0.43	0.77	1.92	0.09	0.04	.04

各因素的上下兩組的差異顯著性（t 值）均甚低小。即表示上下兩組並無顯著的差異。所以本測驗各因素與學業成績及操行成績均可謂無相關可言。此種結果一方面可說明整個人格係多種因素交互影響，決非現今操行成績所能表現，此事實完全與羅氏測驗之理論相吻合。關於學業成績除 Dd 一項外，未能與本測驗智慧因素發生關係，可能現在學校學生功課負擔太重，考試次數太多。關於學業之成就決定於智慧因素者少。而智慧以外之因素，如非自發性的强迫注意，生吞活剝囫圇吞棗的背誦。支離破碎的材料機械記憶。因對於枝枝末節的過分苛求，而至忽略全盤大義的了解與領略。所以只有 Dd 一項各校上組平均數爲 8.26，下組平均爲 6.74，下值爲 1.32略爲表示不太顯著的差異外，其他上下兩組，毫無顯著差異，亦即毫無相關。此點頗足以提供關心現今中學教學者之參考。

此次研究工作，費時一年有餘，得各方協助、合作、鼓勵和支持，始得順利完成。各項範數，說明解釋和比較已如上述。此項工作計劃和實施，曾陸續在測驗學會理監事聯席會議上報告討論多次。最後結論摘要亦曾提出報告，今略述如上，拋磚引玉，幸能引起關心中學教育青年活動，人格研究與心理衞生等方面人士之指教，檢討注意也。

三月九日　先生在立法院教育委員會第十五會期第三次會議作〈參加聯合國文教組織第八屆大會暨在美視察中國留學生狀況報告〉。（報告載《文教評論存稿》）

三月　《科學教育與科學方法》一書係分由專家就科學教育及科學方法的觀點，分撰各學科的研究方法及趨勢。先生撰〈教育學之將來〉一文（列為首篇）。由中華文化出版事業委員會出版。

七月八日　先生應香港《工商日報》之邀，為「三十周年紀念增刊」撰述〈最近三十年的中國教育〉一文，闡述「三十年來中國教育的發展」及「中國教育的問題」。

七月十四日　夫人節譯自《科學月刊》(*The Scientific Monthly*)一九五五年一月份所載李・克榮保赫(Lee J. Cronbach)著〈教育心理學〉(Educational Psychology)之「新書介紹」。認為該書能將心理學全部領域適當分配在討論學習過程與教學方法之中。內容除有傳統的教科書所著重的記憶、學習方法、學習效率之外，更有以下幾個重要部分：研究普通智慧與適性，俾可做合理的排列教材之依據，和可根據個別差異以定學習速度和能量。研究兒童心理不僅在學習方面，且須注意到兒童的動機、情緒、人格的形成和由於父母或家庭所養成的特殊癖性，以及男女青年的特殊才能及體格差異。至於推理與解決問題、視力與閱讀能力、心理衛生、各種心理測驗及測驗結果的解釋亦都占有篇幅。

九月　《中華民國大學誌》（與他人合著、由先生列首名）由中華文化出版事業委員會出版。

・夫人撰〈興趣測驗的理論基礎與實際應用〉，文載《測驗年刊》第三輯。本文敘述興趣研究在心理學史上的地位，民國十年前後我國研究智慧測驗概況；然後敘述興趣的分型，並介紹由夫人指導臺灣大學心理學系學生喬和生中譯德人斯普芮格（Eduard Spranger）的分型方法中之測驗和試用經過，最後提出本測驗的實際問題。

本年　先生撰〈蔣夢麟著《談學問》讀後〉（蔣夢麟字孟鄰），文載蔣著《談學問》一書，由正中書局於民國四十四年出版。

蔣夢麟著《談學問》讀後

一

蔣孟鄰先生《孟鄰文存》出版以後，繼續出了一本論中國思想的書，便是《談學問》。這本書乃是集合許多篇短文而成的。但是這不是不相聯繫的零篇的湊合，而是各篇構成體系的一本專書。

這本書所討論的均是一個現代人在他生活裏所常縈懷的問題，尤其是一個現代中國人與西洋文化接觸以後，返觀本國固有的思想與文化所常發生的問題。如何求學問？知識是怎樣構成的？宇宙是怎樣構成和運行的？感情的生活如何安排？志向如何確定？志氣如何存養？對於歷史的演進應該怎樣看法？對於本國和外國民族與文化的接觸和交流應該採取甚麼態度？宗教與道德的關係如何？法律與人權相衝突嗎？中國思想能否產生科學？這些都是《談學問》這本書內所提出與解答的問題。

這些問題都是現代人所常縈懷的問題。中國人與西洋文化接觸以後對於這些問題的解答，有兩種極不同的途徑。一是純從西洋的觀點來解答，抹煞了中國過去一切的文化與歷史；一是墨守中國固有的見解，無視西洋的一切宗教、政治、科學和技術的成就。從這兩種途徑來解答這些問題，所得答案都是只知其一不知其二；用所得的答案來解決中國的問題，便落得治絲益棼的結果。中國文化的過渡時期綿延到百年以上還沒有渡過，造成國家民族空前的大悲劇。推原其故，可說是原來對於中國問題的解決，未得正確的方法；也即是由於對於現代生活的上述種種問題，未得適當的解答。

孟鄰先生對於中國思想問題的大貢獻，在其個人事功和思想上，尤其在《談學問》一書中所表現的，便是他的解決這些問題所取的正確的態度和方法。他對於本國思想的價值既不低估，也不誇張。對於西洋思想，也是如此。他從西洋思想的觀點，來認識中國思想，明其異同，觀其會通，而就其彼此相對的價值，各還其本來面目。他對於中國與西洋的思想既不存心鄙視，也不存心誇張，他只是根據他的淵博的中、西學術修養和高度的智慧來加以客觀的衡量和評價。他這種態度和方法運用的結果，使得讀者對於本國和西洋的思想和文化都能得到正確的認識，而對於解決中國的社會問題，也得了一種正確的方針。——孟鄰先生這些年來對於中國農村問題的有效的解決，便是這樣得來的。

《談學問》一書，可以說自中國變法維新以來講中、西文化比較問題最有積極價值，最有啟發性的論著。過去的極端派如全盤西化論者，和反西化論者固然在本書面前黯然無光，即是持折衷論者如中國本位文化派、如中體西用派，均將見而卻步。因為第一類知偏而不知全，後一類只是調和妥協並沒有能真正解決問題。

孟鄰先生自己的話，最足說明他解答中、西文化及思想的問題的方法論。他說：「吾人目前講學問，無論本國的或西方的，在有意或無意中，都在做一番中、西比較工夫。前者以本國為主，把西方的拿來做比較。後者以西方為主，把本國的拿來做比較。講中不講西，終覺孤立。講西而不講中，終覺扞格。能學兼中、西，方知吾道不孤。」

二

《談學問》的著者用他自己的方法來講中、西問題得著極正確的答案。先說學問，他說：「我國的學問本為經世之學，知與行是不能分離的，……德與政也不能分離的。……學問與事功也不能分離，蓋正德所以利用，利用所以厚生。」從西洋的學問的特色，來看中國學問的特色，確是如此。中國學者自始便是或多或少的一個實用主義者。

論知識的獲得，著者認定在中國思想中是從格物入手的。所謂「物」，便是事物。而「格」便是「用心去求官覺的意義。」這是從現代心理學的觀點所得的最確當的解釋，著者說得好：「思想與官能合作而識事物之理，是我國知識論的中心思想，也就是科學思想的基礎。」

論宇宙，著者以為中、西兩方均承認自然界有其理則，惟著重點不同。著者的警語說：「希臘人之講理則，偏重於知，邏輯即求知之方。中國人之講理則，偏重於行，人倫為行之常軌。故蘇格拉底之學，為修其理知，教以辯證。孟子之學為修其天爵，教以人倫。老子之學為任其自然，教以無為。」講天道與人道，大宇宙小宇宙彼此關係，中、西觀點不同，以上所引的話，可算是最中肯綮了。

論情欲與意志，著者以為中國原來思想只講疏導，不欲禁遏。宋儒只是受了佛家影響始講清心寡欲。講到意志，著者分別志向與志氣，又把立志與養氣說出相輔相成之道。他說得好：「俗語對於志，有兩個說法，一個是志向，只是行為的方向，是舵的使命。一個是志氣，是志合濃厚的情感，是風的使命。這情感叫做氣。在軍隊叫做士氣，在行為叫做正氣，在學校叫學風。風與氣有時互用，有時並用，叫做風氣，如社會的風氣，如學校的風氣或軍隊的風氣。但其意義有時亦有出入。實則氣則風之靜，風則氣之動。本是一樣東西。」他又引到孟子的話說明『持其志』是要把握方向，『無暴其氣』，是說不可使熱誠洩氣或碰到阻礙。如能把這熱誠配合義與道，就成為『浩然之氣』。」以現代解釋立志與養氣，是再明確不過的了。

著者論歷史，以為我國思想中亦有治亂循環與直線演進兩種史觀。對於世界將來的出路，西洋史學家主宗教的信仰，中國學者則主道德的信仰，著者「以為宗教與道德，兩大之間有共同之點存在，因為西洋的宗教與中國的道德本有其共同性。」

論文化接觸與交流，著者認為中國文化一直是與外國文化相交流而終於融合的。他認為從數千年歷史中可以證明中國文化有濃厚的吸收性與適應性。他對於中外文化的接觸交流有以下的警語：「先秦之用夏變夷政策，自漢代已變為用夷強夏政策，至今繼續而未替。張之洞之『中學為體，西學為用。』就是說以夏為體，以夷為用，又可以說以夷之所長補夏之不足。還有主張『全盤西化』的人，猶如說澈底夷化，這是做不到的。」這一段話乃是著者對於中化西化的基本見解。「以夷強夏」，乃是著者所嚮往，也是他所實行的文化政策。

論道德與宗教，著者認為中國儒、道兩家均法天道而立人道，不重神權，所以所尚為道德而非宗教。至於中國民間之信宗教亦與西洋人有別。他說：「大多數民眾不想死後上天堂，只想來世生活比今世舒服一些。中國人多數抱現世觀，不想在這個世界以外別求世界。」這也是警闢之論。至於中國人信多神而不信一神，著者以為由於中國人相信「萬物並育而不相害，道並行而不相悖。」

論法律與人權，著者作中、西之比較，有以下的確論：「儒家由道而立德，由德而制禮，由禮而施政。法家由道而取紀，由紀而立法，由法而治國。法家由法求社會之安定而不顧個人在社會之地位。這是承認法律是外鑠的，是由外來的威權而強制的。這是歐洲中古時代的法律觀念。儒家由德而達社會之安定而尊個人之德性。這是說個人具有道德的價值，在社會上有道德的地位。《中庸》說，尊德性而道問學。宋儒陸象山講學，常常要做堂堂的一個人，就是從尊德性而來的。承認尊個人之德性，即尊重個人有道德的價值。這與歐洲十八、十九兩世紀之法理哲學與政治哲學相合。」這種中、西法律觀念的比較觀，可說是恰到好處。

最後論思想與科學，著者以為中國人思想的方法，注重內外一貫，與科學方法相合，他認為科學可以在中國生根。不過中國過去太重人道不重物理，所以物質科學不發達。過去講人道也只在於明倫敦行，所以社會科學也不成系統。如能以內外一貫的求知方法，對於人道與物理作純理的研究，科學在中國也就可以發達了。最後他對於吸收西洋科學是十分樂觀的。他說：「我國文化本來是固有與外來兩者融合而成的。這種偉大的吸收性，是中國文化具有永久活力的表現，如健康的人一樣，胃口強而消化力大，這是我們足以自豪的。」

以上是著者應用他自己的方法探究中國思想問題而得的結論的要點。他的總結論是中國思想與文化有其特點，但也不絕與外來思想文化相融合而能創造出其特有的中華文化。這樣的結論增強了我們的民族自信心，也指示了一種正確的文化政策。

三

最後我想特別推薦本書文字形式的特有風格。簡明、輕鬆、雋永，乃是本書在行文上所表現的獨特風格。他的這種作風，自成一派，可與Montaigne 的Essai相比。文字用得極節省，但是斬釘、截鐵，說得俐落。短短的語句，卻能充分表達所要表達的意思。這一本小書，如其行文遣詞不經濟，可以敷衍成一本大書，可是未見得能增加了解。要言不煩，恰能達意，這是本書行文特點之一。著者行文所以能執簡馭繁，以少勝多，由於他博通中西典籍，能以取精用宏勾玄提要，與一般率爾操觚者不同。所以一字一句皆耐咀嚼玩味，引人入勝。著者行文另一特式，即是於樸實說理之中，常有雋句，使讀者不感覺沉悶而實有輕鬆之感。此種筆調既非幽默，更非滑稽而是雋永。例如論中國文化之不重出世，他說：「吾國文化向來是腳踏實地的，始終不肯離開這個地球。」又如論對於神的崇信，他說：「中國大多數的民眾就會說，信者有，不信者無。你拜你的神，我拜我的神，萬物並育而不相害，道並行而不相悖，神與神何必打架呢？」再如論法律，他說：「治外法權既去，祇要防止法外治權發生就好了。」行文都是輕鬆雋永耐人尋味的。

《談學問》這本書不僅內容有價值，它的文字形式，也是後學所宜效法的。我們中國遭逢這個幾千年來未有之變局，人人都感覺中國思想裏有種種待決的問題，《談學問》這本書便指示了一個正確的解決問題的途徑，所以這是中國人必讀的一部好書。

民國四十五年　一九五六（丙申）　先生五十六歲　夫人五十五歲

二月九日　夫人撰〈一年來的心理學〉，文載《教育與文化》周刊。介紹民國四十四年度心理學方面所做研究工作的過程和今後研究方向。本文分：一、實驗研究；二、解決實際問題的研究；三、有關心理學研究的論著和學會的活動。（「中國測驗學會」歷史悠久，每年刊行《測驗年刊》。本年度新成立「心理作戰學會」和「心理衛生學會」外，自然科學協進會並設有心理學的研究組。）

七月　先生著《教育論叢》中華書局臺一版問世，本書輯錄論文十八篇。該文曾在教育論壇所發生的影響深遠，於今覆按，立論尤多針對時弊，並未全失時效。

夏　夫人應行政院僑務委員會之聘，遠赴越南、高棉僑校暑期教員研習班，講述教育測驗及心理測驗等科。同行者有崔載陽和沈亦珍教授，為時兩個月。夫人曾於歡迎會上講述教育對文化的使命，除應保存發揚本國文化外，並應吸收外國文化，頗為當地人士及華僑人士所讚賞。而越南、高棉華僑對於祖國文化極為嚮往，同時也願學習當地文字語言。其後臺北多所大學分別招收華僑學生及設立華僑中學，南洋等地返國就學者甚多。

〔《教育論叢》自序條目說明見前頁第七行。〕

自序

本書乃是著者輯錄多年來的教育論文而成的。在過去著者曾經寫過不少的教育文字，有一部分也曾加以輯錄出版。現在重加增刪，共得論文十八篇，仍以教育論叢爲名刊行。

下列十八篇論文中，有多篇是作成於許多年以前的。這些篇在當時發表，曾經在教育論壇發生過一些影響，而在現時覆按，似乎還沒有失去時效；有些篇似乎正是針對時弊而寫的。舉例來說，第一篇論文重新估定新教育的理論和實施的價值乃成於二十三年以前。當時中國正盛行所謂「新教育」，著者深感此種教育趨向極端，不免流弊，所以發表那篇批判性的論文。這論文發表時，因爲不合時尚，雖然引起了注意，但未生實際的效果。直到二十三年以後，美國的教育界因爲推行這種教育而發生許多不良的後果，引起了自我批判運動，將推動這種新教育的進步的教育聯合會，正式宣布解散，著者再廻顧二十三年以前的這篇論文，却有「不幸而言中」的感慨。現在美國教育復有偏向另一極端的趨勢，其影響不久又將及於我國。著者那篇折衷性的論文再行刊出，或者在避免東扶西倒的趨勢上，不無其作用與意義。

其他各篇文字如論中國需要一種哲學，如主張批判的教育救國論，在現時似尚不無參考的用處。論精神教育的意義一文，在此倡行民族精神教育之時，可供一種較爲深刻的考慮。關於論會考命過方式，論漢字的存廢，尤其是國難期內的教育各篇，所面對的事實似乎在現時正作歷史的重演，眞不勝感慨係之。這些篇留而未刪，或亦可免於明日黃花之譏。

有若干篇乃是近年所寫成的。時代雖然不同，言論仍屬一貫。著者區區之意，乃在於倡導一種教育批判，使中國教育的理論與實施，可以折衷至當，不至俯仰隨人，東扶西倒。著者所據以批判教育理論與實施的觀點，也可說是一種社會的觀點。因為我國自民十前後發生新教育運動以來，教育理論與實施都有偏向於個人主義，自由主義和心理主義的趨勢，走向極端，難免發生流弊，所以著者的批判文字，多是從社會的觀點出發，對於過去偏倚的趨勢加以矯正。社會的和個人的價值，如何得其平衡，乃是著者所一嚮企求解決的問題。

在現代中國教育中，另有一股潮流與個人自由放任主義相反，而其矛盾情形未為教育界所自覺的，便是一種機械主義，唯物主義的趨勢。此種趨勢發展至於極端，遂為今日大陸匪共的滅絕人性的教育預作了準備。本書中有幾篇文字，如精神教育的意義，如教育學之將來，便是針對此種弊害而作的。精神與物質，心與身，如何在教育方面求其平衡的發展，這也是本書的中心課題之一。

我國處此空前未有之變局，今後的教育，關係於國家民族前途者至大。如何以教育助成復國建國的神聖任務，有賴於教育界貢獻所見。謹以此書作為教育批判的導論。

吳俊升　四十五年七月序於臺北

二

十二月　夫人撰〈智慧測驗應用上的問題〉一文，研討的問題：一、智慧的定義和內容；二、智慧和知識及文化環境之間的關係；三、對被試年齡的考慮；四、被試本身智慧能力內部參差；和五、智慧以外的心理因素是否可能影響智慧的表現而致減低智慧測驗的效度。文載《中國測驗學會測驗年刊》第四輯，民國四十五年十二月出版。

本年　夫人在臺大任教期間，美國大學畢業生在臺任職者，常來臺大借閱書籍。本年其中一人名William Rodd原為美國Western Reserve University心理學研究生，已獲有學士學位。因見臺灣臺大心理學系圖書雜誌之豐富、實驗器材及測驗材料之齊備，欲在此準備博士論文。心理系蘇薌雨主任請夫人為其指導。夫人教其廣讀心理測驗之書，藉雜誌及其它研究報告，商定採用美國哈佛大學Allport修訂之Study of Values測驗，及幾種智慧測驗。往返臺北、新竹、臺中、基隆各地高中實地測驗高二學生，所得結果發現臺灣學生之成績不亞於美國學生。被試者數千人，資料整理凡三年。所得結果，經美國Western Reserve University考試獲得博士學位。

- 長女百平在臺北第一女子高級中學畢業，赴美留學。
- 次女百慶在臺北第一女子高級中學畢業，應國立臺灣大學入學試，以理學院第一名錄取。

民國四十六年　一九五七（丁酉）　先生五十七歲　夫人五十六歲

六月　先生應窗友鄭開榮（明東）之囑，為其婿王兆奎教授所撰《普通心理學》（大學用書）署端，沈亦珍教授撰序，由東方日報社印行。〔國立中興大學王兆奎教授提供〕

七月　《第三次中國教育年鑑》出版。先生為本書編纂委員會主任委員，主任編纂為張迺藩委員，正中書局印行。我國《第一次中國教育年鑑》出版於民國二十三年，《第二次中國教育年鑑》出版於民國三十七年。本書亦為政府遷臺後首次出版者。前有張其昀部長以〈民族復興與文藝復興〉為題的序言。

十二月　夫人撰〈評介投射測驗〉一文，由《中國測驗學會測驗年刊》第五輯發表。本文分：何謂投射測驗？投射測驗的種類、評分、效度；對於投射測驗的懷疑和應行注意事項。

本年　先生奉派為出席第二十屆公共教育國際會議首席代表。於赴瑞士開會前，復以中國教育學會理事長資格被邀參加美國教育學會(National Education Association)百年慶典，並代表教育部致賀。曾作簡單演講。

・夫人在臺大教書時，正值政府提高士兵素質及辦理士兵退伍除役措施。分聘夫人等心理系教授為處理退除役士兵的分發改業工作實驗。夫人負責心理測驗，用「非文字心理測驗」、「手眼合作測驗」、「情緒穩定測驗」，供分發工作參考。每星期兩次到基隆、八堵、暖暖中心指導施行測驗工作，有時去臺中、臺南、花蓮分站監督，所得結果供軍方參考，盛讚此項測驗結果甚有價值。歷時一年，當時曾將智力會因年齡不同而衰退之發現作一報告，登在《臺大心理學系年報》第二期。

・先生在國防研究院講〈人性、文化與戰爭〉，講稿在《華岡學報》發表。

民國四十七年　一九五八（戊戌）　先生五十八歲　夫人五十七歲

七月十五日　行政院改組，張其昀部長去職。新任梅貽琦部長挽先生留任，婉辭未就。

十月二十四日　總統令派我國出席聯合國教育科學及文化組織第十屆大會代表團代表五人，以浦薛鳳為首席代表，吳俊升、楊亮功、陳雄飛、陳源為代表，薛光前、孫宕越、郭有守為顧問。大會於十一月四日開幕，至十二月五日閉幕。此次大會與我國有關問題共三項，即出席權問題、代表權問題及投票權問題。

十一月　夫人與蕭世朗所合撰〈國軍不適現役人員檢定組暖暖中心受檢士兵智力衰退之研究〉(A Study of Mental Declination with Aging Among The Retired Servicemen Tested in Nuan-Nuan Center)在《國立臺灣大學理學院心理學系研究報告》（現已改為《中華心理學刊》）發表。本

〔本文條目說明見前頁第十二行。〕

國軍不適現役人員檢定組暖暖中心受檢士兵智力衰退之研究

倪　亮、蕭世朗

一、緒　　論

1. 衰老問題之研究

一個人的生命是有限的，無情的歲月無時無刻不在逼人變老。自從歷史的第一頁人類就爭扎着想法阻止或延緩這種厄運。五千年前的神農氏，在中國歷史上是頭一個記載；他以藥草治病，延緩了病人的死亡。古今中外的一些哲人對生命問題亦有不少討論。享盡人生趣樂，希望長生不死的帝王們更不惜一切代價，叫人研究「不死的仙丹」。自從近代醫藥學發達之後，生老病死的問題就漸漸地瞭解爲什麼了。科學家們現在已能對付幾乎一切疾病。他們積極地培養病人身體的抵抗力，同時消滅疾病的原因。如此死於疾病者已愈來愈少，但他們還不甚瞭解「自然的死亡」或「老死」。衰老是一種新陳代謝速率緩化的現象，醫學家認爲這是由於賀爾蒙的缺乏，或異物的沈澱阻礙細胞活動的結果。於是他們注射賀爾蒙，維他命等物以防衰老，但都得不着顯著的效果。僅從純粹醫藥的觀點衰老的問題似乎是不能解決的，因爲衰老的原因不僅爲身體一方面的問題。隨着有關生命的科學的進展，研究衰老現象的科學家們就從許多醫藥科學以外的科學領域裏發現不少瞭解的門徑。於是就形成一種新的態度，以綜合科學的立場，滙集各方面專家共同研究衰老問題。這個研究衰老現象的綜合科學稱爲「進老學」(Gerontology)。這門科學涉及的基本科學很多，如生理學、心理學、精神病學、病理學、生物化學、人類學、社會學、地理學等等，有關人類的各方面活動都包羅在內，因爲一個人每一方面的活動，都影響他的進老。

隨着醫藥衛生工作及交通管制、工廠管制等管制技術之進展，人類死於疾病及意外的逐漸減少，於是人類的平均壽命日日加長，七十歲已不算是「古來稀」了。老年人在社會人口佔的比率增加，衰老即成爲現代社會的一重大問題。老人的安置等問題是整個社會新陳代謝的重要部分，不要因此使得整個社會「衰老」。如此進老學已因社會的急需，日日在做大量的研究。

前以心理測驗研究心智衰退者頗衆。由於各研究所用之測驗種類及測驗對象之不同，雖得一致之心智隨年齡衰退之結論，但衰退速率則各不相同。大多數結果認爲智力在二十歲前後已達高峯，而後就逐漸衰落；衰退後期的速率比其初期者爲甚，爲一種正加速度曲線 (Positive acceleration curve)。唯閔生 (Vincent) 之研究認爲衰退與年齡之遞進係直線關係；卽到達頂峯後心智衰退的速率經常保持恒值。

各種不同能力之衰退情形各不相同，事實上有些能力不受年齡遞進之影響，甚至有不少能力仍然繼續隨着年齡增進。如偎索利 (Ghiselli) 報告算術能力的測驗得分在二十歲與五十歲之間進步有半個標準差之多。瓊斯與卡普蘭 (Jones and Kaplan) 的研究報告中指示「要求快速完成」的測驗，老年人最感困難。洛濟 (Lorge) 的研究亦支持這一點。瓊斯與康拉特 (Jones and Conrad) 發現以累積經驗 (Cumulative experience) 爲主要因素之測驗未見有隨年齡衰退的情形。

更有許多研究認爲高級心智能力的衰退速率比低級心智能力者爲小。即高智者之智力比低智者之智力衰退速率小，同時智力之高級部分比其低級部分之衰退速率小；此處之高級智力活動部分指如抽象能力，判斷能力及利用累積經驗之能力等。歐文 (Owen) 測一羣大學一年級學生，並在三十年後復以同一測驗測之，結果發現總分數進步了半個標準差，尤以應用累積經驗，高級心智活動者之進步爲最顯著，而處理簡單問題能力方面的進步則極少。由此可見「衰老」問題並不那麼單純。

2. 訂正乙種非文字智力量表之選定及其內容

本次測驗目的在於作輔導退役軍人就業之參考。智力與適應新環境、學習新事物有密切的關係，因此智力測驗結果可爲轉業預測成就之重要參照。輔導工作測驗部門除智力測驗外，尚配合明尼蘇達空間關係測驗 (Minnesota Spatial Relations Test) 與班達視動完形測驗 (Bender Visual-Motor Gestalt Test) 以爲空間知覺與情緒方面之參照。

本次受測驗羣體爲數頗巨；本研究加入統計者總人數達七千三百九十七名，皆爲成人；最低年齡組爲十九歲以下而最高年齡組爲六十五歲以上組，且多半係知識水準較低者，甚至不少爲文盲。準上述考慮，幾經抉擇，乃採用黃堅厚、石堯勳二氏改訂之訂正乙種非文字智力量表以爲測量一般性智力能力之工具。

（1） 量表之內容及功能

軍隊乙種智力量表 (The Army Beta Scale) 原由葉克思 (R. M. Yerkes) 主持編訂，用於測第一次大戰時不能閱讀英文的和不會講英文的軍人之一般智力情形。一九三四年復由凱拉克 (C. E. Kellogg) 與摩須 (N. W. Morton) 兩人修訂，本量表即以此修訂本爲藍本。一九四六年林德納 (R. M. Lindner) 與郭慰慈 (M. Gurvitz) 二氏採用赫爾 (C. L. Hull) 之方法爲修訂之乙種量表建立一種評分方式，即加權分數之標準，同時將總分化爲標準智力商數。該量表與魏氏成人智力量表 (Wechsler-Bellevue Adult Intelligence Scale) 之相關係數達 0.92，係一良好之非文字智力測驗。本測驗爲一組合測驗，共有六個分測驗、其各分測驗均經多數學者分別個別地或在其他組合測驗中屢次應用，茲將各分測驗內容及其功能介紹如下：

(A) 分測驗一 (Subtest I)——迷津繪描 (Maze Drawing)

本測驗包括五個題目 (Items)，每題得分二，共計總分最高可得十分；測驗時限爲一分三十秒。

在此測驗中被試要用鉛筆在黑線繪就之迷津圖形中從左端至右端畫一根線，避免碰及裏面的短線。

圖1　分測驗一圖例

（見第11頁英文稿中 Fig. 1）

柯克思 (Cox) 認爲本測驗係一優良之智力測驗，他發現智力高之學生做此測驗時錯誤較少而嘗試錯誤 (Trial and error) 的情形亦較少。至於描繪之速度與智力之相關爲 0.09 至 0.59，相關不顯著。包特斯 (Porteus) 則以爲本測驗係用以測量一個人之計劃能力 (Planning capacity)、綿

密 (Circumspection) 和警覺性 (Mental alertness)。但他又發現此種測驗易受暗示 (Suggestion) 及情緒激動 (Emotional excitement) 的干擾，故有人以為能用作氣質 (Temperament) 的測量工具。

(B) 分測驗二 (Subtest II)——符號交替 (Figure-symbol Substitution)

本測驗包括符號九種，計九十六題，每做對三題得一分，滿分為三十二分；時限為二分鐘。

在此測驗中，被試先得學習若干圖形與符號間之關係，然後依循規定在圖形下填入代替彼等之符號。本測驗在凱摩二氏之原量表中係採用數形交替 (Digit-symbol Substitution)，唯阿拉伯數字對一部分未曾入學之被試可能發生困難，故易以簡單之圖形。

圖2　分測驗二圖例

(見第11頁英文稿中 Fig. 2)

此類交替測驗係智力測驗中沿用最久之一種，各種量表中曾廣汎採用。其所測功能有實際判斷 (Practical judgement)、動作能力 (Motor ability)、視知覺 (Visual perception)、動作速率 (Rate of motor action)、形式意義 (Forming meanings) 及視覺頓悟之抽象觀念 (Abstraction through visual insights) 等。

(C) 分測驗三 (Subtest III)——圖形辨誤 (Picture Absurdity)

本測驗包括二十題，每題一分，滿分為二十分；時限為三分鐘。

此測驗中之每題包括四件事物，其中之一係不完全或不正確者，被試要將之找出而劃去。原測驗中之圖物有不少是受社會因素影響者，是以訂正時均依我國國情予以修改。

圖3　分測驗三圖例

(見第12頁英文稿中 Fig. 3)

早期比奈量表 (Binet Scale) 中即已採用此測驗。所測功能為觀察能力 (Power of observation)、推理領悟 (Reasoning comprehension) 及視覺注意力 (Visual attention ability) 等。

(D) 分測驗四 (Subtest IV)——方形分析 (Geometric Construction)

本測驗包括十八題，每題一分，滿分為十八分；時限為四分鐘。

此測驗之要求為將一正方形劃分為若干如位於正方形左邊那樣之幾個小塊。測驗本身不受社會文化因素之影響，故仍然採用原測驗之內容，未予更改。

圖4　分測驗四圖例

(見第12頁英文稿中 Fig. 4)

本測驗自形板測驗 (Form-board Test) 演變而成。可用於測量形式知覺 (Form perception) 及空間關係 (Spatial relationships)。魏特莫 (Witmer) 認為是一種辨別低能的優良測驗。華林 (Wallin) 謂其可鑑別機械能力 (Mechanical capacity)。

(E) 分測驗五 (Subtest V)——圖畫補充 (Picture Completion)

本測驗共有二十題，每題一分，滿分為二十；時限為二分三十秒。

此測驗每題均為一圖畫，畫中缺少一重要部分，被試將每個圖形所缺之部分補畫上去，而完成之。內容亦依我國情略予修訂。

圖5　分測驗五圖例

(見第13頁英文稿中 Fig. 5)

本測驗亦採自比奈量表。其所測功能爲想像能力 (Imaginative ability)、對於情境視覺之集中 (Concentration upon visually perceived situation)、視覺頓悟 (Visual insight) 及環境經驗之依賴程度 (Degree of dependence upon environmental experiences) 等。

(F) 分測驗六 (Subtest VI)——辨別異同 (Similarities and Differences)

本測驗共有五十題，其中不同者二十八題，每題一分，滿分爲二十八分；時限爲二分鐘。

此測驗各題均包括左右一對圖畫或一對符號，內中有完全相同者，亦有相異者。被試要發現相異的而在中間點線上作「×」號。原測驗之後半部使用數字，修正時易以簡單符號。

圖6　分測驗六圖例

(見第13頁英文稿中 Fig. 6)

本測驗亦爲沿用已久之一種。魏克士樂 (Wechsler) 以爲其用於衡鑑智慧較低者更爲適宜。其所測功能爲視覺注意力 (Visual attention ability) 及決斷力等。

(2)　測驗之實施

測驗之實施步驟有詳確規定。一則使各測驗得以循序進行；一則使測驗工作得與其他部門之進度適切配合。實施情形大略如下：

(A) 受測人數：每次二十五人，每日測驗兩次，全日可測五十人。

(B) 測驗次序：首先施行智力測驗，俟其終結，即將被試分爲二組，輪流接受機械能力測驗與班氏測驗。全部測驗過程約需九十分鐘，其中智力測驗佔時約四十五分至五十分鐘。

(C) 說明測驗目的：爲減除被試對於心理測驗的懷疑或恐懼態度，實施前由主試說明測驗與就業輔導之意義，以期獲得和諧之合作，使被試能專心而發揮最大之努力。

(D) 測驗進行與指導：智力測驗由主試者依大形掛圖所示，予以詳盡之講解，各分測驗正式開始前均有練習題之習作，習作時由監試人員個別指導之，務使被試充分瞭解測驗內容與回答問題的方式，而後在主試者統一口令下同時開始同時停止，監試人員隨時負責個別指導。

(E) 特殊情形之處理：凡聽力困難或有特殊方言之被試得視情形予以個別測驗。

(F) 測驗評分：各分測驗所得之分數即爲原始分數 (Raw score)，後依據加權分數對照表查出其加權分數 (Weighted score)，加權分數之總和即爲測驗總分，最後依總分之多寡列等爲上、中上、中、中下、及下五個等第；此等第之標準係依據黃堅厚先生在臺灣省所測九百九十八名成人之結果所擬定者。

計分工作通常爲配合檢定工作之進度，必須在測驗完畢後一小時內完成，而後繕具報告，俾使受測士兵得儘速完成其他程序。

二、趨中傾向之研究

下列七表表示每一年齡組在總測驗得分與各分測驗得分之趨中傾向，以均數，中數、與衆數代表。

（表 1 至表 7 趨中傾向各表見第14頁至第18頁英文稿中 Table 1 至 Table 7）

就上列七表而言，各年齡組趨中傾向之均數、中數、及衆數顯隨年齡之遞增而減低，此種情形與前人之研究結果在性質上相同。此衰退現象當於後文中專節詳述。茲就此三項表徵數所顯示之事實與其相互關係略述如下。

在表 1 至表 7 中，除十九歲以下組，六十至六十四歲組、及六十五歲以上組三組因人數過少，不足憑以表現眞正事實外，其他各組之三項趨中量數，其數字互相接近者爲表示分配狀態近乎常態和對稱（Bell-shaped and Symmetrical）；而三項趨中量數之差異較大者表示分配狀態不對稱，即離常態分配較遠。就一般情形而論，由上列七表中之數字所顯示趨中傾向之均數、中數、及衆數尙足表示各年齡組分配情形屬於對稱或接近對稱。

爲求觀察比較之便利計，更就此三項趨中量數繪製七圖羅列於下；三條不同花紋之桿各表均數、中數、及衆數之量，若三條桿互相間之高低愈接近則表示分配愈接近對稱。第十圖中之五十五至五十九歲組之衆數爲零，表示該年齡組被試在該測驗中之得分以零分者爲最多，本組在此圖中之條形長短互相間甚有差異，表示分配狀態之不對稱。

（圖 7 至圖 13 趨中傾向各圖見第18頁至第21頁英文稿中 Fig. 7 至 Fig. 13）

三、離中傾向與分配狀態之研究

下列七表與七圖表示各年齡組在各測驗得分分配之離中傾向情形。各以全距（Total Range; R）、上四分位數（First Quartile; Q_1）、下四分位數（Third Quartile; Q_3）、四分位差數（Semi-interquartile; Q）、及標準差（Standard Deviation; S. D.）爲各分配離中傾向之表徵數。圖中桿的上下兩端各表上、下四分位數之位置，實線代表均數，虛線代表中數。圖中可顯然的看出隨着年齡的遞增均數、中數降低，同時桿的長度漸短；表中更可看到詳細的各量之減少情形，此表示本智力測驗之結果有顯著的智力衰退現象以及隨着年老個別差異減少的情形。

（表 8 至表 14 及圖 14 至圖 20 見第22頁至第33頁英文稿中 Table 8 至 Table 14 及 Fig. 14 至 Fig. 20）

各年齡組在總分及分測驗得分之分配狀態以偏態（Skewness）與峯態（Kurtosis）表示。各列於下列七表。由表中可以看出各分配都有正偏的情形，表示一般而言得分都集中於低的部分而有少數極端的優秀份子在高位。峯態指示扁平鐘形的分配比尖形鐘形分配多，但都尙屬正常。表中 g_1 表示偏態 σ_{g_1} 爲其標準誤差，g_2 表示峯態 σ_{g_2} 爲其標準誤差。

（表 15 至表 21 及表 22 至表 28 之偏態表與峯態表見第34頁至第38頁英文稿中 Table 15 至 Table 28）

四、內部相關之研究

就二十五至二十九歲年齡組被試八百三十八人，以皮爾遜（Pearson）氏公式求得其內部相關之相關係數，列於表 29 相關係數表。表中可見總得分與各分測驗得分之相關係數自 0.72 至 0.85，此表示這個組合測驗是一個具有一致性者。各分測驗間之相關係數自 0.47 至 0.71，表示各分測驗間有共同因素。此處所謂之共同因素或即所謂的一般智力。一般智力對於適應新的環境具有決定性力量。由此亦可看出此測驗尚具頗高效度。

(表 29 相關係數表見第39頁英文稿中 Table 29)

五、智力衰退現象之研究

1. 相關係數與相關比 (Correlation Coefficients and Correlation Ratios)

表 30 之相關係數皆為負值，表示年齡與得分間有負相關，亦即表示年齡越大得分越低。相關比則表示年齡與得分間大體近乎直線關係。表中 r 表示相關係數，η 表示相關比。

(表 30 相關係數與相關比表見第40頁英文稿中 Table 30)

2. 衰退曲線

底下所列之七曲線係總得分及各分測驗得分所顯示之衰退情形，係據各年齡組之均數獲得。圖中亦可看出衰退情形大略為直線之負相關。

(圖 21 至圖 27 衰退曲線圖見第40頁至第43頁英文稿中 Fig. 21 至 Fig. 27)

六、各研究衰退現象綜合之比較

研究者常以不同的測驗測不同的被試，如此得到的結果衰退的傾向雖大致相同，但不能做直接的比較。吉爾勃特 (Gilbert) 將瓊斯與康拉特 (Jones and Conrad)，邁路斯 (Miles)、與魏克士樂 (Wechsler) 所得衰退曲線皆換成「T 分數」，如此標準劃一即可直接比較。我們所得之衰退曲線亦以同法換算成 T分數，列於下表以資與前人之研究結果比較。因此曲線係國立臺灣大學心理學系所研究，乃名 N. T. U. (National Taiwan University 之簡寫) 以誌紀念。

(圖 28 各衰退曲線綜合比較圖見第44頁英文稿中 Fig. 28)

圖中可見三條前人研究之曲線起點都很早，而曲線一直上升到二十歲左右始開始降落。我們的研究中十九歲以下被試僅有一名，不足做為代表，因此曲線由二十歲開始，未能見出二十歲以前智力上升之情形。

四曲線之同異點茲歸納如下：

1. 四曲線之起點及所測能力各不相同，但到達頂點後皆呈現下降現象。

2. 本研究之曲線下降速率比前三者為速，這可能係受測驗之限制及被試之不同形成，在下節內詳述。

3. 本研究曲線之後期一段與邁爾斯及魏克士樂者相一致，表示五十歲以後智力普遍降低。

4. 此次研究所得之曲線顯然可劃分為兩段；五十歲以前一般均高於前三曲線，而五十歲以後漸相接近。此種現象之原因頗為複雜，吾人所可確信者，蓋我國因近年來教育水準之提高、義務教育之普及與入伍方式之改良使軍中士兵可截然劃分為兩個不同時代。目前二十幾歲之士兵其智慧表現與常識絕非目前五十幾歲者在其年輕時所可望其項背。易言之，目前之二十幾歲青年在三十年後其得分亦將遠比目前五十幾歲者為高。

七、結論與摘要

本研究係取材自行政院國軍不適現役轉業輔導委員會「暖暖區」心理測驗組所做之實際測驗成績。被試列入統計者共有七千三百九十七名，彼等據年齡分爲十一組，最低自十九歲以下組至最高六十五歲以上組。測量智力所用工具爲黃堅厚、石堯勳二氏改訂之乙種非文字智力測驗。

就此次資料之分析可得結論如下：

1. 就本測驗之結果而論，年齡遞增，總測驗得分及各分測驗得分均有顯著之衰退現象。其衰退率比某些前人研究之衰退率爲速。但眞正事實或許不如測驗結果所表示之甚。一則本測驗爲一有時限之測驗，可能測驗結果全受「速率」之影響。根據前人之研究，「速率」易於衰退，因此一個限時性測驗被試愈老愈受速率之限制，而其智慧表現愈受影響。但速率與智力之關係究有多少，迄未能有定論。速率在日常生活中之重要性亦因時、因地、因工作性質之不同而有高低之別。故若因工作速率減低而表現之進老衰退，其對實際生活之影響尙不如一般想像之嚴重。其次此次成績係僅就本測驗結果而論。當然有些智能和社會經驗或思考判斷能力，爲心理測驗所不易測出之能力。此類能力之差別不易在測驗結果上表現出來，而根據有些心理學者的報告，正是此類思考，判斷等能力能够保持而不因老衰退。社會經驗之累積且能因年長而日漸豐富。故在一般技能或速率性之工作因年齡遞增而有衰退現象，唯此種結論不能推廣應用解釋到應用高級智能之判斷、推理以及需用社會累積經驗之業務。

時限對於不同年齡被試的智慧表現各有不同影響，而年齡愈大受其限制愈甚，且智力與「速率」之關係似無甚密切。因此作者以爲一個時限性的智力量表應給不同年齡之被試與不同之時限，或根據年齡之不同給與不同的加權分數，如此方能在不同年齡被試的得分間作直接比較。此乃除却「速率」因素之一法。唯如何給與不同之時限或不同之加權分數，則尙待進一步之研究。

2. 此次測驗對象係急待退役之士兵。考諸此等對象，其年齡之差正反映時代之不同。因在五十歲以上之士兵入伍已有二十年或至四十年者，而二十歲、三十歲左右之士兵因病需退伍者其教育水準遠較二三十年前入伍者爲高。二三十歲左右之士兵，其來源及入伍步驟亦與二三十年前大不相同，其對一般民衆之抽樣代表性亦不可同日而語。因此之故更加深表面上因年齡而成績懸殊情形，致使年齡遞增與智力衰退之表現更形顯著。實際上此種衰退現象或正反映時代之進步以及年青士兵素質之提高。

3. 就此次各分測驗對總測驗，和各分測驗彼此間之相關係數自0.47到0.85，可見測驗本身內部具有相當高之一致性或諧度。也許可謂已測着一種所謂之「普智」或一般性的智能。

4. 就各年齡的趨中量數而言，年齡愈輕測驗得分愈高，愈老，則得分愈低；就年齡與智力分數之相關而言，以皮爾遜之相關係數表示爲負相關，卽年齡愈高在本測驗之得分愈低，自 -0.25 至 -0.47 不等；若以相關比表示則爲0.28至0.47。可見年齡與智力得分間之關係爲直線之負相關，亦可在衰退曲線中看出。

5. 就各年齡組內部差異情形而論，年齡輕的各組內部差異較大；全距、四分位差數，及標準差均較大。年齡老的則均小。此表示隨年齡之遞增個別差異有逐漸減少之傾向。故在職業輔導上對年老的對象較易處理，而對年輕者則須個別加以考慮。

6. 就一般得分分配情形而言，尚屬接近常態，但略有正偏情形。大部分比較密集於平均數以下，而有少數優秀分子遠在平均數之上，此種少數之優秀份子需要特殊之個別指導。

7. 現代心理學上關於年齡差別之研究多採用「橫斷研究法」，卽在同時採用不同年齡各組以比較其年齡上之差異；時間相同，年齡不同，被試不同，此種研究方法頗爲簡便，立時可得結果，但被試不同，往往易受年齡以外各因素之影響。故近又有所謂「縱貫研究法」，此係對一些同一被試在各種年齡階段繼續追踪研究，以觀因年齡演變而發生之變化，此種方法受年齡外因素影響之機會比橫斷研究法爲少。我們此次所做研究，資料都仍保存，希望同道者能有繼續追踪研究之可能，如此將可獲得有效資料，以資比較。

(參考書目見第　頁英文稿中 References)

* * * *

本研究係取材自行政院國軍不適現役轉業輔導委員會「暖暖區」心理測驗組所做之實際測驗成績。此次測驗工作由該會聘請臺灣大學心理系主任蘇薌雨先生總其成。參與設計者有該校教授倪亮、張肖松，副教授鄭發育、黃堅厚，講師湯冠英諸先生及顧問艾耿 (M. O. Ekern) 與柯爾 (I.F. Cole) 兩位先生。實施測驗和統計者有輔導會心理測驗組同人孫敬婉，徐正穩，黃素瓊諸女士，路君約、楊有維、祝源洪、林再添、高長明、李亞白、蔡榮福、林炳抨等先生。爲時先後達十六個月。其後統計整理及書寫又得臺灣大學心理學系助教張幸華、吳錦雪兩女士及蕭世朗先生之助曆時六月得以完成此報告。

Fig. 1. Examples of Subtest I

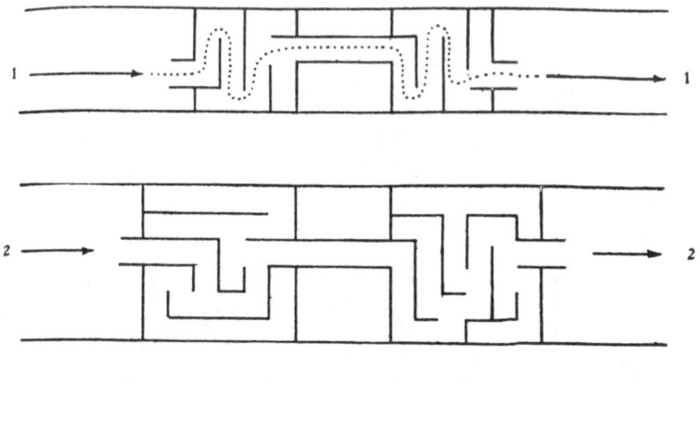

1 → 1

2 → 2

Fig. 2. Examples of Subtest II

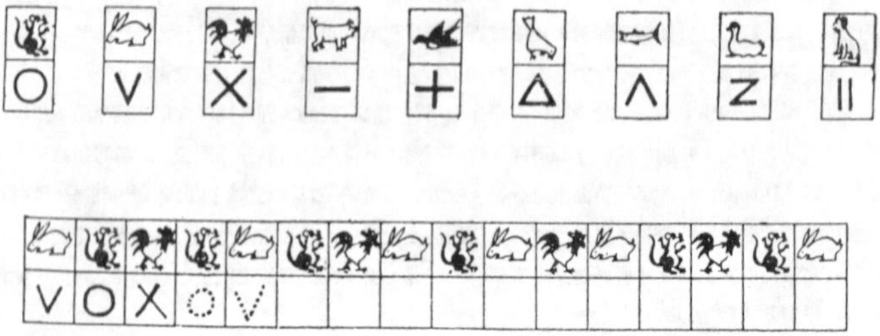

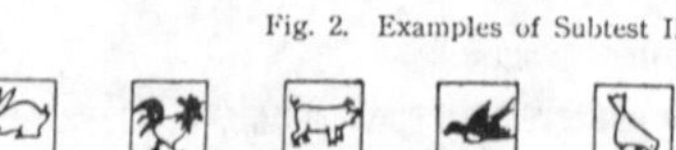

Fig. 3. Examples of Subtest III

Fig. 4. Examples of Subtest IV

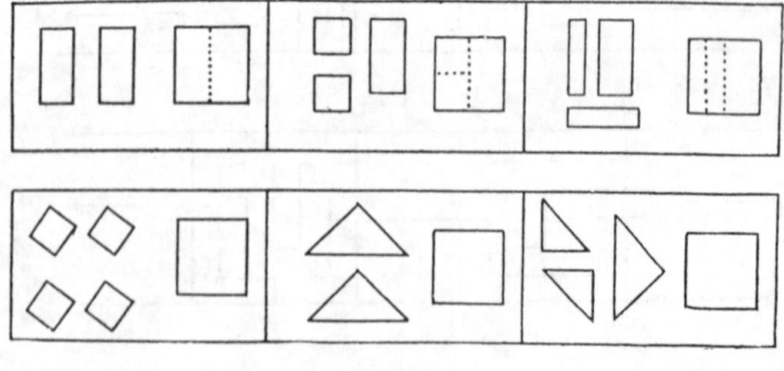

Fig. 5. Examples of Subtest V

Fig. 6. Examples of Subtest VI

文中文與英文同時刊出。〔影本為中文，將英文中的「測驗圖例」剪附中文文末，其他統計圖表從略。影本見第一三八頁〕本文分：一、緒論；二、趨中傾向之研究；三、離中傾向與分配狀態之研究；四、內部相關之研究；五、智力衰退現象之研究；六、各研究衰退現象綜合之比較；七、結論與摘要。文末列舉參與本研究人員。

十二月　夫人所撰〈美國軍中心理診斷測驗〉一文，由《中國測驗學會測驗年刊》第六輯發表。本文分：一、心理治療工作；二、基本測驗；三、其他人格研究方法；四、智慧傷損測量；五、其他關於智慧功能與效率的測量；六、處人行為之評價；七、研究工作；八、測驗之選擇；和九、實施上的考慮。認為在心理診療上應用心理測驗是一很大的工程。

・先生應陳大齊校長之邀，任政治大學文學院院長兼教育研究所教授，並兼任國防研究院講座。

本年　先生在巴黎大學之博士論文《杜威教育學說》在巴黎Vrin書局再版，列入《哲學史叢書》。

・先生獲楊亮功先生撰〈送吳士選兄赴美〉詩。（詩載《亮功詩存》）

放懷大地容身窄，漫道文章有是非；

同是蕭條餘一別，海天魚雁莫相違。

・夫人經美援機構ICA之聘，以研究員身分赴美參觀進修、講學一年。夫人在Minnesota州立大學停留一學期，專門研習MMPI。該種測驗有五百餘題，測驗被試者各種反應。譯文版本多種，中文版亦有幾種。

民國四十八年　一九五九（己亥）　先生五十九歲　夫人五十八歲

五月　夫人譯《心理測驗之理論與實施》(*Theory and Practice of Psychological Testing*)一書，分一、二冊（本書縮本見第一五〇頁）。原書著者為佛郎克弗利曼(Frank S. Freeman)。本書列入《現代國民基本知識叢書》，係由教育部世界名著譯述委員會主編，列為大專院校用書。本書共分十七章（參見縮本「總目」部分），有插圖四十幅，表格四十幅。依〈譯序〉所述：「原書係於一九四九年初版，一九五五年修訂再版。……原書初版久已風行，再版更臻完備，為同性質書中最受歡迎教本之一。」夫人中譯該書問世後，亦廣被各校採用為大學用書。

六月　先生撰《人性、文化與戰爭》講稿。文中〈人性與戰爭〉部分，敘述人性與本能及人性中與戰爭有關的先天傾向與利用；〈文化與戰爭〉部分，敘述甚麼是文化，文化與戰爭及我國國家戰略與文化力量。由國防研究院出版。

六月二十八日　先生撰詩壽陳立夫先生六十榮慶。

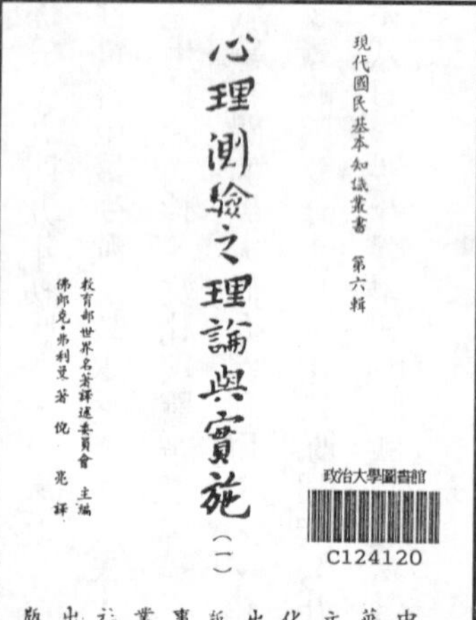
現代國民基本知識叢書　第六輯

心理測驗之理論與實施（一）

教育部世界名著譯述委員會　主編

佛郎克·弗利曼　著　倪　亮　譯

中華文化出版事業社出版

譯　序

原書係於一九四九年出初版，一九五五年修訂再版。本書係根據修訂版節譯而成。原著者弗利曼 (Frank S. Freeman) 為康乃爾大學 (Cornell University) 有名之教育與心理學教授，原書初版久已風行，再版更臻完備，為同性質中最受歡迎教本之一。

譯本較之原本刪去第四、第五兩章。該兩章係關於比奈 (Alfred Binet) 智慧測驗之發展的敘述，此種題材在國內一般的教育心理學、心理測驗課本中，均有詳細的介紹，易於參考，故可從略。至於比奈測驗最後修訂本的測驗題形式及其特點，並與他種同性質量表之比較則完全譯出，使讀者對於心理測驗之最早而有系統的量表可得一充足的了解與適當的評價。

原書第八章論個別實作量表，第九章論嬰兒幼兒量表，因其性質相近，故將兩章合併為一章。

原書第十九章、第二十章皆為介紹投射測驗，故合併為一章。

因節省篇幅而略去兩章，因合併敘述而省去兩章，故原本為二十一章，而譯本為十七章。

本書名詞翻譯大部份遵照教育部早年公佈之審定名詞；其他參照已經通用之譯名；新近發生的名詞，則曾與同道多人商討決定。

本書譯稿曾得蕭和生、蔡榮福兩君襄助，合併致謝。

為篇幅所限，故全書採節譯辦法，譯文力求簡明信達。但疏漏之處，在所難免，至希讀者不吝指示。

倪　亮　民國四十六年十月誌於臺北市古亭

總　目

現代國民基本知識叢書　第六輯

心理測驗之理論與實施（一）

中華民國四十[illegible]年五月初版

實價新臺幣二十二元整
（外埠酌加運費匯費）

主編者　教育部世界名著譯述委員會
著　者　佛郎克·弗利曼
譯　者　倪　亮
出版者　中華文化出版事業社
發行者　中華文化出版事業社
地址：臺北市中山北路二段十六巷二五號
電話：四五五八三·四七五九七
印刷者　新生印刷廠
地址：臺北市[illegible]
電話：[illegible]
總經售處　中國書刊[illegible]社
（全書[illegible]）

圖八：倪譯《心理測驗之理論與實施》縮本。

壽陳立夫先生六十

舉朝今日望湖林，❶眾口悠悠昔鑠金。❷

兩世勳名垂上國，七年絃誦感知音。

乘桴益勵澄清志，披褐未懷怨懟心。

白髮婆娑公自適，最難風兩聽鳴禽。

❶ 公在美居 Lake Wood。

❷ 盛傳公將調任要職，或因謙辭或因他故未成事實。

夏 夫人在美國華盛頓參加國際心理學會議，再晤 Murray 教授。Murray 教授對於夫人不能繼續留美而急於返國，深表婉惜。夫人在美所歷研究之處，有幾處列預算，包括哈佛大學，留夫人繼續為他們作研究。夫人因在臺有契約，必須一年後返臺在原職工作二年。他們甚為婉惜，並敬佩夫人的守約精神。

本年 先生參加聯合國教科文組織大會，會後經美返國。繼續在政大任教。

・暑假獲得亞洲協會資助赴美繼續研究杜威教育哲學。成論文〈杜威之教育理論與實施價值之再評估〉(A Re-Evalation of the Educational Theory and Practice of John Dewey)。

・先生在哥倫比亞大學參加杜威百年誕辰紀念會。

・夫人本年下學期在哈佛大學任訪問研究員(Visiting Research Fellow)。

八、講學香港

民國四十九年　一九六〇（庚子）　先生六十歲　夫人五十九歲

春　中國青年反共救國團主任蔣經國專訪先生於臺北寓所，請先生留臺任職。然先生已先一日赴香港應新亞書院錢穆院長之聘任副院長，並將在錢院長出國講學期間代理院長。因此由夫人為先生向蔣主任致謝與歉忱。

四月　夫人撰Study on Concealment of the Subjects in Telling Stories on TAT Pictures（主題統覺測驗被試在所構述故事中所做隱匿之研究）〔英文・影本見第一五四頁〕在《國立臺灣大學理學院心理學系研究報告》第二期發表。全文內容為：一、緒言，二、目標，三、過程，四、結果，五、結語及六、致謝。

〔本文條目說明見前頁第六行。〕

STUDY ON CONCEALMENT OF THE SUBJECTS IN TELLING STORIES ON TAT PICTURES

by

LIAN NI

I. INTRODUCTION

In studying the reliability and the validity of unstructured or projective tests, much attention has been recently paid to the question of faking, falsification and concealment. Faking and falsification may influence the result or minimize the reliability of testing, while concealment in responses not only influences the reliability and validity of testing, but this function itself is also one of the dimensions of personality. Since 1949, in the book "Adolescent Fantasy" (an investigation of the picture method of personality study) by Percival M. Symonds, concealment has been one of the thirty-three themes in storymaking protocol analysis. On the case study of "John Doe" in the book of Thematic Test Analysis by Edwin S. Shneidman, the theme of concealment emerged though not frequently. Professor Murray, an authority of personality study and TAT tests, was in charge of assessment of officers and soldiers in China, during World War II, and has covered the whole area of the scoring of TAT, suggested to me a research on concealing and denial by TAT stories.

To my understanding, concealment or denial is a normal function, a kind of self-defense mechanism. It may be done consciously or unconsciously; intentional or non-intentional. When a subject has experienced, in the past, an inacceptable emotion or attitude or memory, and is in dread of censure, of critism or of hurting others, or has the feeling of guilt or shame, he denies or conceals. By the mechanism of concealment or denial he can be satisfied of his own needs or disneeds of blame, anxiety and/or these can be compromised with the pressure of environment. This is one of the ways of manifestation of a subject's personality. That is why it is an important phase in the analysis of the TAT protocols.

II. PURPOSE

The purpose of this study is rather an experiment of method than a definite result finding. First, I studied deeply and thoroughly one of the dimensions of personality, concealment or denial, in the TAT story as a starting point of the study of scoring, analysing and interpreting of TAT protocols. Second, I tried to make out some indices for scoring of concealment, and hoped these indices would be a part of scoring a TAT protocol. Third, I intended to be able to draw some results from TAT for application to the work of student counseling.

III. PROCEDURE

The prior experiment was started by reading thirty subjects' records of TAT stories. At first I picked out more than fifty indices. After having consulted with Professor Murray I deleted those where meaning was duplicated, eliminated those which were too general and not specific enough for revealing concealment. After ruminating and ruminating, trying and trying, I finally kept twenty-three indices and grouped them into five categories.

The real experiment is using those five categories of indices, applying to six subjects on the first ten cards. They were all normal male adolescent Harvard students. The tests were given, and records were taken last year, by a member of the staff of this laboratory. Not knowing the student subjects, I am free from any "Halo" effect, or any personal bias. The analysis is done "blindly" and the interpretation is also done "in the dark". That is not only a trial of the boldness of my scientific super-ego but also of validity of the TAT cards.

IV. RESULTS

The results are presented in the following three tables.

1. **General View:**

From table I we find out some results in general.

Table I. Score in Different Cards

Subject:	Iv	An	Es	Hol	Ro	Sho	Total	Average	High score	Low score
Card I.	9	6	5	8	4	4	36	6.0	*	
II.	6	4	4	6	9	4	33	5.5		
III.	9	9	11	9	12	4-1	54	9.0	**	
IV.	5	6	5	4	11	5	36	6.0	*	
V.	4	5-2	6	6	8	0-3	29	4.8		
VI.	8	5-1	5	4	8	0-2	30	5.0		
VII.	3	2	2	4	9	0-1	20	3.3		*
VIII.	5	3	3	5	8	3-2	27	4.5		
IX.	4	5	2	2	2	3	18	3.0		*
X.	4	5	2	2	4	3-1	20	3.3		*
Total Raw Score	57	50	45	50	75	26	303	50.6		
Exciting Emotion	0	-3	0	0	0	-10				
Obtained Score	57	47	45	50	75	16	290	48.2		
Record in Lines	273	383	233	150	444	182	1,665	278		
Density of Score	20.9	12.3	19.3	33.3	16.9	8.8		18.6		

A. Those indices have the function in revealing *concealment* and *denial* made by subjects in telling stories on TAT cards. The indices have discriminability among the six subjects. Ro gets the highest raw score, 75; while Sho gets the lowest score, 26. The average raw score among the six subjects is 50.6.

B. Five of six subjects show the highest score on card III, except Sho. He shows a score of 4 on card III, while his highest score is 5 on card IV. Hence, card III, I may say, is the best card to reveal *concealment*.

C. Two subjects, Sho and An have expressed *exciting emotion* on card V and card VI, Sho also on card III, VII, VIII and X. The other four subjects do not show any more *exciting emotion* than the cards deserved.

D. The score on *exciting emotion* is neither coincidental with nor opposite to the score on *concealment* among these cards. The arousal of exciting emotion depends upon the individuality of the subject rather than the stimulus of the card.

Subtracting the *exciting score* from *raw score* is the *obtained score*. Still Po gets the highest and Sho the lowest.

2. **Productivity of response in record.**

If we take into consideration the quantity of response by the number of lines on records (each line has in average 75 spaces of letters) we can find out from the total ten cards, Ro is the most productive, 444 lines; while Hol, the least, 150 lines. The average among six subjects is 278 lines.

3. **Density of scores:**

Those who are more productive in response in general, are easily getting more scores in any kind of dimension; *concealment* is not the exception. The longer the subject makes the story, the higher score of *concealment* he may get. Therefore we should investigate the *density* of score by the ratio of number of obtained score to the number of lines on the records.

$$\text{Density} = \frac{\text{number of obtained score}}{\text{number of lines on record}} \times 100$$

Hol gets the highest density 33.3, e.g. 33.3 scores as average in 100 lines on record: Sho, the least density, 8.8 scores as average in 100 lines on record. The average of density among six subjects is 18.6 scores in 100 lines.

4. **Combined score and synthetic view:**

If we take all together the *high* raw score, the non-showing of *exciting emotion*, the low *productivity*, the high *density*, the low *productivity* combined with high *density*, the low *productivity* combined with *low score*, we can have comparatively the synthetic view (as shown on Table II) that Hol is a real concealor, An and Ro are not really concealors, although the latter gets the highest raw score. Iv and Es are standing near the average point. Sho, who has shown the highest *exciting emotion* score, deserves further and deeper examination.

5. **Proportion of approach:**

From the analysis of scores in different catagories of indices as shown on table III, some useful or interesting comparisons may be made. The average score among

Table II. Mood of Manifestation

Subject:	Iv	An	Es	Hol	Ro	Sho
Mood:						
High Score					*	—
Exciting Emotion		—				—
Low Productivity		—		*	—	*
High Density		—		*		—
Low Productivity High Density				*		
Low Productivity Low score					—	*
Synthetic View:						
Real Concealing				*		
Normal	*		*			
Non-concealing		*			*	
Exciting Emotion						?

Table III. Proportion of Approach

Subject:	Iv	An	Es	Hol	Ro	Sho	Total	Average	Proportion of Approach
Index:									
Reaction to task	21	15	13	13	35	11	108	18.0	6
Omission	3	4	2	4	4	5	22	3.7	1*
Leveling	17	7	15	25	12	5	81	15.2	5
Correlates	0	6	1	1	4	2	14	2.3	1-
Character	16	18	14	7	20	3	78	13.0	4*
Total score	57	50	45	50	75	26	303	50.6	
Approach:									
Fact					*				
Social Convention		—		*		—			
Projection to others		*		—	*	—			
Well-Balanced	*		*						
Expressive		*			*				
Restrictive				*					
Impulsive						?			
Extrovertive					*				
Introvertive				*					

six subjects in different catagories are 18 in *reaction to task*, 3.7 in *omission*, 15.2 in *leveling*, 2.3 in *correlates*, 13.0 in *characters*. The proportions are 6, 1 plus, 5, 1 minus, and 4 plus, respectively. Considerations can not be overlooked on those three more frequent categories: *reaction to task*, *leveling*, and *character*. Ro has the highest score on *reaction to task* and on *character* among the six subjects, the former within his own score proportionately higher than the latter. Hol has the highest score on *leveling* among the six subjects and also high in proportion within his own score. The proportionate score of Iv and Es are nearly well balanced in these categories. Sho shows no care about *leveling* or *character*.

The index of *reaction to task* is to try to reveal how the subject conceals in dealing with facts; index of *leveling* is to try to reveal how the subject diminishes the emotional potentiality and compromises with social pressure; the index of *character* is to reveal how the subject projects self fantasy on the character, hero or heroine, in the story.

The index of *reaction to task* may demonstrate some quality of the subject in common with extrovertive, or intuition type; or the D, Dd in Rorschach ink-blots; and index of *character* with sentiment or feeling type; and the index of *leveling* with introvertive, thinking type, self control, or the F plus in Rorschach ink-blots.

V. CONCLUSION

1. From the point of view of cards—the first ten cards are all valid in revealing concealment. If one wants to have an abreviated test for emergency use the first six cards are the best ones. It is not advisable to use less than the first six cards.

2. From the point of view of subjects—Hol is really the most concealing, self-controlled and constrictive; Es and Iv are normal and well-balanced, although Iv may be more happy and Es more conservative. Ro and An are expressive and intelligent, An is rather rich in feeling and sentiment while Ro is inclined to intuition, criticism, detail and idiosyncrasy. Sho is surely non-concealing, but the question whether he is excited, emotional, impulsive, or disturbed, await checking with other data or further and deeper investigation.

3. The results obtained from this experiment are consistant from different points of view or approach. The validity will be checked by other sources or future observations.

4. Since the analysis and interpretation are based only on TAT protocols, and the purpose of this experiment lays stress on the method rather than on the results, the author boldly makes the report as a whip of interest and attention for future study by herself or other students of TAT.

VI. ACKNOWLEDGEMENT

This work has been accomplished at the laboratory of the Department of Social Relations of Harvard University. It is a pleasure as well as a privilege to make acknowledgement to the Department and to my Professor Henry A. Murray. His suggestion, inspiration, sympathy and encouragement not only sustained my strength in doing the present research but also will influence me in my future scientific pursuit.

I am also very deeply indebted to my sponsor agencies, the National Taiwan University, where I was and am teaching, the Ministry of Education and the Education Section under the technical assistance program of the International Cooperation Administration, Mutual Security Mission to China, which made my coming to the United States possible.

REFERENCES

(1) ANDERSON and ANDERSON: An introduction to projective techniques. 1952.
(2) BELLAK, L.: The TAT and CAT in Clinical use. 1954.
(3) COX, R. D.: The normal personality: An analysis of Rorschach and Thematic Apperception Test responses of a group of college students. J. Proj. Test. 1956.
(4) DANA, R. H.: Cross validation of objective TAT scoring. J. Consult. Psychol., 1956.
(5) HENRY, W. E.: The analysis of fantasy. 1956.
(6) LINDZEY and OTHERS: Assessment of human motives. 1958.
(7) LINDZEY, BRADFORD and TEJESSY: Thematic Apperception Test: An interpretive lexicon for clinician and investigator. 1959.
(8) MORGAN, C. D. and MURRAY, H. A.: A method for investigating of phantasies. 1935.
(9) MURRAY, H. A.: Exploration in Personality. 1936.
(10) MURRAY, H. A.: Thematic Apperception Test Manual. 1943.
(11) MURRAY. H. A.: Thematic Apperception Test in Military Clinical Psychology. 1951.
(12) RAPPORT, D.: Diagnostic psychological testing. Vol. 2, 1946.
(13) SCHAFER, R.: The Clinical Application of Psychological Tests: Diagnostic summaries and case studies. 1951.
(14) SHNEIDMAN, E. S. and OTHERS: Thematic Test Analysis. 1951.
(15) SYMONDS, P. M.: Adolescent Fantasy: An investigation of the picture method of personality study. 1949.
(16) TOKINS, S. S.: The Thematic Apperception Test. 1948.
(17) WITTENBORN, J. R.: Some thematic apperception test norms and a note on the use of the test cards in the guidance of college students. J. Clinical Psychology, 1949.
(18). YOUNG, F. M.: Responses of juvenile delinquents to TAT. J. Genet. Psychol., 1956.

六月　吳百平在波斯頓大學心理學系畢業，得學士學位。

．吳百慶在臺灣大學畢業，赴美耶魯大學進修。

七月　先生應香港新亞書院錢穆校長聘為副校長，赴港任職。因錢校長赴耶魯大學講學，先生暫代校長。

九月　先生出版《中華民國教育誌》（與孫亢曾等合著），分由專家分撰各級各類教育，作為《鄧芝園先生七秩榮慶祝賀論文集》，由先生撰〈緒論〉弁於卷首。由臺北中華文化出版事業委員會出版。

十二月二十四日　先生六十華誕，作詩自壽。

庚子自敘詩

吾生未逢辰，設弧在辛丑。憂患六十年，轉眼已成叟。憶昔髫齔時，兩親期許厚。
束髮受詩書，鄉校親師友。師範初學成，舌耕以餬口。奮翮思翱翔，南雍終昂首。
歐陸更遠游，學問窺淵藪。歸來擁皐比，抗顏七年久。大戰忽然興，壯士起畎畝。
吾亦列部曹，敷教在道右。三次赴徵召，國難忍袖手？蜀粵與臺員，所在供奔走。
卅載惟一心，守先以待後。老矣在江湖，自珍惟敝帚。可得買山錢，待種先生柳？

．和庚子自敘詩者有張昭芹、成惕軒、阮毅成、何敬群、陳維綸、羅時實、喬一凡、梁寒操等長者友好。

十二月　吳百平與加州大學工程碩士張紹遠結婚。

民國五十年　一九六一（辛丑）　先生六十一歲　夫人六十歲

七月　夫人在臺大連續任教授十年後，辭職隨家赴港定居。

八月　夫人到香港任教珠海書院社會教育系、社會工作系。學生率多從事教育工作者，再入大學進修，故能專心學習。畢業後，仍返小中學教育崗位，並可得香港教育司之認可。

秋　先生應好友蔡念因先生之邀宴，吟詩述懷。

宜樓秋宴和蔡念因主人原玉

名樓月月宴嘉賓，好客今人勝古人。
几席清談忘老境；海天秋色擬陽春。
飄零同是傷離索；憂患何堪付嘅呻？
排遣千愁惟旨酒，不辭勸飲過三巡。

本年　先生在美完成之A Re-evaluation of the Educational Theory and Practice of John Dewey（杜威之教育理論與實施價值之再評估）一文在*The Educational Forum*, Keppa Delta Pi, Ohio, March, 1961發表。

・先生撰Some Facts and Ideas about Talent and Geniuses in Chinese History發表於*The Year Book of Education*, 1961, published in association with the University of London. Institute of Education and Teacher's College, Columbia University, New York, by Evans Brothers, London.（「此文有黎華標中譯，文載在《華僑日報》「人文雙周刊」」）

・先生祝克伯屈九十壽辰，為中國教育學會作〈克伯屈 (William H. Kilpatrick) 與杜威 (John Dewey)〉。（文載《文教論評存稿》）

・先生撰〈約翰杜威教授年譜〉在《新亞學術季刊》發表。

民國五十一年　一九六二（壬寅）　先生六十二歲　夫人六十一歲

二月二十四日　中央研究院胡適院長在臺北逝世。

三月　夫人撰〈應用投射測驗研究青年生活適應發生困擾之原因〉〔影本見第一六四頁〕，研究結果在《國立臺灣大學理學院心理學系研究報告》第四期發表。本研究是從心理學的觀點對一些正常青年在生活適應上發生的困擾之研究。報告分為：第一章是「緒論」，包含：㈠研究的動機；㈡心理學理論上的基礎；㈢本研究的主試和被試；㈣測驗簡介。第二章是「單字聯想測驗評分方法與指標」，包含：㈠各被試對刺激字反應時間；㈡各刺激字引起反應所經過的時間的平均數與標準差；㈢反應字的性質；㈣外層與深層反應。第三章是「完成句子測驗的評分及指標」，包含：㈠總分之多寡；㈡適應程度；㈢林、洛、倪三次測驗得分比表；㈣反應內容的檢查。第四章是「主題統覺測驗(TAT)記分方法與指標」，包含：㈠感情激動與淡泊；㈡故事的主角；㈢故事的結局。第五章是「綜合比較與結論」，包含：㈠綜合比較；㈡結論；㈢致謝。

五月一日　大陸人民冒死大量逃亡香港，造成逃亡潮。

六月　吳百益在哥倫比亞大學獲數學碩士學位。

八月　吳百慶在耶魯大學獲化學碩士學位。

本年　先生出席在芝加哥舉行之杜威學會(John Dewey Society)並致詞。會後在美考察大學教育，並訪新亞在美進修校友。

・香港中文大學成立，新亞書院為基礎學院之一。

〔本文條目說明見第一六二頁第十三行。〕

應用投射測驗研究青年生活適應發生困擾之原因*

倪　　亮

第一章　緒　　論

本文是對一些正常青年在生活適應上發生的困擾，從心理學的觀點加以研究的報告。

（一）研究的動機

本省現時學風一般而論堪稱良好。初中以上學生升級入學全憑考試，公正客觀人皆心服。家長師長對青年之企望，只在於升學，而升學又是憑考試，因而對子弟之敦促與鼓勵，無所不用其極。青年學子亦自知必須壓抑一切雜念，日惟學習，補習，考試爲務。頭懸於樑，錐刺於股，廢寢忘食，焚膏繼晷，全力以赴。若獲得升級升學固可短期寬舒。但百尺竿頭，更求進步，又復再接再厲，不遑寧處。若竟遭挫敗，名落孫山，歸家無顏見父母，在校何顏對師友。自咎自責自怨自艾，茫茫然莫知所之。其情形更屬可慮。本研究之動機即在於考察在今日學額競爭熱烈而尖銳情況下，一些正常良好青年對於所遭遇的困擾，如何感受，如何奮鬬或如何謀妥協，將這些青年心中的甘苦發掘表露，並加以分析，以供青年之父母師友及關心青年輔導的人士之參考。

（二）心理學理論上的基礎

本研究施用三種投射測驗（Projective Tests）以窺測衡鑑青年心理反應。以麥雷主題統覺測驗爲主（H. Murray: Thematic Apperception Tests，簡稱 TAT），以洛特完成句子測驗（J. B. Rotter: Incomplete Sentences Blank）和單字聯想測驗（Word association Tests）爲輔。何以要採用投射測驗？這是因爲心理學的觀點有了轉變，而這種轉變是受了心理學理論上幾種潮流所激盪。現在先將其來龍去脈分述如下。

1. 心理學研究超出唯智範圍

自心理學脫離哲學而成爲實驗科學時，就已部份的採用了測驗方法。當然大規模的有組織的心理測驗當首推法人比奈(A. Binet)的兒童心智發育量表。當時正在二十世紀之初，心理學的理論正爲英國觀念聯合論所籠罩。所謂構造主義（Structuralism）、機能主義（Functionism）、行爲主義（Behaviorism）以及桑戴克（E. L. Thorndike）之連結說（Connectionism）和最近赫爾（C. L. Hull）的系統行爲理論（Systematic Behavior Theory）所介紹的記述的行爲主義（Descriptive Behaviorism）等等都或多或少受了觀念聯合論的影響。他們所以能接受這種影響乃是由於自覺的或不自覺的承受了哲學上的唯智主義（Intellectualism）的傳統。所以對於人們心理的研究特別注重感覺、知覺、記憶、注意、學習、思想、智慧等。心理測驗內容也就局限在智慧以及各種學習能

---

* 本文係國家長期發展科學委員會補助研究報告之一部。

力方面。當然這些是比較客觀而易於研究的素材。其實法人比奈本是醫生，他就曾用過單字聯想測驗，且亦曾注意到智慧以外的因素。英人斯皮爾孟 (C. Spearman) 早在三十多年前在發表其智慧上的「二因說」(Two Factor Theory) 時就曾補充了三個智慧以外的因素 (Non-intellective factors)：堅持 (Perseveration)，波動 (Oscillation) 和意志 (Will)。並謂此三種因素是足以影響心理作用的效能。可是後來因爲社會的趨向和要求，如軍事上重視「人力資源」，工商界力求「工作效率」，所以心理研究都重在編製有關智慧，能力及反應速度等測驗，而局限於自行築成的「比奈圍牆」。比奈有知，當自行跳出墳墓而拆除這種「違章建築」。所幸已有人從旁在學理上努力找出路。努力之人甚多，如麥克杜高 (W. McDougall) 和弗洛伊特 (S. Freud) 兩氏是最早有貢獻的。麥氏倡動力說(Dynamic Theory)，認爲人類行爲是爲內部的基本動力所推動。此種原動力也許是一個目的，也許是一些本能。在這種動力得不到適當的表現時，人們反應便將產生困擾。弗氏一派心理學家們特別重視情緒反應。多以心理衝突 (Mental Conflict) 或情結 (Mental Complexes) 或焦慮 (Anxiety) 或挫折 (Frustration) 來解釋行爲困擾之原因。故心理學研究範圍已擴充到唯智範圍以外，因而所用測驗自亦有所不同。

2. 由表面行爲到深層反應

弗氏不僅承認意識作用，且更重視下意識及前意識。又謂人類行爲是爲原我 (id)，本我 (ego) 及超我 (super-ego) 所操縱。三者失去協調則行爲將發生反常現象。美國哈佛大學教授 (H. Murray) 亦曾假設人們行爲可分爲三層。一爲外層表面行爲，二爲中層內心反應，三爲被壓制而不能自覺的種種底層的欲望和情緒。此種中層及底層的反應爲外層行爲之原動力。且可隨時突出遞升爲表面行爲。吾人必需能探討到下意識，或原我或中層及底層反應，方可了解行爲之原動力，及行爲發生困擾或變態之原因。探討的工具之一，便是投射測驗了。

3. 由局部反應而至整體反應

心理學在由哲學進入科學領域的階段，採用了很多科學方法來研究人類行爲。這些方法之中，分析方法爲重要方法之一。第一部所謂實驗心理學，爲鐵欽乃 (E. B. Titchner) 所寫，他對人類心理作用所作條分縷析的努力是不可磨滅的。及至後來德國心理學家倡完形心理學(Gestalt Psychology)。他們謂人類行爲自有其完整性，非僅僅爲部份之總和。現在人格心理學家遂採擷各家理論乃創有所謂整體人格測驗，投射測驗爲其中之重要部份。

4. 由重視個體而至重視環境

科學家爲着研究方便起見常常希望能將其他因素孤立或固定，而單獨對被試某些局部行爲做測量。但是人們不可能孤立生活，却隨時受週圍的人們或風俗、習尙、法律所影響而致行爲發生變化。初有萊溫 (K. Lewin) 所倡導的場地說 (Field Theory) 及向量 (Vector) 論，提倡研究環境對行爲之影響。因是被試不再是定的，靜的，孤獨的被研究的對象。近來社會心理學家重視研究社會關係 (Social Relation) 及公共關係 (Communication) 以及人們交互影響 (Interaction)。故測驗被試與其父母師友相處的情況乃研究其行爲正常與否或有無困擾情形之重要步驟。

5. 由一般現象而至個別特性

在科學的進展上每每是先求發現一些共同的法則爲對事實做一般性解釋的張本。在心理學的發展史上亦是先在實驗心理學普通心理學的研究裏，研究一般性，普通性的現象，而求能抽繹出一些共同法則。後來漸漸進步到分門別類以求發現各種差異情形。差異心理學就是研究男女性別，年齡差異，各民族文化背景的差異等等在心理反應上所生的差別。近來更進一步到探求各個人彼此之間的差別。每一個人爲一獨立單位。青年輔導者當視每一個人爲一單位 (unit)，各有其獨立特性，各有其本身完整性，各有其內部協調性。早年測驗多在求了解各團體的一般現象，統計出集中量數以爲團體的代表數值。近年乃在求出每一個別之特性及表示本特性之指標。因是對於測驗的結果計量定性同等重要。不拘泥於呆板數值之報告，而對於性質的敍述和解釋，活的，人性的，有意義的解釋和了解，不再忽視或鄙視。

由於心理學理論上有了這樣的轉變，所以爲研究青年心理適應上困擾的造因，就決定試行採用投射測驗來窺測這些青年的深層的、個別的、整體的和與人或環境交互反應的情況及其困擾之原因。

（三） 本研究的主試和被試

1. 本研究的主試

前曾述及人類行爲爲一交互影響的過程。故在實施測驗時，主試這一因素對於測驗之進行順利與否和測驗所得結果之能否正確影響甚大。因爲被試皆是男性青年，故主試亦請男性青年擔任。如此則主試與被試彼此之間可以易於接近，而能維持和諧的情調。被試可以放鬆約束而能自然流露出其較深層的反應。主試三人皆爲臺灣大學心理學系四年級應屆畢業生。他們都曾修習過統計學，人格心理學、變態心理學、臨床心理學、心理測驗及其他心理學課程約有四十個學分。他們都曾經做過多次主試，有客觀態度，有同情心，樂於做主試以協助研究工作。所以此次測驗結果因主試而可能導致的誤差，已減至最低限度。

2. 本研究的被試

A. 皆是正常男性青年

本研究的被試係在省立中學高中二年級取樣，共三十人。他們的共同情況皆是普通正常青年，無任何心理變態，無違警或犯罪記錄。爲保密之故各被試姓名皆以號碼代表。其號碼由主試隨意抽定。爲1, 2, 3, 4, 5, 6, 7, 8, 9, 10, 子，丑，寅，卯，辰，巳，午，未，申，酉，甲，乙，丙，丁，戊，己，庚，辛，壬，癸共三十個號碼。

B. 年齡分配表

年齡	人數
19	6
18	11
17	10
16	3
總計	30人

C. 籍貫

地區	人數
臺灣本省	14
東北、河北、山東	6
江蘇、浙江	6
貴州、湖南、廣東	4
總計	30人

D. 同住家屬

同住家屬	被試人數
與父母同住	28
寄居親戚家	1
與祖父母同住(父母在大陸)	1
總計	30人

E. 智慧商數(侯氏非文字智慧測驗)

智商	人數
135-144	3
125-134	9
115-124	9
105-114	3
95-104	0
85-94	2
75-84	1
平均數 120	總27人

有三人到校較遲未參加智慧測驗

F. 學業狀況

學業狀況	人數
升級	24
留級	3
附讀	3
總計	30人

G. 操行記錄

操行記錄	人數
大獎	1
小獎	7
大獎大過	3
小獎小過	2
小獎大過	2
小警告	2
小過	5
大過	3
無記錄	5
總計	30

這三十個被試家庭都屬小康，同在臺北省立中學上學。故其生活背景有相當多的共同性。本研究所要報告的是他們在此共同情況之下，所表現的一些反應上的困擾情形。

（四） 測驗簡介

此次所用三個測驗，可以說都是屬於投射技術的測驗。其有別於普通智慧測驗者，在內容方面它所測的心理功能更為廣泛，智慧及智慧以外因素如情緒，焦慮等內心生活，與人相處之道，如何面對環境等等都在考察之列。所用測驗題材，較之智慧測驗，組織疏鬆。本身不具備正確的、一致的、客觀的答案。任由被試自由回答，有仁者見仁，智者見智的彈性。被試可不自覺地借題發揮投射內心深層反應，吐露無遺地暴露。它的計分方法雖亦可求平均數，但所求出的團體代表數，只是做為個別分數的背景，用以顯示出個別突出現象。

邇來投射測驗漸漸增多，可依幾種方法分類。依組織之嚴密程度分可有“有組織的”，“半組織的”和“未組織的”三種。此次所用三個測驗都是“半組織的”。依所測的重點而言可有兩種。一為重在探測心理作用的，如羅氏墨跡測驗 (Rorschach: ink-blots test)。一為重在探測心理內容的，此次所用三個測驗皆爲屬於重在探測心理內容的。至於埃森克氏 (H. J. Eysenck) 則分投射測驗爲"補足的"，"製造的"，"說明的"，"供觀察的" 四種。單字聯想測驗與句子完成測驗皆爲 "補足的"。主題統覺測驗則爲 "說明的"。現更將此三種測驗逐一介紹於後。至於測驗結果將於第二至第四章分別敍述。

1　單字聯想測驗

單字聯想測驗爲最古老的測驗。最早採用者爲德人克芮柏林 (E. Kraepelin, 1892)，用以研究變態心理，英人高爾登 (F. Galton, 1979) 用以研究聯想過程，孟斯特柏 (H. Münsterbery, 1907)

第一表　文字聯想測驗記錄表

		(1)			(2)			評　　註
		反應字	時間	動作	反應字	時間	動作	
1	醫　院							
2	愛							
3	父　親							
4	疾　病							
5	愁　悶							
6	警　報							
7	媽　媽							
8	肥　仔							
9	手　錶							
10	矮							
11	書							
12	小　姨							
13	安　慰							
14	麻　將							
15	朋　友							
16	糖　果							
17	黑　暗							
18	哥　哥							
19	春　天							
20	桌　椅							
21	自　殺							
22	過　獄							
23	姐　姐							
24	報　紙							
25	睡　覺							
26	弟　弟							
27	女　朋　友							
28	煩　惱							
29	夢							
30	爸　爸							

被試編號　　　　　　　　　　　　測驗日期

		(1)			(2)			評　註
		反應字	時間	動作	反應字	時間	動作	
31	男人							
32	倩影							
33	奶媽							
34	房間							
35	笑							
36	幻想							
37	女人							
38	桌子							
39	小狗							
40	女兒							
41	胃口							
42	蚊帳							
43	跳舞							
44	魔鬼							
45	水							
46	母親							
47	比賽							
48	食慾							
49	洗澡							
50	火							
51	悲觀							
52	兒子							
53	社會							
54	饑餓							
55	下女							
56	抽烟							
57	老處女							
58	交際							
59	警察							
60	姊妹							

用以診察罪行。法人比奈 (A. Binet) 也曾用以研究兒童心理發育情形。及至榮格 (C. G. Jung,1906) 則採用刺激字研究"情結" (Complexes) 和情緒紛擾的面積。近如康一羅森夫 (G. H. Kent—A. Rosanoff) 則用爲病理診斷。推孟與邁爾斯 (L. M. Terman—C. Miles) 用以研究男女被試之興趣與態度。他們所用的字數有爲100個字；有爲200個字有爲60個字。我們這次用的是60個字。陳示刺激字的方法有的是將刺激字讀出使被試聽過後說出反應字；有的是使被試看了刺激字而說出反應字；其間經過之時間爲反應時間。此次是由主試讀出刺激字，而使被試聽了立即做反應。主試皆用國語讀音讀，被試可以聽懂。同時主試記錄被試動態。用刺激字60個字做完後，再依序做一次，看

兩次的反應時間以及所說的反應字有無變更。現將六十個反應字附表於後。

2. 句子完成測驗

早在1897年德國埃賓浩斯(H. Ebbinghaus)即曾應用完成句子測驗研究心理能量和思考能力。其後經由查布 (M. R. Trabue) 介紹到美國。克萊 (T. R. Kelley) 在本世紀之初也曾試用過此種測驗。至於用之做投射技術來研究人格心理的則有派恩 (A. F. Payne)，赫萊 (J. M. Hadley) 和洛特 (J. R. Rotter) 等。

句子補足方式可有兩種。有的是對未完成的句子排列幾個可供補足之用的短句答案，任由被試選擇作答，稱爲多選一式(Multiple Choice Sentence Completion Test，簡稱 MCSCT)，普渡

第二表　洛氏完成句子測驗

按照你自己的想法，完成下列各句子：

1	我喜歡＿＿＿＿	21	我沒能＿＿＿＿
2	我最快樂的時候是＿＿＿＿	22	閱讀＿＿＿＿
3	我想要知道＿＿＿＿	23	我的心＿＿＿＿
4	在家＿＿＿＿	24	將來＿＿＿＿
5	我很懊悔＿＿＿＿	25	我需要＿＿＿＿
6	該睡覺的時候＿＿＿＿	26	約會＿＿＿＿
7	男孩子們＿＿＿＿	27	我最好的時候是＿＿＿＿
8	最好的＿＿＿＿	28	有時＿＿＿＿
9	使我煩惱的事情＿＿＿＿	29	使我痛苦的＿＿＿＿
10	人們＿＿＿＿	30	我恨＿＿＿＿
11	一個媽媽＿＿＿＿	31	在學校＿＿＿＿
12	我覺得＿＿＿＿	32	我很＿＿＿＿
13	我最害怕的事＿＿＿＿	33	唯一的麻煩＿＿＿＿
14	讀低年級的時候＿＿＿＿	34	我希望＿＿＿＿
15	我不能＿＿＿＿	35	我的父親＿＿＿＿
16	運動＿＿＿＿	36	我秘密的＿＿＿＿
17	我小的時候＿＿＿＿	37	我＿＿＿＿
18	我的神經＿＿＿＿	38	跳舞＿＿＿＿
19	別的小孩子＿＿＿＿	39	我最擔心的事＿＿＿＿
20	我遭受＿＿＿＿	40	大多數女孩子＿＿＿＿

姓名＿＿＿＿　號碼＿＿＿＿　日期＿＿＿＿

大學 (Purdue University) 用的就是此種方式。有的是不加限制的自由補足式。喀特爾 (R. B. Cattell) 曾謂自由補足式是全憑直覺較少意義。但如用做投射測驗則自由補足式被試可有自由投射餘地，故亦可採用。洛特 (J. B. Rotter) 亦用自由補足式。本研究所用的未完成句子大部份是取材自洛氏原稿故亦用自由補足式。

句子的主詞有的用第三人稱，因被試自己可不牽涉在內，或可易於客觀的填寫。但因指他人，恐被試會易於抄襲陳言故事。故此次所用句子的主辭有的是泛論，有的是第一人稱。句子數目有的只是40個句子，有的多到 100 個句子的。句子內容有的牽涉甚廣而做全面人格的衡鑑，有的只專爲研究某一方面的心理功能，或診察某一特殊精神病症而編製的句子。如美國明州大學 (University of Minnesota) 有方式多種備供採用。洛特氏的句子完成測驗只是在於測驗普遍性的正常反應。在我國四年前臺灣大學畢業生張素妃女士在陳雪屏教授指導之下，曾試用過洛特氏測驗。去歲師範大學林仲達教授用團體測驗方式對大學中學男女學生試用過。此次是用個別測驗方式。計分方法曾參照他們所用的方法。現將四十個句子附錄於後。

3. 主題統覺測驗 (TAT)

大部份投射測驗皆由歐洲學者尤其是德國或用德文的學者所創始。TAT 在此時爲唯一的由美國學者所創始的投射測驗。比奈兒童心智量表中雖曾有三張圖片，要兒童就圖作說明，他那時所測的心理作用是與此不同的。最初在1935年摩根 (C. D. Morgan) 與麥雷 (H. Murray) 採用圖片使被試就圖構述故事。其後圖片經過多次修改至今所通用的總共有三十一張。

早在民國三十四年二月本測驗 (TAT) 創始人麥雷 (H. Murray) 來華任軍中心理學顧問。他曾在昆明空軍學行心理測驗。採用數立方體，完成句子及在中文雜誌上剪取十張圖片做爲主題統覺測驗 (TAT)。是爲 TAT 在中國最早的試用。一九五九年筆者曾在哈佛大學麥雷教授的研究室內取用所測哈佛大學男生之資料試作分析研究。

筆者在麥雷教授研究所中爲期半年，得悉麥氏心理學的基本觀念受了弗洛伊特 (S. Freud)、榮格(C. G. Jung)、阿德勒(A. Adler)、麥克杜高 (W. McDougall)、萊溫(K. Lewin)和他的哈佛大學社會關係學系本系教授阿波特(G. W. Allport)等氏影響甚大。在徘徊於外週派或中心派，分子觀或總體觀，重感覺或重直覺，機械論或動力論等等對立之間時，他自己雖號稱贊賞調和折衷，事實上他是偏向於後者的。他對人類行爲的看法和創始此種測驗的原因可簡述如下。

A. 他認爲人類行爲決定於迫激 (Press) 和需求 (Needs)。迫激爲外界環境刺激對於個體行爲所產生的作用。需求爲個體發自內心而對環境所產生的反應。同樣的環境可因人之不同而產生不同的迫激作用。需求是一種心理上的動力有時與驅迫 (Drive) 有極相近的意義。需求可能發自臟腑，亦可由知覺或感覺而產生，有時是明顯的，有時是潛伏的。它對來自環境的迫激作用而發生的向量有時是積極的趨向接近，有時是消極的退後或逃避。迫激與需求二者連合便構成主題 (Theme)。二者之間可能有協調，亦可能有衝突。其組織可以是很單純亦可能是很複雜。此種交互影響便是我們測驗者所要探求了解的。

B. 麥氏又假設正常社會化的人格反應可分爲三層來解釋。如前所論最外層爲覺察到的語言或外表行爲。第二層爲人們的觀念、計劃、幻想、思想、趨向、情緒等。第三層爲壓制下去的不自覺的深層作用。在對環境的迫激而產生反應時，人們常爲以往的經驗，當時的欲望或將來的希望所左右。這些已往，現在，未來的力量完整化了便成爲統覺 (Apperception)。此種統覺作用有時是不自覺的，有時可由深層透出升入中層而轉變至外層的。在 TAT 測驗裏就是希望被試在就圖構述故事時，能自然的不自覺的由圖片而產生主題，由統覺而流露出投射出深層反應。俾可從而對被試做深層了解。

TAT 圖片一共有三十一張。男女老幼都可適用的有十一張 (1, 2, 4, 5, 10, 11, 14, 15, 16, 19, 20)。只適用於男性的七張(3, 6, 7, 8,9 BM)，只適用於女性的七張，(3, 6, 7, 8, 9 GF)，只適用於成年男性者一張(12 M)，只適於成年女性者一張(12 F)，同時可適用於男女青年者一張(12 BG)。如此組合任何一個被試都有二十張圖片可用 。圖畫皆爲黑白片 ，爲人物風景，或在室內或在室外。有爲全身人形，有爲半身像 。其中有一張 ，第十六張爲全部空白被試對此圖片可絕對自由構述故事。此次研究只採用了前面的自第一至第十，一共十張圖片 。如此可以一次做完。將圖交給被試看，令他就圖構述故事。用錄音機記錄被試口述之故事。同時主試一方聽其講故事一方記錄被試說話時之神情動作，逐次做完十張。做完後如主試對被試所述有不明瞭處，可加以詢問和澄清。測驗時間不加限制。翌日即將錄音機已錄下之故事改用文字記出。照原語錄出，不得加以修改，以存其眞。

以上是介紹本研究所用的測驗。所得結果將於第二至第四章分別敍述。

第三表　單字自由聯想測驗：各被試反應時間統計表

時間：秒 / 被試號碼	M	0-1	1.1-2	2.1-3	3 1-5	5.1-10	10.1及以上	總計字數
1	?	2	16	22	11	5	4	60
2	2.73	4	41	9	2	2	2	60
3	3.76	3	15	24	9	7	2	60
4	4.05	0	17	15	19	8	1	60
5	3.52	0	27	13	13	4	3	60
6	2.96	0	18	19	16	6	1	60
7	3.95	0	10	22	15	12	1	60
8	5.24	1	7	16	20	11	6	60
9	2.45	0	27	24	7	2	0	60
10	2.24	0	37	18	4	1	0	60
甲	3.05	3	30	12	13	1	1	60
乙	3.31	2	22	17	14	2	3	60
丙	6.47	1	13	13	13	11	0	60
丁	1.77	29	24	5	1	1	0	60
戊	1.55	37	18	1	2	2	0	60
己	2.10	24	25	4	4	3	0	60
庚	2.46	21	23	6	8	1	1	60
辛	1.48	36	20	2	2	0	0	60
壬	1.82	28	28	0	2	2	0	60
癸	2.27	36	11	1	10	1	1	60
子	2.30	31	21	4	2	0	2	60
丑	2.06	26	25	3	3	1	2	60
寅	2.48	6	23	18	10	3	0	60
卯	1.96	31	17	5	4	1	2	60
辰	2.16	12	30	9	6	3	0	60
巳	1.12	38	19	1	1	1	0	60
午	2.75	13	25	8	12	1	1	60
未	2.06	29	18	2	7	3	1	60
申	9.64	0	8	16	8	14	14	60
酉	2.51	12	29	6	8	3	2	60

第二章　單字聯想測驗評分方法與指標

所有投射測驗本難具有確定的一致的正確答案。但如將測驗所得結果列表比較，便很容易看出其間一般的趨勢和個別的特殊情形。這些特殊情形，有的也許是由於被試適應上的困擾，有的也許只是偶然的原因。所以還待與其他測驗的結果互相證驗方可試做結論。每一測驗均嘗試用多種方法記分。當然有的記分方法可以指示出一般趨勢或彼此差異情形，足為指標之用。有的則尚未能顯示意義。現將單字聯想測驗具有意義的幾種記分方法列表敘述於後。

（一）各被試對刺激字反應時間

被試應對刺激字要儘量的快速說出所聯想到的反應字。如果被試對某一刺激字沒有不愉快或困擾的聯想，便會自然的隨意的說出反應字。如主試說出刺激字"水"，被試便自然的說出"火"，或對"醫院"說"病人"等等。但被試如對某一刺激字有不愉快的或困擾的聯想時，便會不自覺的產生制約作用；或內心有衝突而不能自然流露以致延長反應時間。故可從各被試為出發點，看他對這六十個刺激字的反應時間之長短作為指標，以窺探其內心困擾的範圍。現將各被試反應時間及平均數列表於後。（見第三表）

反應時間平均數高的那些被試，也許只是由於素來反應遲緩或審慎，也許是眞有困擾情形。在第一表上可以看出反應時間較長者依序為申，丙，8, 4, 7, 3, 5 這七個被試。被試 1 對於某一字反應時間特別的長久，始終不能說出反應字，故無從算出他的平均數。至於反應時間特別短的那些被試如巳，辛，戊，丁壬等可能他們是素來聯想快速，語言流暢，也許是由於精神過分戒備，也許是過於衝動。這仍待與其他測驗記分或其他方面的考察來核對。

第四表　單字自由聯想測驗各刺激字反應時間之平均數與標準差　　單位：秒

號數	刺激字	算術平均數	標準差	號數	刺激字	算術平均數	標準差
1	醫院	2.16	6.57	17	黑暗	2.78	4.01
2	愛	3.38	12.75	18	哥哥	2.21	2.30
3	父親	1.70	4.81	19	春天	1.91	1.28
4	疾病	2.47	7.09	20	桌椅	2.37	1.46
5	愁悶	4.99	9.04	21	自殺	2.76	1.53
6	警報	3.33	4.04	22	過癮	4.33	4.01
7	媽媽	2.27	1.62	23	姐姐	5.30	18.00
8	肥仔	1.72	1.08	24	報紙	2.74	2.10
9	手錶	2.56	2.29	25	睡覺	2.17	1.16
10	矮	2.90	2.27	26	弟弟	2.16	1.40
11	書	3.00	4.43	27	女朋友	2.09	1.50
12	小姨	4.76	3.16	28	煩惱	2.96	3.71
13	安慰	?	?	29	夢	4.95	9.41
14	麻將	2.93	5.67	30	爸爸	2.76	19.48
15	朋友	3.78	12.72	31	男人	3.02	27.54
16	糖果	3.22	3.96	32	電影	2.11	5.42

33	奶媽	2.92	3.42	47	比賽	2.09	1.00
34	房間	2.64	1.54	48	食慾	3.47	2.09
35	笑	2.01	2.03	49	洗澡	2.58	1.44
36	幻想	3.32	1.35	50	火	1.72	1.13
37	女人	2.62	4.19	51	悲觀	3.35	3.85
38	桌子	2.40	3.42	52	兒子	2.13	1.31
39	小狗	1.80	1.10	53	社會	2.34	1.30
40	女兒	5.70	8.50	54	饑餓	2.78	1.40
41	胃口	3.54	17.49	55	下女	3.14	3.60
42	蚊帳	2.67	10.79	56	抽烟	3.02	3.34
43	跳舞	2.56	7.33	57	老處女	3.96	8.50
44	懶鬼	4.23	19.36	58	交際	5.73	6.23
45	水	1.91	1.20	59	警察	3.18	3.42
46	母親	2.44	3.15	60	妹妹	2.13	1.88

（二）　各刺激字引起反應所經過的時間的平均數與標準差

我們一共用了六十個刺激字，又可從各個刺激字做出發點，就此三十人中對於各刺激字反應時間的長短以決定那些字是會引起困擾的，(見第四表)。其須經過較長時間始能引出反應的刺激字爲"安慰"（有一被試對此字堵塞甚久，未能記時，故無從計算平均數），"交際"（5.73秒），"女兒"（5.70秒），"姐姐"（5.30秒），"愁悶"（4.99秒），"夢"（4.76秒），"小姨"（4.76秒）。從此可以看出男性青年們對於有些刺激字如女兒，姐姐，小姨有一般性的不習慣或靦顏。至於愁悶，安慰，交際這三個刺激字可能是某些人個別的困擾。

又從標準差的大小，則可看出被試們的反應參差情形。除安慰一字情形特殊外，其反應時間參差最大的爲"男人"（27.54秒），"爸爸"（19.48秒），"懶鬼"（19.36秒），"姐姐"（18.00秒），"胃口"（17.49秒），"愛"（12.75秒），"朋友"（12.72秒)等。胃口一字可能因有些被試不常用到，故反應較慢而有顯著差離情形，這是偶然的原因可不加注意。其他如男人，朋友，姐姐也許是男性青年在發育時期而有的廣泛的，表面外層的困擾。至於懶鬼一字是父母易於加諸兒女的稱謂，有批評、不滿意、或戲謔、親密、溺愛、讚賞各種意義，所以青年們對此刺激字可能會有特殊感受。至於爸爸，安慰這兩個刺激字對於某些青年却有特殊的聯想和困擾。

（三）　反應字的性質

被試所反應出的字，有些是平淡普通，無特殊意義可以不加考慮。現將其具有意義須加注意的反應字，依性質分成幾類。如帶有感情色彩的；與原刺激字之意義太疏遠的，與刺激字之意義太接近的；只是解釋或形容刺激字的；對刺激字加以補足而成句子的；只是將刺激字重複的；將自己牽涉入刺激字的；聯想到很多字的；對刺激字發生堵塞作用 (Blocked) 而不能引出反應的；和以上各種反應相加之總和。又被試在第二次聯想時若未能產生與第一次相同的反應，可能是因爲有了不愉快的聯想被壓抑掉的緣故，故亦將此項列入表內。這些反應字的性質，如屬於同一類的，發現次數不太多，當然不足顯示被試聯想上有特殊情形。但如在某一項性質裏發現次數太多，在團體中有顯著的突出情形時便應加以注意。玆列表於後(見第五表)。

從表中可以看出申，寅，1三個被試帶有感情色彩的反應字太多，表示他們在適應上有困難。被試5自我注意太多，表示是有焦慮或有自卑感。在2,1,子，午四個被試對刺激字有堵塞現象。引起堵塞的刺激字爲安慰、悲觀、交際、過癮四個字。過癮一字可能是因不習用或不明其意義而致感困擾。交際一字或因對之有其他聯想而爲青年所避諱之字。至於因悲觀，安慰兩字而引起堵塞作用之兩被試，則應對他們特別注意。被試壬只是在補足刺激字這一類反應特別多，而又無帶感情反應的字，想係另有特殊原因。其他無帶感情色彩的字有4，乙，卯，未，丑等五人。這五人的反應似乎是太純淨，也許是太淡泊或太呆滯均待以後合併檢討。

(四) 外層與深層反應

在刺激字中有父親、母親、爸爸、媽媽四個字須再加以說明。在日常語言中對一般人而論父親與爸爸，母親與媽媽是有相同意義的。但對某些少數特殊被試在心理反應上，表現了很大的區別。如有某一被試對父親的反應字爲仁慈，對母親的反應字爲仁慈；但對爸爸的反應字爲辛苦，對媽媽的反應字爲死。查對事實，他的媽媽已死，他的繼母在堂。所謂仁慈只不過是外層表面反應；而辛

第五表　單字自由聯想測驗：聯想字的性質　　　單位：字數

被試號碼	感情的	遠距的	接近的	解釋的	部份重複的	諧音的	補足的	重複的	自我涉入	多字的	困難的	以上各項總數	兩次反應字不同的
1	35	1	2	2	1		3		5		1	50	33
2	3	1			5		6	1	2		2	19	24
3	5	1	4	1	3		8					23	23
4			2		3		2					7	11
5	23		5	5			8		7	2		50	30
6	1	1	1		5		3					11	6
7	21	1		2	1		3		6			34	11
8	9	1		3	3	1	11					28	12
9	8	1	6	1		1	1					18	4
10	4		1		5	1	3					14	12
甲	1	1	2		4	1	5					14	26
乙		1	2	1	1		1					6	9
丙	11		9	2	4		5		3			34	28
丁	1	3	3		2		3					12	13
戊	2		2		3		2					9	13
己	1			3	5	1	1					11	4
庚	1	2	2		2		2					9	8
辛		1	1		2							4	5
壬	3		1		4		25		1			34	25
癸	1		1	1	4		1					8	8
子	2		2	1	6		2				1	14	10
丑			3		17		1					21	15
寅	36		2		1		7		1			47	32
卯	1		1	1								3	16
辰	25		2	1	1		5					34	46

巳		1	1		5		1					8	23
午	2	1	2		5	1	4				1	16	14
未		1	6		4		1					12	26
申	40				2		3		2			47	43
酉	5	2	2	4	4		9					26	54

苦，死方是較深層的反應。另一被試對父親一字的反應爲他喜歡我，對母親的反應字爲慈愛；而他對爸爸的反應字爲兇而嚴，對媽媽的反應字爲嚕囌。由此可見父親母親兩刺激字對有些人只能引出外層的、俗倘的、官面堂皇的反應；而對爸爸媽媽兩刺激字却可引出較深的，個別的反應了。當然，這也是因人因字之不同，而可能會分別發生外層或內層反應的。

所以對單字聯想測驗可有四種指標：卽被試總反應時間，對各刺激字反應時間，反應字的性質和外層深層反應。

第三章　完成句子測驗的評分及指標

(一)　總分之多寡

洛氏完成句子測驗，林仲達教授曾於四十九年在臺灣的大學中學對男女學生試用過。誠如林教授所說此種測驗評分很不容易。此次評分是參照洛特 (Rotter) 之意見及林氏實例，由筆者與同道數人商榷而定。洛氏拿被試反應分爲三類。第一類表示內心有衝突或不健全的反應。如有敵意的、悲觀的、不幸的、失望的、焦慮的、怨恨的、古怪的、反常的等等態度、願望或經驗 (Conflict or unhealthy responses)。這類反應依程度可給以 4 分，5 分或 6 分。衝突愈嚴重得分亦愈高。第二類爲積極的或健全的反應 (Positive or healthy responses)，表示積極的，健全的態度或願望，如關切，同情等。普通的爲 2 分，較好的爲 1 分，更好則爲 0 分。第三類爲中性反應(Neutral responses)。如缺乏情調，如只補足句子或爲刻板的成言，或不屬於以上兩類的反應。評分爲三分。每一題之評分可自 6 分至 0 分七個等級。共有四十題。得分愈高者表示在完成句子測驗裏顯示出被試的反應愈不健全，有衝突，有困擾。附表於後（見第六表）。査表可以看出得總分最高者爲 5，癸，1，辰，甲，申六個被試。得總分最少的爲子，丙，乙，4，已，7，辛，酉八個被試。

(二)　適應程度

對於被試又可自衝突和健全的程度上分別予以考察。在 C_3 得分高的爲 1，辰，5，癸四個被試。在 C_3, C_2 兩種不健全的得分合起來，得分最高的仍爲 1，5，辰，癸四個被試。至於在積極，健全方面得分最少的爲 5，癸兩個被試，次之爲 10，申，甲，1 四個被試。所以至少對 5 與癸這兩

第六表　完成句子測驗：總分及適應程度

被試號碼	總分	C_3	C_2	C_1	N	P_1	P_2	P_3	C_2+C_3	P_{1+2+3}
1	159	5	11	13	2	5	3		85	13
2	128		3	15	10	11	1		15	23
3	129		2	14	15	9			10	18

4	118			13	14	11	2		0	24
5	170	2	13	20	3	2			77	4
6	127		5	12	11	10	1	1	25	21
7	119		1	10	18	9	2		5	20
8	132		4	17	8	9	2		20	20
9	132		4	15	11	9	1		20	19
10	141		4	18	14	3	1		20	7
甲	147		5	24	5	5	1		25	11
乙	117		1	9	19	8	3		5	19
丙	116		3	7	16	11	3		15	25
丁	125		2	13	14	10	1		10	21
戊	128		1	17	12	9	1		5	19
己	118		1	9	17	13			5	26
庚	138		6	16	8	10			30	20
辛	121			10	21	9			0	18
壬	130		5	15	8	9	3		25	21
癸	161	1	11	18	8	2			55	4
子	112			8	18	12	2		0	26
丑	126		4	12	11	12	1		20	25
寅	130		3	16	10	11			15	22
卯	136		6	16	7	10	1		30	21
辰	150	4	7	12	9	8			59	16
巳	136		6	16	8	10			30	20
午	124		2	10	19	8	1		10	17
未	132		4	13	15	7	1		20	15
申	140		3	19	13	5			15	10
酉	121		1	10	18	11			5	22
平均數	132.1	0.40	3.90	13.93	12.10	8.57	1.07	0.03	21.86	18.02
標準差	13.76	1.62	3.21	3.87	4.81	2.84	1.00		20.989	5.88

個被試從總分及兩極方面，都可看出他們內心有衝突而少健全的反應。父母和師長對於他們要加注意。至於另一極端卽辛，4，子三個被試在 C_3, C_2 未得分，而總分亦甚低此種現象是否表示這三個被試反應健全，還是感情淡泊，還是善自掩飾還待以後查考。

（三） 林、洛、倪三次測驗得分比表

若就林仲達敎授，洛特 (Rotter) 敎授和此次測驗所得結果比較，則此次測驗結果就一般而論，總分之平均數，及標準差與洛氏所得結果比較，其間相差較大，而與林氏所得結果比較接近。因爲筆者與林氏都是可算爲同時期，同是從臺北的中學男生取樣之故。此亦可互相證明其可靠性。但在各種適應程度人數分配上 C_1 P_1 兩等評分的平均得分林、倪兩人研究結果亦甚爲接近。(見第七表)在 C_1 林氏所得平均數爲13.88，倪氏所得爲13.93。在 P_1 林爲7.15，倪爲8.57。只是在中性分數這一等上此次研究所得結果平均得分較高，林爲 6.55，倪爲12.10。而在N這一等得分之標準差，林爲3.49，倪爲4.81其相差不算大。此足表示此次評分更有集中趨向，也更近常態(見附圖)。

第七表　完成句子測驗：洛林倪三氏M及S. D. 比較

	N	M	S. D.
Rotter	55	120.90	17.7
林　仲　達	79	139.45	13.93
倪　　亮	30	132.10	13.76

第八表　完成句子測驗：林倪適應程度分數分配比較

	N	C_3		C_2		C_1		N		P_1		P_2		P_3	
		M	S. D.	M	S. D.	M	S. D.	M	S. D.	M	S. D.	M	S. D.	M	S. D.
林仲達	82	2.65	1.51	8.86	3.68	13.88	3.64	6.55	3.49	7.15	2.45	3.57	1.62	1.82	0.47
倪　亮	30	0.40	1.62	3.90	3.21	13.93	3.87	12.10	4.81	8.57	2.84	1.07	1.00	0.03	—

附圖　完成句子測驗：林倪適應程度分數分配比較

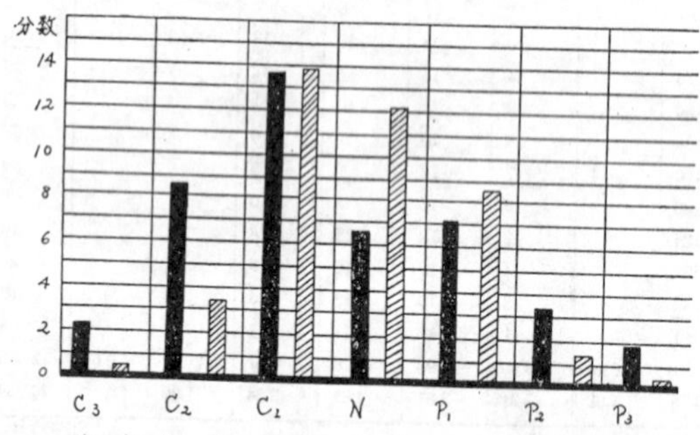

(四)　反應內容的檢查

檢查所完成的句子內容，可看出被試內心衝突的所在。在 C_3, C_2 兩項得分最多的題材爲課業與父親兩項。舉數例如下。

原題	完成之反應舉例
在家……	不安定。常惹父母的罵。
使我最煩惱的事……	家庭與農業。成績不好。
我不能……	有溫暖家庭，終身遺憾。
我需要……	安慰。精神鼓勵。
使我痛苦的……	家庭不和睦。數學。
我希望……	考進大學。

我的父親……　　　　太累了。不喜歡我。嚴格。嚴厲。不了解我。討厭我。

我最擔心的事……　　　　成績紅字。考數學。失學。考試。考不取大學。

現在的青年一方面學業是精神上一大負擔，一方面他們的父親望子成龍之心太切，不自覺的，自然而然的就會企望殷而責之嚴。這尚不能算是心理變態，只是時代的特殊情形。但這些青年內心的衝突和困擾，不知將來如何演變，似應早爲注意。

本測驗可有四個指標卽總分數，C_3+C_2 分數，P_1+P_2 分數和反應內容之檢查。

第四章　主題統覺測驗（TAT）記分方法與指標

在投射測驗中 TAT 爲最難記分之測驗。它原是採用多種主題以窺探被試內心的需求或反應 (Needs) 及如何適應外界的迫激 (press)。這種工作是一種求了解求解釋的深入研究。但爲便於比較起見，亦可用客觀計量方法，卽用幾種指標來記錄分數。現將分數登記於第九第十兩表。

（一）　感情激動與淡泊

先從被試所述十個故事中有關喜怒哀樂各種感情激動做一累記。其得分多者表示感情易於激動。如被試己(203分)得分最多。其他依序爲被試 9 (166)，卯(165)，庚(162)，丁(161)，辰(156)等。得分太少的有被試 2 (39)。其次爲被試 5 (66)，1 (73)，酉(73)，巳(75)，7 (76)，4 (79)等六人。得分太少是否由於意志消沉，對環境失去樂趣或失去反應能力，還是由於性情寧靜，還是力圖掩飾，情緒不願外露？這些原因當然都是可能的。青年人的感情固然不能太激動，但如太消沉亦非正常現象。如被試 2, 1, 5 ，酉等家長師長對他們要多加注意。

（二）　故事的主角

（1）　與人相處與父子關係

被試敍述故事時很容易將自己與故事中之主角同化。無意中將自己的遭遇投射於主角。當然這不能說在每一故事都有此種現象。但至少有一部份可能是如此的。所以可以從故事的人際關係 (Inter-personnel) 而探出被試與人相處的氣氛：他能否與人融洽相處 (accept) 還是被人排斥 (reject)？就此次被試一般而論，在融洽方面 (accept) 得分超過在排斥方面 (reject) 得分者有己，寅，

第九表　被試反應比較(一)

反應／被試	情緒激動	融　洽	排　斥	二項相比	衝　動	焦　慮	二項相比	主　動	被　動	二項相比
1	73	7	16	－	11	5	＋	15	1	＋
2	39	4	12	－	9	8	○	0	1	○
3	81	10	5	＋	12	9	＋	7	19	－
4	79	9	16	－	15	6	＋	7	8	○
5	66	15	18	－	3	4	○	7	3	＋
6	88	15	17	○	12	6	＋	11	9	○
7	76	37	7	＋	5	2	＋	14	5	＋
8	87	31	16	＋	6	6	○	14	7	＋
9	166	35	14	＋	16	21	－	17	25	－

10	106	23	24	○	5	8	−	12	2	+
甲	83	10	15	+	2	4	○	12	7	+
乙	94	21	16	+	8	6	○	12	16	−
丙	143	35	12	+	18	7	+	26	14	+
丁	161	23	33	−	17	12	+	18	16	○
戊	150	44	20	+	20	2	+	17	9	+
己	203	71	12	+	19	14	+	31	7	+
庚	162	29	31	○	16	18	○	21	2	+
辛	119	18	25	−	7	15	−	6	21	−
壬	143	16	43	−	21	10	+	18	7	+
癸	125	31	21	+	15	23	−	2	14	−
子	120	13	15	○	7	14	−	7	20	−
丑	148	43	19	+	14	13	○	18	14	+
寅	155	48	11	+	11	15	−	17	21	−
卯	165	47	25	+	9	19	−	17	16	○
辰	156	30	11	+	21	9	+	33	10	+
巳	75	7	13	−	7	14	−	9	16	−
午	98	19	15	+	9	6	+	2	19	−
未	74	19	10	+	8	2	+	7	8	○
申	80	15	16	○	15	5	+	11	5	+
酉	73	11	11	○	6	0	+	14	3	+
平均數	113									

第十表　被試反應比較(二)

被試＼反應	反抗	奮鬥	妥協	屈服	比較	成功	失敗	比較
1	5	19	2	7	+	19	13	+
2	5	2	1	3	?	3	2	?
3	2	3	0	3	?	4	0	?
4	2	8	2	8	○	7	10	−
5	2	0	0	3	?	0	3	?
6	4	1	6	5		2	5	?
7	0	4	2	2		11	2	+
8	2	8	1	5		8	1	+
9	3	9	9	9	○	15	6	+
10	11	5	4	4	○	1	5	−
甲	13	12	11	17	−	4	10	−
乙	3	17	6	10	+	14	12	
丙	4	14	3	8	+	20	5	+
丁	11	21	2	10	+	19	12	+
戊	10	10	11	1		12	3	+
己	6	12	8	11		17	0	+
庚	8	9	6	13	−	14	4	+

辛	3	11	6	3	+	13	5	+
壬	14	7	5	6		6	6	
癸	11	10	3	10	○	5	2	
子	5	3	3	11	−	4	4	
丑	5	8	8	12		15	5	+
寅	8	16	5	9	+	16	0	+
卯	9	6	10	9		11	11	
辰	0	22	5	4	+	34	4	+
巳	3	7	5	12	−	7	8	
午	3	4	5	11	−	2	6	−
未	8	11	2	3	+	12	10	
申	8	11	6	6	+	14	10	+
酉	3	11	1	3	+	7	10	−
平均數	5.73							

卯，7，丙，癸，辰，戊，丑，8, 9，午，未，甲，乙，3等十六人。在排斥方面得分高而超過在融洽方面得分者爲壬，丁，1, 2, 4, 5，巳，辛等八人。其在兩方得分相等或只差一，二分不足介意者有6, 10，子，庚，申，酉等六人。故可說這批青年與人相處融洽者佔多數。

其間人己相處要特別注意的爲父子關係。青年對人的反應在對師長，同學，母親，弟，兄，姊，妹不若對父親反應之多，之複雜。現將各圖片所引起父子之反應列表比較如下。

第十一表　被試在各圖片對父子關係情緒激動總分

圖　片	一	二	三	四	五	六	七	八	九	十
情緒激動分數	49	12	28	3	15	73	109	21	0	16

在第七圖分數如此之高不足爲異。因第七圖本是測量父子關係的。而第六圖爲老婦與少男亦牽入父子關係。第一圖爲小孩面對手提琴，仍激起父子情緒如此之高。可見青年情緒上的紛擾，父親爲其主要對象。願爲父者能注意到"爲父之道"也。

（2）　衝動與自律

就一般而論這些被試所構述故事的主角偏向於衝動(或可謂開朗)者較多，如辰，壬，戊，丙，巳，申，1, 4, 3, 6, 7 午，未，酉丁等十五人。偏向於自律或焦慮者 (anxiety) 有卯，癸，辛，9，子，10，寅，巳等八人。態度模稜不顯明者有 2, 5, 8，丑，甲，乙，庚等七人。

（3）　主動與被動

故事中主角處事可有主動被動兩種途徑。採取主動的有辰，巳，1，丙，戊，10, 7, 8，丑，申，酉，甲，庚，壬，5等十五被試。採取被動的有辛，午，子，3, 9，癸，寅，巳，乙等九個被試。不够顯明的有 4, 6，卯，未，丁五個被試。被試可謂意志消沉在主動方面爲惟一未得分者，在被動方面只得一分。可能是由於遭受環境壓抑，或是善自掩飾，或是原本反應如此。

（4）　反抗態度

故事中主角對於環境可有或多或少的反抗態度。這是青年期自然現象。並不能證明有犯罪或違紀企圖。在這方面分數高的有壬，甲，丁，10癸等五人。且待與操行方面核對。

（5）奮鬪與屈服

主角對於環境中困難的克服方法有奮鬪、屈服、安協三種方式。在持奮鬪態度而得分高的有辰，丁，1，乙，寅，未，申，酉，丙，辛等十個被試。在存屈服態度而得分高的有甲，庚，巳，子，午等五個被試。奮鬪屈服兩方面得分幾乎相等的爲 9, 4，癸，10等四個被試。至於 5, 2, 3 三個被試在各方面得分皆甚少。可能是無力奮鬪而又不願屈服之故。另在其他八人中看不出顯明趨向。

（三）故事的結局

故事的結局可分爲成功與失敗兩途。在成功方面得分高的爲己，丙，辰，1，寅，8, 9，丁，申，丑，7，辛，庚，戊等十四人。在失敗方面得分高的爲甲，午，10，酉四人。兩方得分相差無幾者有癸，乙，未，巳，6, 4等六人。卯，子，壬在兩方面得分相等。另外仍是 2, 3, 5 三個被試得分甚少。是否仍是意志消沉或善自掩飾之故？值得注意。

（四）一般趨向

因爲被試人數不多，不能求出這些主題彼此之間的相關。但最少可看出一些共存現象。

（1）	奮鬪而成功者	七人(辰，丁，1，寅，申，丙，辛)
	奮鬪而失敗者	一人(酉)
	屈服而成功者	一人(庚)
	屈服而失敗者	一人(午)
	意志消沉無表現者	三人(2, 3, 5)
	共	十三人
	情況不明顯者	十七人
（2）	與人和諧相處而成功者	七人(7, 8, 9, 庚，辰，乙，丙)
	與人和諧相處而失敗者	二人(甲，午)
	受人排斥而成功者	三人(庚，丁，辛)
	受人排斥而失敗者	○人
	共	十二人
	情況不明顯者	十八人
（3）	主動而成功者	十人(巳，丙，辰 1, 7, 8, 申，丑，寅，戊)
	主動而失敗者	二人(甲，10)
	被動而成功者	三人(9，寅，辛)
	被動而失敗者	一人(午)
	共	十六人
	情況不明顯者	十四人

從上表可以看出卽奮鬪而能成功，與人和諧相處而獲得成功，主動而可有成功，在這三方面有

共存現象。這正表示青年的思想態度正常而有積極性。至於 2, 3, 5 這三個被試應對他們多加鼓勵和支持。

TAT 的指標較之前面兩個測驗爲多。有感情激動與消沉，融洽與排斥，主動與被動，衝動與自律，成功與失敗，反抗分數之高低等。

第五章　綜合比較與結論

(一)　綜合比較

就以上各附表所列各種指標及所記分數而言，僅就他們此次的心理反應，尚不能確指這些青年，誰爲問題青年。但可就其突出現象，而可列出有些青年是有問題的。此時尚未能昧然分型歸類，但他們自有其相同相異之點。除可參見附表第十二表外，另加說明如下。

(1)　在此次研究中 5, 1 兩被試爲最突出之人。5, 1 兩人內心生活皆有紛擾、衝突、堵塞、焦慮現象。但被試 5 父子之間頗多誤解，因是愈將增加困擾情形，而對學校生活不能適應，曾記大過。被試 1 雖遭母喪，但父子之間有同情心。對外奮鬥有成。學校曾有獎勵。但仍應對之多加鼓勵和“安慰”。

(2)　10，壬，甲，丁，癸五人反抗分數甚高。在操行上甲，丁，癸，10，曾記大過，壬曾記小過。記過與反抗有此共存現象。不知心理反應 (needs) 爲因，還是外界迫激 (press) 爲因？也許互爲因果。這是很有意義的主題 (Theme)。被試 5 也曾記大過。但其反抗分數甚低，可能是“自我強力” (The strength of ego) 已甚低之故。故應對他多加同情和鼓勵。

第十二表　綜合比較：心理反應與操行學業

反應／被試	情緒紛擾	內心衝突	遭受排斥	反應堵塞	焦慮	失敗	消沉	淡泊	被動	屈服	激動	奮鬥	成功	融洽	衝動	主動	反抗	曾記大過	曾記大獎	附讀
5	+	+	+	⊦	⊦		⊦	⊦										⊦		
1	+	+	+	⊦	⊦			⊦				⊦	⊦		⊦	⊦			⊦	
3	+						⊦	⊦	⊦		⊦			⊦	⊦				⊦	
4	+		+					⊦							⊦					
2			+	⊦			⊦	⊦												
10		+			⊦	⊦										⊦	⊦	⊦		
壬			⊦												⊦	⊦	⊦	?		
甲		+				⊦				⊦						⊦	⊦	⊦	⊦	⊦
丁			⊦									⊦	⊦		⊦		⊦	⊦		
癸		+			⊦				⊤		⊦			⊦			⊦	⊦	⊦	⊦
午				⊦		⊦			⊦	⊦				⊦	⊦					
己								⊦					⊦	⊦	⊦	⊦				
申	+	+										⊦	⊦		⊦	⊦				
丙	+							⊦			⊦	⊦	⊦	⊦		⊦				⊦
辰	+	+									⊦	⊦	⊦	⊦	⊦	⊦				

（3） 被試 1, 2, 3, 4, 5, 已，丙同屬情緒反應淡泊。但被試 5 爲缺乏自我强力。 1 雖內心有困擾但能主動奮鬥，態度積極。2, 4，丙，三人在操行上無特殊記錄。可能是脅自掩飾，也可能是感情淡泊，也可能竟是感情穩定。

（4） 另有四個被試 1, 3, 癸，甲曾受大獎；3, 甲，癸又曾記大過。被試 1 有堅强自我。甲，癸兩人有反抗分數已如上述。3 同時在學業上是"附讀"，所以內心有時寧靜，有時激動，此時宜使之安定而少受刺激。

（5） 被試午，已兩人曾受小獎，申，辰兩人一記小過，一受小警告。這些可能是偶然原因。申，辰情緒雖有紛擾，但態度積極，心理反應能够平衡。

（二） 結 論

（1） 被試方面

這三十個被試一般而論反應良好，態度積極。其中有些青年反應發生困擾者，考其原因一爲功課負擔太重，二爲父親責望太嚴。所以家庭對於青年問題的造因是在父親方面。

（2） 測驗方面

(A) 根據此次測驗結果可見雖然所採用的測驗同爲投射測驗，但各個測驗所測方面不同。故以後做此種研究，以幾個測驗同時並用爲宜。

(B) 單字聯想測驗與句子完成測驗所測到的範圍小，但易於確指。TAT 所測到的範圍廣，但評分和定指標比較困難。

(C) TAT 可用客觀方法計分。此次所用指標值得繼續試用和校核。

（3） 應用方面

(A) 此次所用指標只是一種嘗試。仍待以後繼續核校。

(B) 此次工作只能算在研究階段。對於各被試的報告，只是一種嘗試工作。不能作爲各該生操行評分根據。

(C) 但在對各該生作個別指導時，希望本報告可供參考，並且可能有所貢獻。

（三） 致 謝

本研究工作蒙長期科學發展委員會之支持，又得臺灣大學心理學系蘇主任之鼓勵，助教張健天、楊國樞兩先生，陳若昭、林淑貞兩女士及四年級學生黃一寧、左煥源、鄭貞子、陳嘉雄、李本華諸君或幫同學行測驗，或協助整理資料，又得鄭雪英小姐幫同抄寫，合併誌謝。

中華民國五十年六月二十日

民國五十二年　一九六三（癸卯）　先生六十三歲　夫人六十二歲

七月　先生早年在巴黎留學期間，著有法文〈杜威之教育學說〉論文，後由烏拉圭教育部譯為西班牙文。多年後先生聞知其事，於香港撰〈杜威教育學說西班牙文譯本題記〉〔影本見第一八六頁〕，敘述選撰論文的緣由，出版的曲折以及發現西班牙譯本的經過。

九月二十八日　先生撰〈孔子誕辰與教師節〉。（文載《教育論評存稿》）

本年　先生在香港半島獅子會講「中國大學教育的特色」。

・夫人在香港中大聯合書院兼授心理學，其學生參加聯合考試輒獲優良評分。

民國五十三年　一九六四（甲辰）　先生六十四歲　夫人六十三歲

二月　先生外孫張約禮誕生。

六月十九日　蔣夢麟（字孟鄰）在臺北逝世。先生撰聯悼念，夫人同署名。

〔本文係目說明見前頁第三行。〕

杜威教育學說西班牙文譯本題記

右爲余法文原著「杜威教育學說」西班牙譯文之影印本。原著初版於一九三一年始刋於巴黎。烏拉圭國教育部於其刋行之次年卽譯爲西班牙文，刋載於教育全書，於今歷三十有一載矣。余於今春始悉有此譯本，卽請友人蕭瑜博士訪求於烏拉圭國立圖書館，以縮影膠片攝影寄來香港，復經擴大攝印而成右本。余以一中土人述美國學者之學說而以法文出版於巴黎，復由烏國教育家以西班牙文傳譯而刋行於南美，以文字之因緣，成士林之逸話。著作本身之價値雖無足多論，而其間曲折經過有足紀者。

余以一九二〇年始負笈於南京高等師範學校，專習教育學。時杜威博士方講學中國，而南高校長郭鴻聲先生，及教育科主要教授，均出杜氏之門，故南高教育理論之講肄，杜氏學說蔚然成正宗。其所著「民本主義與教育」，尤爲余百讀不厭之經典。在校時已偶就心得有所述作，發表於教育雜誌。一九二八年余赴法國入巴黎大學從福谷奈教授 Paul Fauconnet 游。福氏爲涂爾幹 Durkheim 之嫡派。繼涂氏主巴黎大學之社會學與教育學講座，同時爲新教育同誼會 New Education Fellowship 法國分會會長。新教育同誼會者，乃宣揚新教育之國際組織，而所謂新教育之理論，則與杜威學說多相呼應者。福谷奈先生以此素重杜氏。其時在法國關於杜氏之哲學已有評介，關於其教育學說之介紹，在法文著述中僅有比國教育家德可樂利 Decroly 所譯杜氏之思維術，How We Think 與瑞士教育家克拉巴柔德 Eduard Claparède 關於杜威教育學之短篇論述。對於杜氏教育學說作系統介紹之著作，尚付闕如。福谷奈先生指導余作博士論文時，知余素習杜氏教育學說，卽囑以此爲題。適一九三〇年巴黎大學以福谷奈教授之推薦，授杜氏以名譽博士學位，杜氏來法受學位，福谷奈教授介余見杜氏請益。承對論文大綱有所指示，並荷允許譯其所著「我之教育信條」爲法文，作爲論文之附錄。其後余對論文苦心結撰，於一九三一年春季完稿。法國大學之博士論文，例須於考試前刊印。余以私費游學巴黎，其時法郎滙價增漲不已，生活費用已不繼，遑論論文之印刷。點金乏術，繞室徬徨，幾於輟學歸國矣。適同時隨福谷奈先生作論文之美國雅倫夫人 Mrs. A. A. Allen 悉其事，而其兄適爲美國某基金會遣派來歐察訪學問有造詣之學生，而予以獎助者。雅倫夫人介余於其兄而得全部之論文印刷費。余妻倪亮女士同時在巴黎隨心理學權威皮治庸教授 Henrie Piéron 作博士論文，亦以雅倫夫人之助而能刋印其論文。余兩人之論文均於一九三一年六月印成，並於同一日在巴黎大學應論文口試通過而獲學位。是日福谷奈教授同爲愚夫婦之口試教授。在試畢後致賀，謂此非但爲愚夫婦之論文試，且爲一結婚之禮式云。事後論文庋藏巴黎大學圖書館。館中卽將兩論文合訂爲一册。留法同學一時傳爲佳話。使非有雅倫夫人之同情推薦，美國某基金會之慷慨資助，與福谷奈先生之循循善誘與美意玉成，則愚夫婦論文將無問世之日，而學位亦無由倖獲。此時追懷經過，對於盛意助我者實不勝感激之情。所可憾者吾師福谷奈先生與雅倫夫人僅余於一九三七年重游巴黎時得再晤。其後不久，福谷奈師卽捐館舍，而雅倫夫人屢經通函而無覆音。想亦不在人世。回首師門，愴泫無已。

余之論文問世以後，德國「國際教育雜誌」卽有書評，謬加稱許。其後法國施屈斯堡大學 L'Université de Strasbourg 校長余俾爾博士 René Hubert 於一九四九年出版「教育學史」L'Histoire de la Pédagogie其中關於杜威學說之評述，多引據余之論文。比國魯文大學教授德賀夫博士 Dr. Fra. De Hovre 與卜柔客斯 L. Breckx 教授合著之「當代教育學大師」Les Maitres de la Pédagogie Contemporaine一書中，將余譯杜威之「我之教育信條」全文轉錄。余之論文於出版後漸獲法文著作界之重視，實非始料所及。美國方面對於此論文之注意，則始於卜柔克門教授 W. Brickman 於一九四九年十月在「學校與社會」School and Society 發表「教育家杜威之國外聲譽」John Dewey's Foreign Reputation as An Educator 一文。文中所述杜氏在中國之影響，多以余論文所述爲依據。自玆以後，美國教育界漸知有此作。迨一九六一年余在「美國教育論壇」Educational Forum 出版五十周年專號中發表「杜威教育理論與實施價值之重估」A Re-evaluation of the Educational Theory and Practice of John Dewey 一文以後，余三十年前之論文連帶引起注意，而湯姆斯 Milton Halsey Thomas 所編一九六二年增訂之「杜威著作總目」第二篇有關杜威之著述目錄中，已將余一九三一年之論文，連同一九六一年在教育論壇發表之論文一併列入，知者亦漸眾矣。

初，余之博士論文出版後除呈繳巴黎大學庋存並由校轉送歐美各大學作交換外，所餘各冊均寄售於巴黎之沃仁哲學書店。La Librairie Vrin 此書店除經銷哲學書籍而外，並印行哲學專著。余之論文售罄以後，時有索購者。書店主人無以應。適一九五九年爲杜氏百年誕期，而一九五八年「國際文教科學組織」Unesco 開大會於巴黎，余備席代表。巴黎大學同學久居法國之周麟博士亦與會，慫恿將余論文再版，作爲翌年杜氏百年誕期之紀念。沃仁書店主人經周君商洽，忻然願考慮，將論文送請哲學家捷爾生教授 Gilson 審查，認爲有重印之價值，遂於當年再版，並收入有名之「哲學史叢書」。Bibliotèque d' Histoire de la Philosophie 此叢書之著者多爲法國之哲學家，巴黎大學之哲學教授。其尤著者如鄂庸、Aron(R.), 布屈如、Boutroux(F.), 白柔治、Brehier(E.), 捷爾生、Gilson(L.), 顧維基、Gurvitch(G.), 樂泊達、Laporte(J.), 邁治孫、Meyerson(E.), 門克、Munk (S.), 巴若的、Parodi (D.), 渥爾，Wahl (J.) 皆法國過去或當代之哲學權威。拙作得與諸名著並列，實感非分之榮幸。當此論文再版時，「國際文教科學組織」秘書長艾文思博士 Luther H. Evans 以此著爲國際文教合作之象徵，忻然爲作序文。文中謂「以一中國學者於距中土萬餘里之巴黎，以法文論述一美國教育家之學說。在懷疑國際文教合作之可能者觀之，爲事殊不類。但此等懷疑者試讀此論文，應深覺作者對於杜威思想與法文優點，均能充分表達而無差違。在此分析性之論著中，杜威之學說得更確實之表述，而法文亦藉作者之文筆而益顯其泛應曲當之優美特性」。艾氏之言獎飾踰分，實不克當。惟彼以文教科學組織秘書長之身分而爲此過獎之言，實以其所服務之機關之宗旨在合作，凡文教合作之事，無論鉅細，應皆在揄揚之列耳。顧使艾氏當時得知此一區區著作在多年前更有西班牙譯文刊行於南美，則將更增其忻悅之感矣。緣余於一九六三年春初以亞洲協會之資助赴支加哥出席杜威學會 John Dewey Society 年會，得讀前述湯姆斯所編杜威著作總目，見其第二篇有關杜威之著作目錄中列有余之論文。在其標題下復記有西班牙譯本。譯者爲潘柔大 A. Jover Peralta，出版地點爲烏拉圭國 Uruguay 之京城孟都。Montevideo 事隔三十餘年，余始獲知有此譯本，不勝驚喜。事之尤出意外者，余以一九五四年固嘗代表中國政府出席「國際文教科學組織」大會於孟都，並曾參觀庋藏此譯本之烏國國家圖書館。當時竟因不知有此譯本而交臂失之。一九六三年余自美返香港後，亟思訪求之方。因念及友人蕭瑜博士在南美弘揚中國文化，歷有年所，一九五四年國際文教科學組織在孟都之會，亦曾參與。其時我國原設在日尼瓦之國際圖書館已遷設烏拉圭孟都國家圖書館內，由蕭君主持中國館館務迄今。如以訪求之任相託，必多利便。經去函試請，未兩月而蕭君覆函至，拙作西文譯本之縮影膠片，赫然附在函中。此影片乃就烏國國家圖書館原藏譯本攝製而成者。原譯本係烏國教育部所印行。主其事者爲師範及初等教育司司長羅守博士 Santin Carlos Rossi 及該部之師範及初等教育評議會。出版主任爲沙柔禮君

Humberte Zarrilli。編譯員爲加斯特禮君 Carlos A. Castelleei。而實際執筆譯述者則爲潘柔大君 A. Jovèr Peralta。原譯文分期刊入教育部出版之「教育全書」Enciclopedia de Educacion。自一九三二年六月始載至同年十二月，分兩期載完成，爲教育全書之第十二卷。出版處爲孟都。印刷者爲烏國國家印刷局。余之原著第二篇論杜威之教育學說爲全書之中心。該篇除論杜威之影響之第九章未譯外，其餘八章均全譯。原著前言敍杜氏之生平及其著作，首篇論杜氏教育學說之哲學基礎及附錄杜威之教育信條均略而未譯。據蕭博士函中言，譯本係作訓練師資之用故僅譯原著與教育實施最有關係之篇章而成此譯本。影片寄到，經在新亞書院顯微閱讀室映閱以後，復就原片放大攝印，遂成右本。原著成於三十餘年前。此過去悠長之歲月中不僅研究杜氏之各家著作，汗牛充棟，卽杜威本人及其宗派之教育思想，亦多所演變，而其聲譽由盛而衰，尤有今昔之殊。此區區舊作本無足重，惟以此作有關中、美、法、比、烏及拉丁美洲其他諸國之知識交流。所涉之文字凡四種。所及之地域凡四洲。此如在汪洋學海投一細石所生之微瀾。其曲折經過，不乏一敍之趣味。加以此書自原著之撰作出版，以迄譯本之訪求與轉印，諸賴師友之啓迪與玉成。其高誼厚情，應有銘記。至於個人學問事業之微有成就，亦以此作爲樞紐。自述其甘苦，亦所以朂勵來茲。爰就原著之西文譯本題記經過如右。倘不以自珍敝帚而見譏大雅，則幸甚矣。

民國五十二年七月記於香港九龍寓廬

輓蔣夢麟校長聯

謙光傷永逝。名滿遐邇，道通古今。掌邦教，興農村，似此完人能有幾？

渥遇感平生。畀席上庠，延譽中國。商文存，《談學問》，❶如公知己已無多。

❶《孟鄰文存》先生為編次。《談學問》問世，承囑〈書後〉，列入再版。

七月十一日　次女百慶在紐約與哥倫比亞大學研究生（後成博士）陳允結婚。

九月　夫人隨先生往夏威夷東西文化中心實地從事當地文化研究，與本土人士多所往來，瞭解甚多。

民國五十四年　一九六五（乙巳）　先生六十五歲　夫人六十四歲

六月　夫人往普林斯敦ETS研究，參加SAT之編審工作六星期，參與者有來自臺灣、菲律賓及南美洲諸國家人士。會內都用英文溝通，在會外用西班牙語交談。夫人覺得西語與法語有頗多相似之處，遂對西語產生興趣。會後，並參觀在紐約舉行的世界博覽會，得開眼界，是為另一收穫。

七月　先生獲新亞書院院務委員會推選，校董會通過，聘為校長。先生鑒於學校內外環境，不便固辭而就校長職。

本年　新亞訓育採導師制，教學行新法，校舍擴充。

・先生的〈對香港新亞書院畢業生贈言三篇〉講詞，包含民國五十四年的〈行忠恕〉篇、民國五十五年的〈論擇業〉篇及民國五十六年的〈辨義利〉篇，均為在畢業典禮中的訓詞。（文載《文教論評存稿》）

民國五十五年　一九六六（丙午）　先生六十六歲　夫人六十五歲

本年　先生續任新亞書院校長職。

民國五十六年　一九六七（丁未）　先生六十七歲　夫人六十六歲

十月　先生由美經臺灣，住榮民總醫院療治疝氣，癒後返港。

・新亞書院在港府由公司登記改為法人登記，並由立法局通過新亞書院新組織法與新組織規程。同時依新法改組董事會。唐星海、李祖法被推為正副董事長。

・先生集所作詩古文詞，自印出版《江皐集》。本書收存中年以後詩文，自謙以期「自省自娛，並以貽後嗣，諗知交，兼為後之知人論世者證之一助。」

・先生出席美國詹森總統召集之國際教育會議。

秋

先生因與夏威夷大學東西中心有約在先，前往參與資深專家研究計畫，於本年秋季應約前往。由蕭約總務長以代理副校長兼代新亞書院校務。

・新亞書院董事會校長遴選委員會推先生繼任校長，先生覆函婉辭。

・先生在夏威夷大學東西中心除與夏大資深教授 Robert Clopton 共同還譯杜威在華演講之中文紀錄為英文外，並單獨研究「杜威在華演講及其影響」專題。

・先生在夏大研究期間，曾往南意利諾大學杜威研究中心參觀，並商討該中心有關杜威全書編印計劃。又在該中心招待先生與夫人之酒會中，與諸知名杜威學者如George Edward Axtell, Childs, Counts, Lewis E Hahn, S. Morri Eames 與Jo Ann Boydston 等晤談。

・先生在紐約探問在學子女。

本年

新亞書院錢穆校長因辦學宗旨與中文大學當局不合而辭職，先生亦決定同辭。嗣因完成錢校長去職前休假計劃年限規定，先生短期留任，代理校務。

・夫人在珠海學院社會教育學系出版之年報上，相繼撰述關於心理測驗之信度與效度論文多篇，裨益香港中小學之教學研究參考。

民國五十七年　一九六八（戊申）　先生六十八歲　夫人六十七歲

七月十四日　外孫陳中和生。

秋　先生任新亞書院校長三年聘期屆滿，因乏適當繼任人選，經董事會續聘一年。

本年　先生出席在美國芝加哥舉行之人類教育會議(The Education for Mankind Conference)，提出Chinese Contribution to the Idea of Mankind 論文。後被選為該會議理事之一。

民國五十八年　一九六九（己酉）　先生六十九歲　夫人六十八歲

二月　先生出版之《德育原理》，全書分緒論、品格論、道德論及德育實施論四篇。臺北版由商務印書館印行。

六月　吳百益在哥倫比亞大學獲哲學博士學位。

夏　先生和夫人赴法國與美國旅遊，並探視子女就業就學狀況，冬季返港。

圖九：吳俊升校長主持新亞書院典禮。

七月　先生自新亞書院退休。

本年　先生在香港新亞書院講學十餘年後，將歷年之演講、學校典禮及月會講話的講詞二十餘篇，並將在其他學校的講詞五篇列為《附錄》，輯為《農圃講錄》。唐君毅教授序，作為臨別紀念。自印。

・先生撰黃華表編《古人論文大義續編序》。（序載《文教論評存稿》）

・先生憶赴美之遊，撰詩酬謝馬爾傑、陳克誠及程崇道夫婦。

寄懷馬爾傑兄伉儷美洲，並柬陳克誠、程崇道兩教授伉儷

己酉季秋，余在美洲。馬爾傑伉儷邀游所居小石城，盤桓五日。陳克誠、程崇道兩教授聞訊，並自遠來會，極游觀之樂。余東歸後，爾傑兄為〈小石城五日記〉紀其事，情文並茂，駸駸入古。爾傑以理工名家而精古文，可繼吾邑之文風，誠屬難能。余臨文興感，率成古風一首，用酬賢主人之雅意云爾。

吾邑文風盛，海外有嗣音；馬子何矯矯，文與理俱深。一別逾十載，成名鄉國欽，君復有佳婦，和鳴聞瑟琴。石城五日聚，高文紀悃忱，欵欵嘉會意，邈邈故園心。齊來歸筆下，鍊句如精金，潁川賢夫婦，聞訊遠道臨。抵掌譚今古，

主賓孰商參；陳子玭文學，入古亦駸駸。我與諸賢列，異苔喜同岑；歸來百無狀，息影在山林。俊游時在念，離懷感不禁；萬里紉雲誼，酬答只清吟。

民國五十九年　一九七〇（庚戌）　先生七十歲　夫人六十九歲

五月　先生成〈存在主義的教育哲學〉一文寄楊亮功教授，係為其主編之教育辭書而作。

六月　吳百益自美來港省親。

七月　吳百益赴臺北及東京搜集研究材料後返美。

八月二十四日　先生赴臺北出席第五次全國教育會議，會後在榮民總醫院檢查身體。

十一月　夫人赴臺出席亞洲區職教輔導會議後，並與在臺重慶大學受業學生餐敘。（餐敘合照見第二〇二頁）

・夫人在臺期間參觀臺灣若干機構之輔導工作，追憶往事，會晤久未晤面同道，精神至感愉快。

十二月二十五日　先生七十華誕，成詩十首紀念。

庚戌七十初度詩

一、七十古來稀，耆耋今多有。馬齒日加增，老大何所守？讀書尚古人；涉世存忠厚。用舍慎行藏；取與嚴辭受。悠悠歷歲時，所守期不負。賢良未易登，但願少悔咎。

二、我生自寒家，家世安儒素。先祖青一衿，先公場屋誤。累代事舌耕，食貧惟德裕。餘蔭逮子孫，志節勵貞固。母氏何劬勞，離亂年光度？白門悲松楸，何時得展墓？

三、貧賤百事艱，興家賴內助。子女教養成，我得蠲思慮。有子祖業承，力學名漸著。奮翮思不群，老眼望高翥。兩女俱遠遊，成家各有處。何時聚故園？茫茫待天曙。

四、少小受詩書，嚴父兼外傅。稍長學為師，鄉校跡暫駐。賓興至南雍，倖登扶搖路。三年育英才，歐陸更邁步。學問天地寬，馳驅樂騁騖。師友多玉成，聲名得所附。

五、舊京擁皐比，教學誠相長。所遇多賢豪，氣象何泱泱？議論肆縱橫，今我心胸廣。抗顏下帳帷，多士膺函丈。埋頭撰講章，後學庶有放。一篇廣流傳，微倖微名享。

六、再作海外游，北美博諮訪。新知探本源，問學向宗匠。歸來滿烽煙，庠序半荒曠。受徵入教部，遷地設帷帳。菁英萬千人，有教復有養。八年響絃歌，勝利終在望。

七、苦勝亦可悲，孔席未暇暖。再次奉徵書，流亡舟車滿。播遷到巴渝，國運游絲斷。倉皇辭陪都，香島暫就館。華路啟山林，學統共承纘。作始雖艱難，程功未嘗緩。

八、赴難入臺員，餘勇尚可賈。人儔初置身，書館與學府。生事差可安，三徵入教部。府主願力弘，輔弼多建樹。政海興波瀾，四年得解組。講學歸上庠，拋荒慚少補。

九、重行至美洲，更理杜威學。栗六二十年，再感讀書樂。述作初成篇，東來踐宿諾。海外再弘文，十年振木鐸。往事歷艱辛，私衷終落寞。力竭卸仔肩，校事欣有託。

十、稀年話生平，理得心自泰。息影在山林，朝夕接芳靄。門少長者車，食有江南膾。學問與事功，俱置八紘外。天地方混淪，安得返征旆。與婦共舉觴，樂生無怨艾。

・和韻庚戌酬唱者有余井塘、梁敬錞、成惕軒、梁敬釗、阮毅成、陳維綸、羅時實、吳嵩慶、方遠堯、沈立人、任泰、李璜、曾克耑、何敬群、涂公遂、郭亦園、余少颿、贓勺波、鍾益藩、莫儉溥、高贛賜、潘蛻庵、顧毓琇、王婉清、江絜生、區寄謀、陳立夫、姚琮、蕭瑜等長者與友朋。

本年 歲次庚寅、庚子、庚戌，為先生五十、六十、七十華誕。先生均作詩述志，友朋分獻瑤章鴻辭相賀，經輯為《庚年酬唱集》出版。本書分〈庚寅酬唱〉、〈庚子酬唱〉及〈庚戌酬唱〉三部份。

・《庚年酬唱集》後並附錄〈義本室近稿〉，彙錄近作詩古文詞，含文稿四，詩稿十一。以下為其中兩篇詩作。

圖十：國立重慶大學校友歡宴倪亮主任：倪主任自港來臺出席亞洲區職業教育輔導會議。在臺重慶大學商學院統計專修科校友邀宴倪師聚敘。前排右起：譚苐筠、饒劍雲、闕蕙英、張聖璉、倪亮主任、陳克雄。後排右起：周利生、陳學平、譚才雄、楊學寬、李翔、呂紹貴、趙慶焜、朱暢鑒、李永容，民國五十九年十一月十五日攝。〔教育部前統計長朱暢鑒校友提供〕

壽陳立夫先生七十

立夫先生六十，余曾賦詩為壽。今先生七十矣。十年一瞬，感慨百端。先生雖避壽，且忝在知末，宜有以賡續前什。爰步顧一樵先生詩原韻敬賦一律。支微韻通用，依原玉也。

世亂歎何之？道高和者稀。絃歌存大雅，歲月託相知。謀國幾忘己，乘桴豈避危？歸來頭盡白，逸興共觴飛。

次韻奉和楊亮功尊兄生日偕家人游碧潭飲市樓得句

過隙駒光四十年，黌堂講席憶綿連。相期未負平生志；共濟時同逆水船。柏署風操餘劫後；市樓絃管雜尊前。古稀我亦隨班末，海角棲遲誤綺筵。

- 先生與新亞書院同仁發起組織新亞教育文化事業有限公司，被舉為董事會董事。
- 新亞書院董事會議決，日後新亞遷沙田後，原有農圃道校址及校舍經過法定手續，轉讓給新亞教育文化事業有限公司，續辦文教事業。

・先生撰〈唐君毅教授歸葬臺灣悼詞〉。（文載《文教論評存稿》）

民國六十年　一九七一（辛亥）　先生七十一歲　夫人七十歲

二月十日　新亞書院為雅禮協會創立七十週年舉行紀念會，先生撰〈祝詞〉。

雅禮協會創立七十周年祝詞

竝世之國際社團，其組織起於一國而能以裨助他國之教育文化為宗旨，冀收文化交流之實效，而無絲毫政治或宗教之作用存於其間，並能鍥而不舍亙七十年，而事業常新者，其惟雅禮協會乎？雅禮協會者，本世紀之初，耶魯大學具有宗教熱忱與人類同情之少數學人所組成之團體，以東來中國協助我邦之教育文化為職志者也。自海通以來，西方宗教團體東來者眾矣，其間從事教育與醫藥衛生事業者亦實繁有徒，但多以傳播宗教教義為最後鵠的，惟雅禮協會則與此異趣。宗教固所措意，然未嘗以醫藥及教育事業為誘因，而以傳播教義為其終的。此觀於協會在湖南長沙所始創之事業，與最近在香港與新亞書院合作之措施可知也。雅禮協會始終為我國人士所欽感者，即在此種愛人類愛中國之無所為而為之偉大精神，而其事業本身之貢獻猶其次焉者也。今當雅禮協會創立七十週年，吾人歌頌其成就，首宜揭櫫此偉大無我之精神，次則宜表其事功。雅禮之事功始於湖南長沙雅禮中學、湘雅醫學院、湘雅醫院與護士學校。先後在長沙設立育才與壽世成效懋著，聲譽洋溢乎華中，漸著於全國。我教育與醫學界無不知有雅禮，亦無不欽佩耶魯學士之熱忱與偉抱者。雅禮在中國近半世紀之努力不幸因大陸之變色而中斷。惟協會諸君子雖被迫而撤離中國大陸，而對於中國教育文化事業之協助，固始終未嘗忘懷。爰於一九五三年遣耶魯大學盧鼎教授東來，察訪有何教育學術機構值得合作與資助者，香港新亞書院獨當其選，良以新亞師生繼承中國文化之傳統，保持思想與學術之自由，復有艱苦卓絕之精神與雅禮志同而道合也，非偶然也。雅禮自一九五四年與新亞合作以來，純處於協助之地位，於新亞校政之決定無與也。於宗教之傳播無與也，惟以服務及濟助新亞為事：新亞無固定校舍，雅禮則興建之；新亞經費不足，雅禮則補助之；新亞缺師資，雅禮則以耶魯學士充實之；新亞清寒學生膏火不給，雅禮則資助之；新亞行政需人相助，雅禮則以駐校代表協助之。雅禮凡所施為一本基督非以役人，乃役於人之崇高理想。故合作迄今近十七年，新亞校務擴充發展蒸蒸日上，其教育水準與學術成就揚譽中外，最後成為香港中文大學基礎學院之一；而耶魯學士先後來校協助者浸漬於新亞中國文化氣氛之中，並經數年教學之歷練亦均成材而去。吾人於此日追溯合作之往跡，可以斷言新亞微雅禮無以有今日，而雅禮有新亞亦得繼續發揚其愛人類、愛中國文化之偉大精神，並得培育後起溝通中、美文化之人材，誠相得而益彰也。中、美民間機關團體合作之事例亦多矣！但彼此合作精神之愉快與成效之卓越未有如雅禮與新亞者也。今年二月，欣逢雅禮協會創立七十週年良辰，新亞同人飲水思源，既集會慶祝，復以雅禮精神之偉大與事功之輝煌，尤其對於新亞之玉成有不能忘懷者，爰述其經過以當祝頌之詞。夫七十之年，就個人生命歷史而言，在現時已非稀有；而教育文化團體如雅禮者，七十年之歷史正其生命之發軔耳！其前途光明誠無可限量。吾人謹以至誠祝此造福人群之團體臻無疆之壽域，而與新亞書院之合作亦日臻密切而更著其成效。此兩合作團體之前途將如松柏之同茂，與河山之並壽，猗歟盛哉！

十月　先生撰〈杜威在華演講及其影響〉一文，在民國六十年十月份《東方雜誌》發表。內容為：一、杜威訪華的經過，二、杜威的演講，三、杜威在華的影響，四、杜威在華影響的挫折。（列入《教育與文化選集》）

本年　先生撰〈中華民國開國六十年體認國父的偉大〉一文。（文載《文教論評存稿》）

・吳百慶請先生赴美相聚，先生在其紐約近郊寓所，住兩月餘返港。

民國六十一年　一九七二（壬子）　先生七十二歲　夫人七十一歲

三月二十一日　國民大會第五次會議選舉蔣中正為第五任總統。二十二日選舉嚴家淦為副總統。

四月二十一日（農曆壬子三月初三日）先生先君漢章公百年冥誕，在佛寺請僧人誦經，並撰詩悼念。

百年冥誕亂中過，白首孤兒涕淚多。

一善俱無堪祭告，傷心破碎舊山河。

四月　先生為紀念七十生日所編之《教育與文化論文選集》在商務印書館出版。本書為先生自選集，依論文性質分：甲編，論一般教育與文化；乙編，專收有關研究杜威的學術與行誼者；丙編，選錄在英、美發表有關教育文化者。

冬　先生體溫有輕微升高，醫云無礙。

・先生赴美小休。

本年　先生開始與李幼椿、張子纓兩教授作每兩周之三人餐聚，商討詩詞並間及時事。

・先生開始參加香港詩壇與芳洲詩社。

・陳允、吳百慶攜外孫陳中和來香港小住後返美。

・先生撰〈張正藩教授著《訓育問題》序〉。（序載《文教論評存稿》）

民國六十二年　一九七三（癸丑）　先生七十三歲　夫人七十二歲

十二月　先生在美國Houston 婿陳允家度新年。後赴紐約，由婿張紹遠接往New Jersey 家小住。長子百益時來相聚。

・先生在紐約參觀Saint Johns University 及哥倫比亞大學，並訪問多位師友。

・張（紹遠）婿駕車遊美京，曾赴朱耀祖宴會。

・先生在紐約應新亞同學公宴，並應馬爾傑伉儷之邀，赴Little Rock 小住後，再往Houston 次女百慶家住數日，經洛杉磯搭韓航飛機，在漢城停留，參觀王宮，後搭機返港。

・增訂《教育哲學大綱》增加〈臺灣增訂版自序〉〔影本見第二〇九頁〕，由商務印書館出版。

本年　先生與Robert Clopton 教授共同由杜威在華演講中文紀錄還譯為英文之第一集John Dewey，

〔《教育哲學大綱》〈臺灣增訂版自序〉條目說明見前頁第十二行。〕

臺灣增訂版自序

本書在民國二十四年初印滬版。其後曾經數次複印。抗戰時期在民國三十二年發行渝版於重慶，也曾經幾次重版。勝利復員以後，又於三十七年在滬重版。政府遷臺以後，再複印臺版。迄今臺版已重印至十二版。這一本小書亦隨着國運而幾經滄桑，此時覆按，實令人興慨。

本書行世三十七年，雖然前後刊行多版，但是內容除了文字的修正而外，迄無實質的改變。其理由曾如渝版自序所說，並非由於原版已經完善無需改動，而是由於原書原在評述與教育有關的幾個哲學的根本問題；而哲學理論的時間性比較的少，非如科學或歷史著作需要隨時修訂。就哲學的時間來說，自它有史以來已經幾千年。過去數十年，僅是電光石火之一瞬而已，不能期望它有若何實質的改變。本書行世幾十年，尚未經淘汰，並非內容盡美，實由於哲學本身未有很大的改變。

可是近若干年來，有兩派新興的哲學，逐漸盛行，在哲學與教育方面也發生了相當的影響。這兩派新興哲學便是存在主義 (Existentialism) 和邏輯實證主義 (Logical Positivism) 這兩派哲學異於傳統的哲學。前者拒斥任何哲學的體系；後者則根本否認傳統哲學的內容，在哲學界引起了革命。前者起源並盛行於歐洲，也流傳於英、美。後者發端於維也納而發展於英國，並流行於美國。此兩派哲學儼然形成現代哲學的主流，對於教育的理論與實施發生了很多影響。我們講教育哲學，而忽略了這兩新興學派，自然是一種缺憾。爲彌補此缺憾，所以對於本書加以增訂。

在進行增訂以前，先經決定對於原書體例和內容不加變更而是在原書兩編而外增加新編。原書體例是根據本書作者所擬的教育哲學的三種可能的研究程序中的第一種程序而定的。（參閱本書第四四頁）這程序是以哲學裡與教育有密切關係的各種主要問題如心靈論，知識論，道德哲學及社會哲學爲綱，以各派哲學對於這些主要問題的解答爲目，然後評述各派哲學的解答在教育上所生的影響的。本書作者在中文教育哲學著作中始創此體例。在原書行世幾年以後，美國著名的教育哲學家 John Brubacher 教授的名著「現代教育哲學」(Modern Philosophies of Education) 也不約而同的取此體例。其後美國教育哲學家的著作還有繼續採此體例的。其中最著的爲 Van Cleve Morris 教授。他的「哲學與美國學校」(Philosophy and the American School) 的理論部分即是以本體論、知識論、價值論爲綱而以各派哲學的解答爲目而歸結於教育的應用的。這種體例，適宜於說明哲學對於教育的應用。雖然 Brubacher 在他前書的最近修訂本中已改變體例，他的處理教育哲學頗近於本書所述的三種教育哲學研究程序中的第三種程序，可是我認爲本書原來的體例適於釐清哲學與教育的關係，還是值得保存的。

如嚴格依原書體例，此次增訂，應該將存在主義和邏輯實證主義分別納入原書第二編各章。可是因爲這兩派哲學本身性質的特殊，不便如此處理。即如邏輯實證主義即是主張取消哲學的內容而僅僅保存其方法的。它對於哲學的根本問題，並無解答，並且認爲根本不成問題，自難與傳統的哲學派相提並論了。因爲此種考慮，作者便將此兩派哲學專列一編，成爲本書的第三編。此編共分兩章，分敘兩派的哲學主張和它們對於教育的涵義和影響。此編體例，却和本書所舉的第二種研究程序相當了。當原書撰寫的時候如序文所述，本想再依第二種程序分寫各派教育哲學的，現在增訂的新編也可算是一種開始。至於書後參考書要目，也已經增訂，把本書出版以後有關的重要著作列入了。

以上所述，乃是本書增訂的旨趣。最後關於本書的名稱，應該有所說明的。本書內容僅涉及西方教育哲學，中國的教育哲學並未論及，似乎應該稱為「西方教育哲學大綱」。可是作者還是保存原名。因為「教育哲學」這名稱本起於西方，其內容也是專涉西方的，而本書既以「教育哲學」為名，故其內容亦僅涉西方。這和「物理學」的著作只講西方自成體系的物理學一樣。誠然，中國過去雖無教育哲學的名稱，但有很多合於教育哲學性質的理論。如加以論述，應該另寫一部「中國教育哲學」。作者無此學養，深愧未能從事，只得望之於其他專家了。

中華民國建國六十一年春月吳俊升序於香港九龍寄廬

Lectures in China 1919–1920.在夏威夷大學出版部出版。本書為先生與Robert Clopton 共將杜威在華演講英譯而成。其後先生在《杜威著作導讀》（英文本）中撰述Dewey's Lectures and Influence in China（杜威在華演講及其影響）一章。該章經中譯在《東方雜誌》發表。（列入《教育與文化論文選集》）

・先生撰沙健庵遺作〈重印志頤堂詩文集序〉。（序載《文教論評存稿》）

・先生撰〈評介胡家健教授主編幼稚園課本〉。（文載《文教論評存稿》）

民國六十三年　一九七四（甲寅）　先生七十四歲　夫人七十三歲

春　夫人由珠海學院派赴臺灣參加東南亞輔導會議；提出論文，討論輔導工作之心理基礎，頗得參加會議人員讚賞。

夏　長女百平自臺北來港後，張（紹遠）婿與外孫張約禮亦來團聚數日，一同經歐返美。

・先生為新亞書院董事會撰寫〈反對中文大學由聯合制改為單一制〉之意見書。

十一月　先生寫回憶錄〈教育生涯一周甲〉，發表於香港《中華月報》。

本年　農圃道新亞書院原有土地及建築物轉讓新亞教育文化董事會一案，經港府核准，簽約。

・新亞董事會委員會集會，由先生主稿向教育部請款補助，並向新亞書院董事會建議，研究所經費中文大學本部停發，應改隸新亞教育文化事業董事會繼續辦理，均經新亞董事會通過辦理。

・先生參加孫哲生先生追悼會，陪祭。

・先生參加杜威學會在港會員茶敘會。

・張子纓教授離港返美，先生贈詩三首。李幼椿教授亦有和作，三人每兩週之雅集自此遂停。

民國六十四年　一九七五（乙卯）　先生七十五歲　夫人七十四歲

四月　先生應新亞研究所之聘，任導師，授研究方法論等科目，並指導研究生作論文。

四月五日　蔣中正總統崩逝。

六月　吳百慶在Polytecnic Institute of New York 取得化學博士學位。

夏　世界復健會議在東京開會，會後不少學者來港參觀，由香港復健會會員接待。夫人率同珠海學院學生十一人參與參觀，到離島香港痲瘋醫院參觀其心理輔導及復健工作。據該院醫護人員說痲瘋病不易傳染，而且病癒後可正常工作。據聞數年後病人多治癒，回到社會過正常生活。該院正式結束，各種設備轉移為其它用途。

本年　先生所撰〈教育生涯一周甲〉一文，經中華月報社同意，臺灣《傳記文學》分期刊載。

・先生撰〈論所謂「學系整合」與香港中文大學改制問題〉。（文載《文教論評存稿》）

・先生在香港大學附屬醫院療治疝氣，由外科主任王源美親施手術，一切順利。

・夫人在中文大學教育學院授教育心理學，受教學生由校外考試委員出題考試，成績獲得讚賞，夫人內心甚慰。

・夫人參觀多項復健工作，病人得心理輔導及專門復健工作，其後大部份都能正常生活。此次參觀為期三天。

・夫人率領學生參觀香港精神病院，觀察病人及病人接受各種心理輔導情形。後據聞多人恢復心理健康，返回社會過正常生活。

民國六十五年　一九七六（丙辰）　先生七十六歲　夫人七十五歲

五月一日　傳記文學社為先生之《教育生涯一周甲》印單行本出版，列入《傳記文學叢書》。本書為先生從民國三年起初學教育，以後任教及從事教育行政工作到六十三年止共六十年之經過憶述。先生自謙「六十年所經過的事雖平凡，但是始終沒有離開教育的崗位。……在後來從事教育者不無可以借鏡之處。」

冬　先生與夫人同赴美國領事館完成移民簽證手續。未久取得永久居民證書。赴美度假。

本年　港府與中文大學積極推進中大改制事宜，先後由大學指定一委員會建議學系整合，並由港府指定之富爾敦委員會作成報告書，主張改制，立法局並提出改制法案。為此先生在《明報月刊》發表〈論所謂學系整合與香港中文大學改制問題〉一文。

・先生在香港半島獅子會聯席例會以〈評論香港中文大學改制法案〉作專題演講。

・先生應邀赴臺北出席亞洲國會會員聯合國亞洲文化中心會議第二次亞洲學者會議，發表〈天下一家觀念與世界和平〉講詞。

・夫人在校外課程講授心理學，討論一些與生活有關實際問題，參加聽講者甚多。

民國六十六年　一九七七（丁巳）　先生七十七歲　夫人七十六歲

夏　先生應邀赴美出席「戰時中國（一九三七－一九四五）研討會」(Conference on Wartime China 1937–1945)。該會假意利諾亞大學舉行，會期三日。出席者有中美學者二十二人，由薛光前教授主持。先生在會中宣讀Education in Wartime China（戰時中國教育）論文。（其論文中文本載《文教論評存稿》）

本年　中文大學終於改制，為堅守原則，先生及李祖法、沈亦珍、錢穆、劉漢棟、徐季良、唐君毅、任國榮、郭正達九位董事登報聲明辭去新亞書院董事職務。

・先生撰〈近五十年來西方教育思想之介紹〉一文，分述各主要西方教育思想。如凱欣斯太納、涂爾幹、南尼、杜威的教育思想要點，以及傳入我國的經過和影響。（文載《文教論評存稿》）

・先生撰〈服務新亞書院始末記〉（影本見第二一六頁）一文，用以慶祝新亞四十四周年校慶，並作為個人在新亞服務的紀錄。

〔本文條目說明見前頁第十二行。〕

服務新亞書院始末記

今年欣逢新亞書院成立四十周年校慶。校慶特刊編輯委員會主席唐端正兄囑爲「話新亞」文字，以資紀念。余於一九六九年自新亞退休迄今，已經二十年，此時追憶往事，因記憶已差，初難着筆。幸探索舊篋，尙存若干有關文件，可資參考。爰寫成「服務新亞書院始末記」一文以備採擇，作爲慶祝四十年校慶之菲敬。

一九四九年因大陸變色，我政府暫遷廣州。余于役敎育部。是年適逢孔子二千五百年誕辰。敎部集會紀念。余請於部電邀在香港講學之儒學鉅子錢穆、唐君毅兩先生，在紀念會作專題演講。其時甚多學人避共暫集廣州。其中有張其昀、崔書琴、謝幼偉諸敎授。都有赴港辦學以延續中國文化之議。與錢、唐兩先生相遇，志同道合，因擬一同在港籌設學校。不久張其昀先生奉召赴臺。崔、謝兩先生遂赴港與錢、唐兩先生創辦亞洲文商專科學校。推錢穆先生爲校長。不久崔、謝兩位以別有任務，又先後離港，遂由錢、唐兩先生及在港參加之張丕介先生三人，共撑校務。後因文商專科學校不足以資展布，擬改組爲新亞書院。其時余適自敎部疏散來港，因與錢、唐、張三先生有舊，被邀參加籌備改組。余於向敎育司署立案，及擬議校名與籌募捐款，曾參與其事。改組事成，遂應聘留院任敎凡兩年。一九五一年敎育部派余赴巴黎出席聯合國教科文組織大會。會後赴臺覆命，正中書局復邀返局續任編審工作。繼又三次進教育部。前後在臺十年。在此期中，錢校長因公來臺，多相會晤。余對新亞之發展亦從旁贊助。

錢校長在臺時曾與余約定將來離部時，返新亞相助。一九五九年余已離部，在美國研究杜威教育哲學。錢校長因新亞將參加籌組香港之第二大學，發表余爲副校長，函電交馳，促余踐約來新亞任職。經過簽證周折，由英國駐港副總領事之面促，於一九六〇年一月離美抵港就職。錢校長旋應聘講學耶魯大學離校，由余代理校務。其時已由崇基、新亞、聯合三院合組委員會，準備合組大學。余代理校務數月間，內外因應，校務一切平善。中間並經過香港大學校長、香港總督、香港教育司之首次訪問、視察，或參加學生畢業典禮。後因懸掛中華民國國旗問題不能解決，錢校長提前返校。余始卸仔肩。但在三校籌組大學，及富爾敦委員會爲改組大學來港視察與計劃之過程中，余輔佐錢校長對外折衝，對內協調，曾盡心力。一九六三年錢校長忽以校務叢脞而萌倦勤之意，欲余繼任。余因新亞在遞嬗過程中，必需錢校長繼續主持，而余來新亞，原爲錢校長暫時分勞。以才力及健康關係，只能短期相助，絕不能繼此重任，請錢校長打消辭意。此消息忽傳至美國之耶魯協會。主席羅維德先生來函力勸余以校事爲重，繼任校長；而協會代表蕭約先生亦就近相勸。並告余香港教育司唐露曉先生曾告彼如余繼任新亞校長，彼將百分之百贊成云云。余未因此而改變初衷。曾函復羅維德先生婉謝厚意。但新亞董事會董事長趙冰先生因錢校長之建議，表示贊同，即將提出董事會正式提出。余聞訊甚爲惶急，亟赴趙董事長辦公室懇辭。因疾行失足，竟在渡海碼頭仆地，幸未受傷。渡海後見趙董事長請懇留錢校長，勿提繼任問題，當經許可，而錢校長因各方挽勸，亦打消辭意。余繼續相助。香港中文大學於一九六三年正式成立，新亞書院成爲基礎學院之一。一九六四年錢校長因辦學意見與中大當局不合而堅決辭職，再欲余繼任。余與錢校長表同情，決定同去留。後因完成錢校長去職前休假一年計劃，余同意短期留任，代理校務。由於在此以前已與夏威夷大學東西文化中心約定前往參與資深專家研究計劃，不便違約，因將留夏威夷期限由一年改爲半年。於一九六四年九月往該中心工作。校務暫由代余擔任副校長之蕭約先生代理。臨行前中大李校長希望余能回港後繼任新亞校長，並將請余兼任中大即將成立之教育學院院長。余曾表示回港後將不久退休，婉謝好意。在東西中心研究期間，新亞董事會遴選校長委員會曾推余眞除校長，函徵同意。余曾再函辭。一九六五年春季余離開東西中心返校，依約繼續代理校務至錢校長休假期滿爲止，即將離校。董事會多方物色繼任校長，人選久未得定。校內人心惶惶。校務委員會認爲校務不可一日中斷，因責我以大義，欲我續任校長，並依校章向董事會推薦，經過董事會通過。余因同仁及董事會諸公敦勸，誼不容再辭，因而改變初衷，於一九六五年七月正式接任校長三年。聘約期滿，因繼任人選未得，又續約一年，於一九六九年七月任滿退休。余過去再三辭任校長而終於任職四年。此中經過，校內外或不全悉，特在此縷述，以供校史資料。

余任新亞校長四年，蕭規曹隨，愧無多貢獻。但在此期內，經過若干重要事件，其值得話述者，亦有數端。最重要事件之一爲新亞由最初之商業登記（香港照例只准私立學校作商業登記。錢校長任內力爭，始將校章內之校名下"Limited"字樣省去，但性質未變。）在余任內，經商得港府司法部門同意，立案爲法人團體，具有法定各項權益。學校組織條例規程並正式通過立法局。然後即根據新條例規程改組董事會，增加港地文教工商界人士爲新董事。並即舉出工商鉅子唐星海、李祖法兩先生分任正副董事長。校內外觀感一新。學校地位亦因而增高與穩固。

余接任校長後關於學校行政，即宣布公開、公平、公決三原則。認眞執行。有關校務文件，不僅對全校公開，亦對社會公開。對於敎職員的聘任、升級、休假與進修，均經有關會議公平處理，不摻雜校長之任何情感因素。關於學校政策及重要事件，除爲董事會決定者外，均分別由校務及敎務委員會討論公決。校長只負提出建議與執行責任，不以個人意見專斷校務。此三原則余始終恪守，使新亞能尊師重道，成爲一學人團體，以行政爲敎育與學術服務，而不曾成爲官僚機構。余至今引以爲慰。

余在承乏校務時期，儘力充實敎師陣容，提高學生程度。由於敎師之盡心任敎與研究，學生之勉力向學，學校成績有相當優良表現。就學生成績而論，在三個基礎學院中，比較有優良表現。舉例而言：一九六五—六六學年度大學學位考試開始頒給優良學位。全校得此學位者共四十六人。新亞學生佔二十二人。幾及全數之半。一九六六年—六七學年度大學頒給優良學位及優異學位。在全校總數六十九個優良學位中，新亞學生佔二十九個，當總數百分之四十二。在八個優異學位中新亞學生獲得四個，當總數百分之五十。一九六七—六八學年度新亞學生所獲優良學位，佔大學全部優良學位百分之四二・七。所獲優異學位，則佔大學全體優異學位百分之六十。一九六八—六九學年度大學頒給榮譽學位改爲三級。新亞學生獲得第一級榮譽人數佔全體得此榮譽者百分之四十八；得第二級甲等榮譽者佔全體得此榮譽者百分之四十二；得第二級乙等榮譽者佔全體得此榮譽者百分之四十。學位考試成績，固然不代表學生之全部成績，但亦可見一斑。歷年保持此優良紀錄，似非倖致。尤其難能者，除少數學系而外，新亞所收新生，並非優秀之第一志願學生。經過四年之培植，而有此結果。師生敎學之辛勤，亦可想見。

新亞畢業生獲得英、美、加等國大學獎學金，而在國外研究院深造者，其人數歷年亦保持良好之表現。全數統計未詳，但可舉生物系學生作一特例。生物系歷年畢業生共約一百五十人，其中有半數之多得獎學金在英美加三國深造。在過去一個時期中，平均每年有五人得博士學位。此雖不能代表新亞全體畢業生之進修成績，但本科訓練之良好基礎，亦可見一斑。

至於教師之研究與著述，亦有優良表現。關於人文學科有若干權威著作出版。在商科方面，出版有重要教科書及參考書多種。關於科學研究，在世界著名科學雜誌，有不少論文發表。歷年並有出席世界學術會議及赴國外講學者。可見我校教師在辛勤教學而外，不廢研究與著述。

在余任期內，另有一事足紀者。一九六七年一部分共黨分子在香港發生暴動，波及學校。有一左派報紙攻擊新亞與「美帝」合作，甚至指余爲「文化漢奸」。一部分暴徒在新亞附近遊行，高呼口號，聲勢洶洶，情況甚爲險惡。幸賴全校師生鎭靜應付，得以平安無事。此時追思，猶覺驚心。

一九六九年七月余自新亞退休。行前承新亞董事會、教職員同仁、學生會、校友會，先後集會或設宴惜別，至今感紉。余出席最後一次之中大董事會時，承董事長關祖堯先生、校長李卓敏先生、新亞董事長唐星海先生致詞惜別，並對余在中大及新亞服務成績，謬加讚譽。余亦致詞答謝。臨行前李校長與崇基學院容啓東院長、聯合書院鄭棟材院長，分別設宴惜別，盛情可感。溯余在新亞校長任內，仍本錢校長之辦學精神，在大學聯合體制下，盡力維護新亞之立場與權益，未有遷就。但尚能與各方維持合作與和諧關係。臨行而有此愉快之氣氛，亦聊足自慰。

余自新亞退休仍暫留香港，繼續任新亞董事會董事。對於新亞前途，仍多關切。中大改制問題發生後，曾追隨董事會諸公主張維持原有聯合體制。曾作專文在報章發表，並作公開演講。但清議不敵權力，中大終於改制。最後與多數董事退出董事會，但維護新亞權益及新亞精神之努力，當可在校史留一紀錄。

在退出新亞董事會以前，董事會諸公及新亞一部分同仁思及新亞將來遷設沙田新址後，所遺農圃道舊址，應作爲繼續發揚中國文化及發揮新亞精神之基地，因而另組新亞教育文化公司，由新亞董事會決議將農圃舊址撥歸該公司。舊址原設之新亞中學與新亞研究所（因大學停撥經費而停頓），亦改屬該公司繼續辦理，並與改組後之新亞書院合作，共謀新亞精神之繼續發展。余追隨新亞董事會董事長李祖法先生及諸董事與新亞一部分同仁之後，終使此一理想得以實現。後來在新亞中學及研究所之外，又由新亞舊日同仁與畢業同學加辦新亞文商書院，而在農圃道內完成一教育體系。

余於前年在臺北出席國際孔學會議後經港返美。在港承新亞現任院長林聰標博士邀約參觀新亞，得與舊日同仁座談話舊。並承林院長邀約餐敍。舊夢重溫，至爲快幸。而在中大現制之下，林院長與諸同仁仍能盡力發揚新亞精神，尤感佩慰。頃聞港府又有對中大再度改制之議。黃臺之瓜，豈堪再摘？但望有司勿爲已甚耳。余在農圃道新亞舊址參觀，亦承舊日同仁同學歡宴話舊，並參觀新亞研究所、新亞文商書院及新亞中學。絃歌處處，光景猶昔，並感欣慰。而二十餘年前所植之柳樹，已經成蔭。樹人樹木，均堪紀念也。

余一生服務之機構以在新亞爲最久，而個人獲益亦以在新亞爲最多，故不辭覼縷，話述與新亞幾近卅年之關係，但望能爲新亞留一部分校史資料，並爲個人服務經過作一紀錄耳。

茲屆新亞四十周年校慶，余在此對於曾爲新亞貢獻心力並予我匡助之已故與健在之同仁，敬致懷念與感激之忱。對於新亞書院及農圃道新亞各校所有師生，均致意慶賀，並祝新亞書院與新亞有關機構永遠存在，前途無量；新亞精神繼續發揚光大！

民國七十八年

民國六十七年　一九七八（戊午）　先生七十八歲　夫人七十七歲

二月十九日　國民大會第六次會議在臺北陽明山揭幕，選舉蔣經國為第六任總統。選謝東閔為副總統。

四月五日　先生應中國文化協會之邀，在蔣中正總統逝世三周年紀念會講演〈先總統蔣公——偉大的教育家〉。（文載《文教論評存稿》）

夏　先生自港赴美出席美國哲學會東部年會，先赴小石城馬爾杰同鄉家小住，然後赴紐約近郊Irvington婿陳允、次女百慶寓所小住，長子百益、婿張紹遠、長女百平和外孫張約禮、陳中和都來相聚。然後赴波斯頓出席美國哲學會東部年會後返港。

八月十五日　總統令第五屆考試院院長楊亮功、副院長劉季洪任期屆滿，特任劉季洪、張宗良為第六屆考試院正、副院長。

九月　吳百慶來港短期休養後返美。

本年　先生弔唐君毅學長之喪，並唁其夫人。

・先生撰李鴻儒編《世界李氏宗譜》第二輯序。（文載《文教論評存稿》）

・夫人應次女百慶電催請赴其寓所小住，亦在長女百平寓所住數日後返港。

九、息影洛城

民國六十八年　一九七九（己未）　先生七十九歲　夫人七十八歲

六月　先生決定移美定居，辭新亞研究所教職，下半年即停止授課，俾作移美準備工作。

十一月十一日　中山學術文化基金會舉行本年度頒獎暨成立十四週年紀念典禮，由楊亮功會長主持。與會人員除受獎人外，應邀觀禮來賓多人。先生應邀為頒獎人並致詞。

十二月　先生將港寓出售，暫移居人人書局客房。

先生移美先至次女百慶在南加州Orange County之Huntington Beach寓所暫居。

本年　先生先後為徐達之師生書畫展、陳華畫展、王世昭家藏文物展覽，分別剪綵。

・先生參加新亞研究所畢業碩士論文口試。先生指導之蘇森明之〈曹植詩的研究〉，陳大為之

〈建安七子詩研究〉，黃兆強之〈趙翼史學之研究〉三研究論文，均經口試及格取得碩士學位。

・先生參加唐故所長君毅週年祭，獻詩致悼。

・先生撰〈評介《阮毅成自選集》〉。（文載《文教論評文稿》）

・夫人為移民局不予在港延期居留，赴美報到後返港。

民國六十九年　一九八〇（庚申）　先生八十歲　夫人七十九歲

八月十五日　先生赴臺北出席國際漢學會議。由孔孟學會陳立夫會長為主席及召集人，先生經公推向陳會長致頌詞，會畢返美。

十月　先生赴臺北參加國際漢學會議過港小住，與詩壇友朋相聚唱和，然後返美。

十二月二十四日　先生首次參加中央大學同學會年會，開會日適為先生八十生辰。長子百益亦為中大校友，父子一同赴會。先生帶去壽酒兩瓶，以是日適逢先生八十生辰，以壽酒為敬，引起會中歡聲，齊唱慶祝生辰歌，盡歡而散。

・先生撰〈生朝感懷詩〉。

庚申生朝感懷詩八首

草草浮生八十年，老猶稱健賴先天。故臺淒黯松楸折，母難重重涕淚連。

清寒家世莫為先，四代舌耕守一氈。樂育英才資國用，後生多少勝前賢。

事功學問兩無成，歷劫何堪說苦辛？不忮不求心自泰，天涯留得自由身。

自甘淡泊不憂貧，陋室蝸居自有春。且喜桑榆娛晚景，行吟時在大洋濱。

汪洋萬里望鄉關，何日重光得再還？鼎沸神州容袖手？雖臻暮齒愧休閒。

教育文存百萬言，作人哲理待重溫。中、西眾派期融會，德義知行欲俱尊。

家人子女晚相依，老適異邦與世違。猶有丹心存魏闕，平生志事未全非。

多謝親朋慶賤辰，詩文頒錫並多珍。異邦異俗難為壽，薄酒爭如故舊醇？

・和庚申詩者有陳立夫、楊亮功、劉季洪、劉章鳳齋、成惕軒、潘重規、阮毅成、徐季良、佘少颿、孔鑄禹、何敬群、徐義衡、涂公遂、李任難、王韶生、浦薛鳳、李書田、王裕凱、林仁超、戴學文、方遠堯、柯樹屏、溫麟、賈書法、張淵揚、朱耀祖、吳敬基、李亞白、區季謀、劉真、孫愛棠、陳克誠諸長者友好。

本年 由先生親家張迺藩（效武）在洛杉磯之Venice代為覓得寓所。夫人辭珠海書院教職來美，同遷入新寓。

・先生作〈農圃道新亞研究所與中學校園舊植鳳凰木十數年從未著花今年忽花開滿樹燦爛奪目喜賦一絕〉：

天心人意豈相違？陰極陽生繼昔煇。
農圃一株欣獨秀，不同眾卉鬥芳菲。

・先生作〈幽居太平洋之濱有懷香港詩壇諸詞長〉，嗣得香港詩壇同人和章計詩十三首，彙編為〈香港詩壇同人庚申酬唱小輯〉。〔影本見第二二九頁〕

・先生撰〈介紹楊亮功先生《早期三十年的教學生活》〉。（文載《文教論評存稿》）

・先生參加益壯會為會員。

・吳百益自紐約來洛省親，並與陳允全家餐敘，在寓所數日後返紐約。

・長女百平、婿張紹遠及外孫張約禮來洛城省視。

・吳百平進修電腦學，獲得Associate 文憑。此後即從事電腦專業。

〔本輯條目說明見前頁第六行。〕

香港詩壇同人庚申酬唱小輯

序引 涂公遂

庚申春吳公士選伉儷移居美國詩壇諸友曾設筵餞別不勝依依七月吳公自洛杉磯寄懷旋於出席台灣漢學會議之後過港小住復得流連茗敘唱和盡歡計詩十三首同人等囑公遂錄呈吳公以為紀念

幽居太平洋之濱有懷香港詩壇諸詞長 吳俊升

吟壇諸老近如何別後光陰半載過遷客離羣岑寂甚遠人念舊感懷多網珠絕筆哀詩伯僑邑因風憶玉珂縱目汪洋千萬里茫茫只見去來波

同人和章

其一 孔鑄禹

惠書飛報問如何又報行雲逐雁過放鶴人歸秋正好網珠月落感同多儒家詩教憑

宣鐸漢學經傳待振珂惜別亭前曾折柳爐峯重酌醉金波

其二　包天白

江湖行老奈余何僊躍欣聞海外過意闊雙翔分道遠憶深一雁帶愁多新開漢學羣賢會又振春風杏苑珂共喜華章同甲子相逢詩海定重波

其三　何敬羣

別後情懷各若何廻槎報道客星過蒹葭溯處伊人近鴻雁飛時秋水多言面有期重執手新詩先到想鳴珂東來紫氣連天耀已動鯤洋萬里波

其四　徐義衡

遠隔汪洋路幾何秋來又見塞鴻過年登大耋豪情壯雨化南天弟子多漢學重光求倚馬詩壇小集喜停珂長庚永錫期頤壽珍重滄江萬里波

其五　王世昭

天末懷人可若何驚秋雁訊忽經過半年荏苒難爲客四海烟塵事正多網底珠曾傳
絕調雲中鶴亦唳清珂茫茫一葦數千里應迓高軒到綠波

其六　李任難

萬里傳書問若何長天振翼破雲過儒冠老去豪情在漢學宏揚卓見多南浦送君曾
折柳西園返旆又鳴珂重逢正是秋光好與共紅樓醉綠波

其七　高蘊賜

天涯契闊悵如何失喜新秋雁影過養晦鶴閒培羽健凌寒梅老著花多藏山心力歸
鉛槧隔海潮音振玉珂最羨林泉酣美雨夕陽紅映綠鷗波

其八　文登山

遙想詩翁近若何爐峯秋色得重過海天風月吟情闊陸地神仙印屐多漢學羣賢尊
魯殿騷壇高隱出槃珂中興大業無妨老尚父垂綸釣渭波

其九　張江美

離會無常奈若何睽違轉瞬半年過重來海南趨陪少百讀江臯拜益多表表形神開世代堂堂詞賦比瓊珂天涯便欲隨君去太息橫流尚作波

其十　吳潄溟

萬里傳箴意若何徵車就聘許相過朋簪散落詩懷減漢學支離稗販多待拾叢殘明至道重來杖履失迎珂高秋勝槩成隅羨健筆如公老伏波

其十一　王淑陶

分携日幾何挂眼百靈過跨海心彌壯昌詩景特多吳淞曾剪水香島又鳴珂大漢天聲振汪洋萬頃波

其十二　涂公遂

古今梟桀數誰何叱咤鞭笞一瞬過痛令九洲民命盡哀餘百世劫灰多耆賢避地彌

民國七十年　一九八一（辛酉）　先生八十一歲　夫人八十歲

三月　夫人患膽囊結石，經住醫院割除，手術順利。

六月　先生赴紐約小住，探視吳百益、吳百平、張紹遠與張約禮，並會晤諸友好。曾訪國立政治大學校友會並致詞。

・先生在《東方雜誌》發表〈中國歷史上有關天才的幾種事實與觀念〉一文，由黎華標將先生英文原作中譯。原文發表於倫敦大學教育學院與哥倫比亞大學師範學院聯合出版之《教育年報》。

・夫婦由陳允及吳百慶伴遊墨西哥邊境，並經San Diego參觀水族館。

本年　先生經吳興鏞醫師診斷，有甲狀腺分泌過多徵狀。在Harbor General Hospital放射治療後，甲狀腺分泌分量偏低，經常服藥補充。每隔若干月復檢一次。

・先生撰〈論三民主義的綜合性〉定稿。（文載《文教論評存稿》）

・先生為王視學官齊樂著《香港中文教育史》作序。

王視學官齊樂著《香港中文教育史》序

余曾寄跡香港二十餘年，近半時間承乏新亞書院校務，與香港政府教育員司多所接觸；其中頗多謹飭文雅之士。貽余深刻印象者其著者為高詩雅(Crozier)、唐曉露(Donahue)、毛勤(Morgan)諸教育司官；皆出身英國知名大學，富文化修養，對中國文化有認識，並具尊重心。雖秉承其政府之政策處理教育行政，但對在香港為延續並發揚中國文化而艱苦締造之新亞書院頗多同情維護，使能獨立發展而成為中文大學基礎學院之一，其間經過余所親歷，至今迴溯猶令人感念而諸君則已先後作古矣。教育司署主管專上學校之員司為錢清廉、韓慶濂兩博士，與余在國內有舊，於公務上亦多贊助。惟余與中小學行政人員接觸則較少，有之惟視學官王齊樂校長。余始知王君，由於王君為書法家，偶於友人處見。余所書條幅而謬賞，亦索余書因而結翰墨因緣。余以是懸知王君雖廁身教育行政事務，亦一風雅士也。迨後王君於業餘復入珠海書院文史研究所隨羅香林元一、李璜幼椿兩教授治史學，而以〈香港中文教育史〉為論文專題。余嘗被邀謬主其論文評審與口試，因而親識王君而上下其議論，其人果然文雅博洽，證余向所懸測者為不謬也。王校長既以優異通過碩士論文考試，復不以自限，繼續研究就其論文，加以增訂與潤飾而成專書。書成復不遺在遠，萬里馳書屬余序其端。此書初稿余既曾寓目，並參加鄙見。此次覆按益覺內容精審為難得之佳作，故略述所見本書之特點以諗讀者，誼不容辭也：關於香港教育史事以往雖間有述作，但作有系統之編次與論述成為專書，此為首創，本書之特點此其一也。王君以教育行政官主持香港各夜中學多年，香港教育為彼所親自參與，以局內人記述局內事，由於其有第一手資料，故所述多詳實而可靠，本書之特點此其二也。過去及現在香港各師資訓練院校講授香港教育史，均始自英國統治香港而不探本溯源及於中國本土之教育與文化，此固政治之制限使然，但於香港教育之歷史背景不明，則所訓練之師資對於香港教育發展之實際了解遂不免狹隘膚淺矣。王君治香港教育史獨能高瞻遠矚探其本原，而上溯中國本土之文化背景及教育發展，其博洽通達實屬難能可貴，本書之特點此其三也。猶有進者，香港離中國而為治已百數十年，中國教育史家對於此間教育之經過均存而不論。但此三百九十八萬方哩之土地及五百十一萬之人民終屬吾土吾民，不論國際現勢之發展如何，將來終有重歸祖國之一日。將來撰述中國教育全史者將以王君此書補其空白，則王君對於中國史學之貢獻為不小矣，本書之特點此其四也。本書具此四特點可稱得未曾有之佳作，余樂於觀其成，故為此以弁其端。余書至此，頓覺過去二十餘年，余在香港所涉之人與事連類而歷歷呈現於目前，更不得不感謝王校長此作能使余重溫香島之舊夢也，是為序。

辛酉年春月八一叟　吳俊升序於美國西部太平洋之濱

民國七十一年　一九八二（壬戌）　先生八十二歲　夫人八十一歲

五月　吳百益受紐約市立大學基金會之補助，赴日本、臺灣研究「中國自傳文學」，經洛杉磯返紐約。

十一月二十四日　好友胡建人八十華誕，先生撰詩祝壽。

壽胡建人兄八十

傳經績溪胡，君出道不孤。振鐸五十載，成材多璉瑚。鄉校育才俊，國學坐皋比。
學部有徵召，君復供馳驅。神州倏變色，隨部赴行都。流亡賴撫輯，弦誦響巴渝。
違難來香澥，教澤海外敷。文化堅保壘，民心收桑榆。為國選多士，滄海少遺珠。
化育萬千人，儲材在海隅。報國建殊勳，儕輩孰能逾？君復篤友誼，久要情不殊。

故交有凋喪，子遺仗翼扶。患難見交情，緩急資沫濡。溯我與君交，憂樂久相俱。南雍共晨夕，相勉君子儒。學部繼共事，匡助何勤劬？播遷來芳洲，艱險匪言喻。硯田理舊業，世路多崎嶇。道義相砥礪，所慕在泗洙。平生肝膽交，數君意氣孚。幾度與君別，相念在遠途。我愧早休致，君猶勤宵旰。晚歲樂天倫，蔗境應自娛。海角冬景麗，八秩慶懸弧。故人在天涯，萬里傳歡呼。仁者壽無極，進酒傾觴壺。

本年　先生自印之《庚年酬唱續集》出版。前年（庚甲）為先生八十華誕之期，乃續《庚年酬唱集》，作〈生朝感懷詩〉，復承友朋紛贈瑤章鴻詞相賀，輯為《續集》。

・先生編《增訂約翰杜威教授年譜》完稿，用以紀念大師逝世三十周年。

・先生在洛杉磯加州州立大學日本改史討論會發表〈對日本修改教科書掩飾戰爭罪行之感想〉講詞。敘述日本過去藉教科書灌輸國民侵略主義的意識，侵略我國；以及民國二十年代，日本窺視平、津之際，以我國教科書鼓吹抗日為藉口，希圖問罪的往事及其感想。

對日本修改教科書掩飾戰爭罪行之感想

日本文部省修改教科書，掩飾第二次世界大戰中，日軍屠殺我國及東南亞各國人民罪行，已經激起全世界人之憤怒與指責，實在咎由自取。日本此種掩飾罪行措施，乃是侵略野心的復萌，實在是世界和平的隱患。日本一向都是藉教育，尤其是藉教科書，灌輸國民侵略主義的意識；過去的教科書之中，充滿了侵我中華及南進的暗示，企圖造成黷武與好戰的國民。而軍閥加以利用，遂引起侵華的戰爭，演成世界大戰，破壞了世界和平，而日本也自食其果，幾乎亡國滅種。現在不知悔禍，還要修改記實的教科書，掩飾罪行，欺騙國民，又將為侵略主義鋪路。既失歷史的公道，且為世界和平前途的大患，日本或將重演幾乎滅亡的悲劇。甚盼日本明智人士，自起糾正文部省這種狂妄不智的行為，也希望世界愛好和平的人士，一齊加以聲討。

此外，有一點使人特別痛心的，就是日本人對我國的忘恩負義，又是一回表現。日本侵略我國，屠殺我國人民，使我國遭受空前的慘痛與損害。日本戰敗以後，我先總統　蔣公及全體國民，以極大寬恕精神，不念舊惡，採以德報怨；既在列強會議保全日本天皇地位，使日本不致於分崩離析，得有今日。復優遣二百多萬日俘日僑回國，又放棄損害賠償，此種大恩大德，日本朝野，表面上雖很感激；但是到了國際情勢一變，立刻以怨報德。最令人痛心者，是趨炎附勢，對我絕交。其次是經濟侵略，對中華民國貿易儘量擴展輸出，而極度限制輸入。使我財經方面，蒙受絕大損失。尤有若干日本野心浪人，卵翼臺獨分子，希圖從中取利。甚至於今年的國際女子壘球比賽，在臺舉行，日本亦加以破壞。其他在國際事務方面，妨礙我國地位及權益措施，亦不勝枚舉。如此忘恩負義，猶以為未足。現在，對於侵略我國及屠殺我國人民的血腥罪行，又以修改教科書篡改歷史事實來加以掩飾，既然騙其國民，又將欺騙天下後世了——如此怙惡負義，實在令人更增憤慨。日本一向師法德國，德國對於屠殺猶太人罪行，從不掩飾，追查兇犯，從未放鬆；德國前總理，甚至於對受害猶太人叢葬墓地，長跪謝罪。日本對於德國如此公道開明的行為，何以不知師法，而自取怙惡不悛，貽笑國際？

另有一事，與日本修改教科書有關，可以在此敘述者，即是日本對於教科書的內容，一向特別注意。記得在民國二十年代，日本人窺伺平津，以我國教科書，鼓吹抗日為藉口，大肆叫罵，甚至於強邀當時北京大學蔣夢麟校長，到軍部問話，以抗日教育罪名，加於我國教育界，希圖借此興問罪之師。我當時在北大任教，激於義憤，在天津《大公報》發表〈我國並沒有抗日教育〉一文，說明我國在教科書中，只有記載受人侵略的事實，以激發學生的愛國心；只有愛國教育，並沒有抗日教育。一個國家在自己的教科書中，可以鼓吹愛國，甚至鼓勵侵略，而不許他國反對侵略實行愛國教育，實在是不合理不公道之事，應該自己反省。這篇文章，雖然是義正辭嚴，為我國教育界辯護於一時；但是日本人仍然大肆侵略。由於侵略中國，而引起後來的世界大戰。日本人在侵略失敗之後，最初顧慮事實鐵證和世界公論，在教科書中約略敘述侵略罪行；現在是因為國勢漸強，卻來修改教科書，掩飾其滔天罪行了！

從以上事實，可見日本人以教科書實施侵略教育，反對我國教科書實施宣揚反侵略及愛國教育，以及最後的修改教科書，以掩飾其侵略罪行。其以教科書來實施侵略教育的目的，是前後一貫的，並非出於偶然。我們鑒於一葉知秋，日本的野心未除，對於世界和平前途乃是一種威脅，是不容忽視的。美國現在鼓勵和幫助日本建軍，對英國當年助德抑法，前車不遠，可為殷鑒——這又是我對日本修改教科書，一點附帶的感想。

民國七十二年　一九八三（癸亥）　先生八十三歲　夫人八十二歲

一月　先生撰《文教論評存稿》自序〉發表於《臺灣教育》月刊第三八五期，民國七十二年一月出版。

《文教論評存稿》自序

本書乃是作者輯錄多年來所作文教論評文字而成。此類文字作者在過去六十餘年中多所寫作，亦曾數次輯錄。中華書局曾為出版《教育論叢》兩集。民國建國六十年，適當作者入世七十周歲，又曾輯錄續作論文，編為《教育與文化論文選集》，由商務印書館印行。韶光易逝，今年又屆作者入世八十周歲，適逢民國七十年國慶，又逢正中書局創立五十年局慶。作者曾兩次承乏正中書局編務。承書局徵文誌慶，因再輯錄近十年所作，及一部分過去所作，有關文教論評文字為一集，擬付剞刻，為國慶與局慶作一小小點綴。承正中書局總經理蔣廉儒先生允為印行，實深榮幸。本書所收各篇，均於篇末繫年。時距亙五十餘年，多具歷史性，可供研究文教發展者之參考。本書亦具有批判性，與過去所出各集性質大致相同，但亦有別異之處。過去各集，多對於文教思潮作持平之介紹與批判，而對於文化政策及教育方針，甚少正面之主張。良以作者以超然立場、客觀態度，衡論眾說，而慎於提出己說。既不願故立新論，以譁眾取寵；亦不願苟同舊說，以曲學阿世。惟作者由於多年從事文教研究與實際工作之經驗，終覺文教理論與實施，不可無最高原則為根據。因此在多年前已有〈中國哲學需要一種哲學〉論文之發表，在當時頗引起討論。猶憶姜琦伯韓先生曾為文響應，謂中國教育已有一種哲學，即是三民主義的教育哲學。後來崔載陽教授，亦以全部精力致力於三民主義教育哲學的研究與闡揚。作者對此，印象甚深。惟當時對於三民主義尚未作深入研究，未經深思熟慮，理得心安，不欲如當時義大利哲學家Gentile與德國哲學家Krieck之先例，對符合政治現實之哲學，遽爾從同。後來經過多年之比較哲學研究，以及對日抗戰期間從事教育行政之實際經驗，最後終於確信三民主義所涵蘊之哲學上本體、方法、價值諸論，以及歷史觀點與社會理想，最適於作為我國建立文化政策及教育方針之最高原則。依此原則，可以較其他任何哲學更能適合我國之時代需要，達到發展固有文化，維持民族獨立生存，及保障個人生活及人權之目標。因而決定對於三民主義作合理性之接受；而於抗戰期間與敵人生死搏鬥關頭，在拙著《教育哲學大綱》渝版自序中，正式主張：「中國教育哲學，無疑的應該是以三民主義為基礎演繹而成的一種系統。這系統的完成，便是今後中國研究教育哲學者的使命。」此種信念之確定，實為個人教育思想發展之里程碑。其後陸續在臺灣印行之《三民主義半月刊》創刊號中發表〈三民主義教育的綜合性〉一文，並續作〈中華民國建國六十年體認　國父的偉大〉，及〈先總統　蔣公——偉大的教育家〉諸篇，均為此種信念之繼續發揮。凡此諸篇，均收入本書以內。如能對於今後中國教育與文化之理論與實施，加強三民主義哲學之指導作用，而完成百年樹人之大計與復國建國之使命，實為作者之區區意願。至於書中其他散篇文字，亦多與此意願相符合，無俟贅述。惟在此提出本書性質之特點，以備讀者之商討與指正。正中書局負有發揚三民主義之特別使命，成立以來，業績輝煌。在此五十周年局慶良辰，敬祝其前途發展，鵬程萬里，與國同庥。對於艱難締造化私為公之本局創辦人陳立夫先生，以及過去及現在繼往開來主持發展本局事業之諸位先生，並致敬佩之忱。

本書所收論文除新作未刊者外，曾分別在正中書局以及下列出版公司與教育學術機構出版之刊物發表，特予列舉如下，以誌謝忱：商務印書館、中華書局、復興書局、中國文化大學、少年中國學會、東方雜誌社、明報月刊社、香港工商日報、香港華僑日報、傳記文學出版社、江蘇文獻資料社。

本書在付印以前承國立政治大學教授司志平兄費神代作終校，附此誌謝。

中華民國建國七十周年　吳俊升序於美西太平洋之濱寄廬

五月　《文教論評存稿》為先生在出版《教育論叢》之後，於其八十華誕之年，輯錄文教評論文字之書，由臺北正中書局出版。

六月　先生論文 "Dewey's Sojourn in China: His Lectures and His Influence on Chinese Thought and Education" 發表於*Chinese Culture Quarterly* 第二四卷第二期，民國七十二年六月出版。

十月　《增訂約翰杜威教授年譜》為先生就民國五十年先在《新亞學術季刊》發表，後經改訂，列入商務印書館出版之《教育與文化論文選集》之〈約翰杜威教授年譜〉增訂而成。參考豐富，記述詳密，尤其於杜威之重要著作，多有提要，對於杜威之人格行誼亦多所記敘。由商務印書館出版。

十一月　先生作《增訂約翰杜威教授年譜》自序〉在《東方雜誌》第一七卷第五期發表。

十二月　先生參加孔學會議後，經胡應瑞招待遊臺灣南部墾丁公園，由周大雅伉儷導遊。回程並歇臺中涵碧樓，由胡應瑞設宴款待。在臺亦曾倍受其他舊日友好款待。

本年　先生接前在北京大學教育系受教之劉文修、滕大春（現任保定師範大學教授）來函，請赴中國大陸講學，先生以年老體衰婉謝。

・先生參加旅行團，遊大峽谷(Grand Canyon)。

・先生自臺北飛美途中，曾在香港停留十日，訪問蘇浙同鄉會、中國文化協會、新亞書院、新亞研究所、新亞文商學院、新亞中學、珠海書院、能仁書院、遠東書院、中山圖書館、人人書局、調景嶺中學及香港書壇，倍受款待。在港諸長者友好復多招宴，或賜贈方物，至感盛情。承胡建人教授安排香港之行並加照護。歲暮，先生返抵洛杉磯。

•先生作〈丁卯初冬重遊新亞書院農圃道舊址，續辦研究所書院及中學諸同仁歡宴，見二十餘年前所手植柳樹已經成陰，喜而賦此〉。

當年植柳已成陰，老圃重臨喜慰深。

樹木樹人同濟美，弦歌處處響清音。

•先生作〈丁卯冬季赴臺北出席國際孔學會議，會畢過港，與香港詩壇詞長握手言歡承賜盛宴，並賦贈詩篇。爰疊東坡詩壁字韻奉酬雅意〉。

七載為謦欬，重晤欣此日。諸老各皤然，高年八九十。詩壇揚天聲，佳篇聯翩出。

世事多艱屯，明道無間隙。老成傷凋零，豪情思夙昔。海外舊吟侶，何幸廁前席？

珍重歲寒心。朔風正動壁。

•先生得表弟薛炳元在大陸去世之耗，輓詩悼念。

民國七十三年　一九八四（甲子）　先生八十四歲　夫人八十三歲

六月二十二日　先生母薛太夫人靈骸原葬南京雨花臺墓地。由堂弟吳宜先奉移至如皋車馬湖沈家莊祖塋，於六月二十二日與父漢章公合葬，窀穸永安，先生私衷稍慰。但未能趕回祭奠，仍為憾事。

十一月　先生撰〈小學教材的歷史研究之先河〉一文，評介徐珍編著：《我國早期小學社會教材發展研究》，文載《國教世紀》第二〇卷第五期，民國七十三年十一月出版。

十二月　先生多年比鄰通家好友前駐南韓及土耳其大使邵毓麟逝世。先生參加其喪禮，並致悼詞，並撰〈邵毓麟先生傳〉在《傳記文學》第四五卷第六期發表。

邵毓麟先生傳

邵毓麟先生，浙江鄞縣人。生於民國前三年（一九〇九）。祖諱某，父諱鶴亭，素以忠厚傳家。先生生而岐嶷，初習商業，後以穎異宜深造，遂游學日本。初入慶應大學習經濟。後以成績優異獲公費轉入九州帝國大學，習政治經濟，以學業出眾，經同學會推為校刊編輯委員之一。校刊言論素偏激，後由校令停刊。先生初不知此刊有校外政治背景，經此遂增對於政治之警覺。九州帝大卒業後，不久復入東京帝大研究院深造。於民國廿三年受四川大學聘，任教授。後受任為外交部情報司日、俄科科長。民國廿五年許世英先生奉使日本，以先生畢業日本帝大，精日文復洞悉日本國情，親訪先生，邀任駐橫濱總領事。其後日本與我國斷交，遂隨許大使返國，時民國二十七年也。

時抗日戰事已起，政府暫遷漢口。先生以張季鸞先生之薦引，蒙委員長蔣公召見，因陳日本現狀及抗日策略，蒙嘉納，立派為軍事委員會國際問題研究所組長。其後政府遷渝，改任侍從室祕書，隸陳布雷先生幕下。從此參與密勿，對政治外交大計，多所獻替。有時密呈說帖，多見採用。如此任侍從祕書者凡七載。中間曾於民國三十年奉派兼任外交部情報司司長。以不容於某次長辭職。於民國卅二年專任侍從祕書。

三十四年一月，奉派赴美出席太平洋學會國際會議，討論戰後如何處置日本。此會本為親共組織。我國歷次派學界名流參加，均未有警覺。此次會中，美國拉鐵摩爾及范宣德等均出席。會中主張流放日皇，並抨擊我國政府苛待中共，對於韓國獨立時間，亦主延期。均經先生發言駁斥，未有何決議。會後復奉命參加在舊金山舉行之聯合國創立會議。對我代表團有所協助。在托管制度小組會議中，主張托管之最後目標，應使受托管人民成為獨立國家。此議經大會通過。其後非洲等處各殖民地相繼獨立成國。

在舊金山會議期間，德國投降。歐洲戰爭告一結束。惟日本猶負固掙扎。先生在美與我駐美軍事代表團商議，向美方交涉，使我國參加美、英聯合參謀長會議，以期迅速結束對日戰爭而我國可獲應得戰果。交涉結果有望，先生乘美國軍機返渝報告。在途中已獲日本投降消息。抵渝後晉見委員長蔣公，即日奉令以中國陸軍總司令部參議名銜隨何總司令赴芷江，處理受降日軍事宜。曾擬訂〈各戰區日軍受降綱領〉為受降之準則。隨後與前進指揮所主任冷欣將軍往南京部署。日軍總司令部副參謀長今井武夫密告先生，岡村寧次總司令，有隨時「切腹殉國」之虞。先生以岡村為我方受降日軍之關鍵人物，岡村一死，在華日軍無主，必致混亂，甚或轉降中共，而軍械輜重亦將有重大損失，殊不利於我方。因兩次親晤岡村，曉以大義，反復勸喻，終於打銷其自殺之念。一本我方命令約束官兵，準期投降，並向我受降當局，繳出所有武器器材，而我方受降工作，得以順利完成。先生幕後勸喻岡村之功，不可泯也。

受降後不久，我方抵南京軍隊，不足兩團。忽有偽南京警備司令部某團偽軍譁變消息。何總司令令先生設法消弭。先生得我方地下工作人員之助，親往該團部曉以利害，遂致平服。其後，在京、滬地區考察情況，回渝向主席蔣公報告。旋奉命再返京、滬，協調肅奸與治安工作，及督導情報機關嚴中紀律。同時又奉命與交通部俞飛鵬部長負責全國接收事宜。先生赴京、滬公畢返渝；全國接收事宜，已改由行政院副院長兼經濟部長翁文灝負責。翁為接收委員會主任委員，欲先生副之。當以接收事宜，已經弊端叢生，恐翁亦無法收拾，因婉辭不就。

在此以前，主席蔣公已令先生使土耳其。正辦理手續間，陳儀奉派為臺灣行政長官，邀先生一同赴臺北，以客卿地位備顧問。對於治臺方針，及金融經濟政策，多所獻議。其最重要者為力主維持臺幣，不行法幣。此於穩定臺灣經濟及社會秩序所關甚大。返渝後復奉派為軍事委員會駐韓國中將代表，遂罷使土之議。恢復韓國獨立與自由運動，先生早經參與。韓國臨時政府設在重慶時，曾受聘為唯一顧問。此次派赴韓國，實孚始願。民國卅五年五月政府還都南京。正待出國間，軍事委員會國際問題研究所王芃生主任忽逝世。先生奉命暫代其職務。並為素所欽重之同志料理喪葬各事。不久此研究所亦告結束，而赴韓之議，因名義多次議論不決而失效。其時侍從室已因委員長蔣公膺選總統而撤置，先生遂暫歸閒散。

民國卅七年，曾隨張岳軍先生以私人顧問名義往日本作三個月考察。回國不久，徐蚌會戰失敗。陳布雷先生仰藥。先總統蔣公於卅八年引退。大陸隨即變色。蔣公於引退前不多日，猶顧念中、韓外交之重要，任先生為駐韓首任大使。因韓國同意手續稽遲，於同年七月始赴韓國履任。韓國自李承晚總統以下軍政要員，均為先生當年參加韓國獨立運動時舊識，故備受歡迎。同年先總統經李承晚大統領邀請赴鎮海會議。先生參贊其間，對遠東反共聯盟之議，多所策劃，以阻於國際形勢，未能實現。但經過鎮海會議，中韓邦交益趨親密。先生以曾援助韓國獨立，對韓國政界各黨派間之調洽，並多盡力。

一九五〇年北韓入侵南韓，韓戰爆發。二日之間，北韓軍即已逼近漢城，旦夕可下。先生即作遣僑與疏散館員及眷屬之應變措施，而本人則與少數志願館員留在漢城，準備與韓國政府同進退，詎知韓國政府不依外交慣例，未通知各使館已先撤離漢城，並不知其去處。正在情形危迫間，接美國使館通知，可以一同乘軍機撤退，除此別無交通工具。先生與館員不願陷敵被俘辱國，倉卒間別無選擇，因隨美使館同人撤離漢城，初不知其逕往日本福岡機場，以東京為目的地也。先生抵東京，即與外交部通電話報告撤離漢城經過。當局竟責以未隨韓政府進退。經解釋亦不見諒。時先總統已復職，先生逕以電話向蔣公訴說經過，並請考慮我國軍事援韓。蒙先總統溫語慰問，並告以我方決定援韓，令即返韓。先生奉諭即以駐韓大使身分在東京向路透社發表談話，呼籲聯合國軍事援韓，並謂深信中國政府將率先援韓，包括軍事援助在內云云。經廣播後，南韓軍民振奮。不久聯合國通過美國聲明，決定軍事援韓，因此韓戰轉機。先生返韓後在韓戰前線大田設使館臨時辦事處。旋我國正式致電韓國決計派兵助戰，但因美國持反對態度，李大統領亦顧慮如接受中國軍援，將影響美國援助，不敢接受，我方援助雖經先生數度交涉而未成事實。既而大田危急，我使館又遷韓政府所在地之大邱。自大邱又迫遷釜山。後以麥克阿瑟將軍出奇軍在仁川兩棲登陸，形勢劇變，聯軍不久即克復漢城。中國大使館亦隨遷原址。未幾中共軍參戰，以眾寡不敵，聯軍節節敗退。一九五一年漢城二次陷敵，我使館再遷出。同年三月共軍失利，被迫撤退漢城以北，我使館再返漢城，旋又隨聯軍撤出。在韓戰中我使館隨軍三進三退漢城，先生顛沛竭蹶，但仍不廢館務，隨時觀察戰況，向我政府作詳細報告，並建議對策。聯軍與共軍交綏，不能制勝。麥帥主張在中國開闢戰場，並接受我軍參戰，與杜魯門總統意見相左而被撤職。從此勝利無望，而先生素主之圍魏救趙策略，亦不獲實現，再留使韓國已無意義，且館務時受掣肘，遂辭職返國，時在民國四十年。先生在韓除外交肆應外，並於華僑之管教養衛，多所盡力。但均助華僑自為之而獲成效。在漢城屢次撤退時，保僑尤力，甚受僑胞感戴。

返國以後，由先總統蔣公聘為總統府國策顧問，並兼總統府政策研究室主任。此機構對外稱國際關係研究會，即現時國際關係研究所之前身也。先生獻議策動韓戰中中共戰俘來臺，及推薦負責人選，均蒙採擇。以後一萬四千義士之來臺，實肇端於先生之策劃也。其後先後奉派往泰緬邊境宣撫李彌將軍所率游擊部隊，參加聯合國第八屆大會，及視察在外使領館館務，均著辛勞。

民國四十一年中、日商訂雙邊和約。先生奉命代表國民黨參加我方特設之委員會，對於和約內容多所獻替。和約既成，中、日復交，當時曾有先生使日之說，因故未能實現。民國四十六年出任駐土耳其大使。土國居中東要衝，先生在任內聯絡日、韓使節，共取反共立場。又為增進中、土邦交，請土國國會議長及總理孟德爾先後訪問我國，又請土國邀請彭孟緝、蔣緯國兩將軍先後赴土訪問並考察。我國外交部聞利比亞將承認中共政權，急電駐外使節設法阻止。先生與利國駐土大使私交甚洽，經其介紹特往利國說其當局，終打銷承認中共之議而與我國訂交。

民國五十三年，先生以在土已八年之久，倦勤辭職返國。返國前偕夫人遍遊北歐及美、日、韓等國，仍不忘隨時從事國民外交。返國後任外交部顧問，並任中國文化學院教授兼日本研究所所長。民國六十六年以其子女在美迎養，遂偕夫人移居美西洛杉磯，仍不忘懷國事與世界局勢。余居處與先生寓所相隔僅咫尺，幾於朝夕晤對。先生時為述其從政及出使經過，並縱論天下國家事，不勝唏噓，若有憾焉。民國七十三年因久患巴金森病，體力就衰，後染肝癌，久醫不治，於十一月十四日辭世，春秋七十有六。遺夫人孫朔寧女士。子子先，美國意利諾大學哲學博士、Bell分支公司S. N. D. 副總裁，媳程川英。子子平，德國科隆大學法學博士，在聯合國任人事法規制訂及管理工作，媳羅其雲。子子凡，美國羅察斯特大學哲學博士，為德州儀器公司分部經理，媳朱如玉。女今修，法國巴黎大學畢業，在聯合國任翻譯工作，婿倪大夏。孫元，白朗大學學士，任職美國灣區電腦公司。孫女維民、芸，大學肄業。孫維立，孫女維安、理革、理達，均幼讀。

先生遺著《勝利前後》（有日、韓文譯本）、《使韓回憶錄》（有韓文譯本），均由傳記文學社出版。《使韓回憶錄》詳述韓國獨立經過，中、韓關係，與韓戰經緯，內容多據日記與正式文件，非泛泛全憑記憶之作。另有英文著作*From Sunrise to Sunset* 待刊。

先生一生除盡瘁政治外交外，對於齊家、待人、接物，亦有足紀者。先生長身亭立，儀表儼然。談論有風趣。齊家得夫人之助，一門之內，肅肅雍雍。教子女均博學成名，尤崇孝道。久病夫人護侍備極辛苦。疾劇時子、女、媳、婿，從美國各地更番來分勞侍疾。親調湯藥，時拂枕簟。當其歿也，盡禮盡哀，其孝行為叔世所少有，皆先生與夫人教孝之功。先生從政，對於元首竭其忠貞。對於誼兼師友人士，如張季鸞、陳布雷、王芃生諸先生均極崇敬，對於同事部屬尤多愛護。在駐韓大使任內，隨員葉復愷患急性胃潰瘍，出血甚多，瀕於危殆。在施行大手術時，以先生親輸血五百CC獲救。漢城危急，使館疏散館員，葉隨員感於恩遇，不願疏散，而欲與大使共危難，先生以其大病新愈，仍令疏散。其待部屬之仁厚如此。韓國李承晚大統領，對先生使韓曾遲延同意。後於赴臺訪問時，晤先總統蔣公，復對先生有微詞；而先生離上使任返國經檀香山時，仍過訪已經去職謫居之李氏。李氏時已病危，據悉曾數請返韓，均未獲准。其夫人請先生向韓總統朴正熙進言，准其返國。先生於訪韓國時，代為陳說，終獲朴大統領准其遺骸歸葬故國。不久，李氏逝世，終得歸葬。先生不念舊惡，而以德報怨，其風義有如此者。先生逝世前以余有相知之雅，比鄰之誼，又飫聞其生前諸事，囑於歿後表其墓。茲以先生火葬後靈灰暫置美國，爰先就所知撰次其生平，以俟當世立言君子，有所考焉。

論曰：昔人謂非才之難，而所以自用者為難。余以謂才智之士有其才矣，又能善於自用矣，如不得其遇，仍不能用其才。得其遇矣，如不能適其境，則仍不能使才盡其用也。若毓麟先生者，畢業日本帝國大學，博通政法經濟之學，精中日語文，又通英文，洞悉日本國情及國際情勢，富外交謀略，有縱橫捭闔之策，可謂槃槃大才矣。從政以後，參與密勿，奉使四方，忠勤奉公，不矜不伐，亦可謂善自用其才矣。蒙先總統蔣公特達之知，多所任使。隨侍之時，教督煦育，無微不至，可謂得其遇矣。然而終不能盡其才盡其用者何也？乃扼於境也。境者謂人事與形勢。以先生知日之深，為使日最適當人選，而日使數次缺出，當局曾有意任使，而大命終不及於先生者，因人事之未洽也。先生使韓，盤根錯節，冒險犯難，猶不見諒於部曹，終以館事諸多掣肘而去職，乃阨於人事也。史家梁敬錞先生序先生《使韓回憶錄》謂在大溪祕檔中發現先生一九四四年上先總統之〈與中蘇共鬥爭之實施計畫〉說帖。說帖中主張「對蘇採外交攻勢；楔入蘇聯與中共之間，造出其矛盾，更從中分化之。」梁先生謂：「此議在當時正合蘇聯之需要。史大林亦確有請蔣先總統赴蘇之措施。……嚮使一九四四年邵先生此策已切實推行，則一九四五年雅爾達會議必無代賣中國權益之事。東西歷史勢將重寫。」此重要策略之不獲實施，境為之也。大陸失陷，政府遷臺以後，先生復有東南亞反共聯盟之策略，以菲律賓不願開罪中共而未實現。在鎮海會議時，先生隨先總統策劃太平洋公約聯盟，以美國無意促成，李承晚亦有顧慮而無成議。至於韓戰時先生取圍魏救趙之策，屢次建議我國出兵參戰，並在中國大陸開闢第二戰場。雖經先總統之採納，與麥帥之主張，終以英國掣肘，美國不欲戰事擴大，亦不願於韓戰求勝，李承晚亦有所顧慮，而未實現。此非人謀之不臧，乃國際形勢阻之也。吾故曰有其才而能自用，又得其遇；如不適其境，則其才亦不能盡其用也。雖然，先生有大才而未盡其用，此豈先生個人之損失，實乃我國家與國際反共大局之損失也。惜哉！

本年　益壯會成立十週年，先生賦詩祝賀。

・國際著名數學權威陳省身教授與夫人來寓訪候。陳教授於民國三十二年由重慶赴美研究，先生任職教育部，曾為他安排搭乘美國軍機赴美進修，甚感先生在交通困難之時相助。（先生回憶多年前在香港時，陳教授已專訪致謝；此次過洛城又專程復致謝意，並贈佳釀，念舊高誼殊感。）

・先生前與 Clopton 教授共將杜威在華講演之中文紀錄還譯為英文，其中 Types of Thinking

Including 與A Survey of Greek Philosophy 兩次演講，經紐約書局 Philosophical Library徵得先生與 Clopton 遺屬之同意，在紐約出版。書名 *Types of Thinking Including: A Survey of Greek Philosophy by John Dewey*。此為杜威在華演講英譯之第二集。

・先生為李鴻儒編《江蘇旅臺、旅外人士資料彙編》作序文。

・長子百益、長女百平與外孫張約禮先後來洛省親，同往參觀Getty 博物館。

民國七十四年　一九八五（乙丑）　先生八十五歲　夫人八十四歲

七月　先生成〈教育哲學大綱問世五十年自序〉（自序見二九六頁）一文，先在《東方雜誌》第一九卷第一期發表。《教育哲學大綱》重版將該自序列入書內。

八月二十六日　中國文化大學創辦人張曉峯逝世，先生撰輓聯悼念。

一代文宗，靈歸天上。

十萬弟子，心喪瀛寰。

九月　洛杉磯中國文化大學校友為開追悼會，先生赴會並致悼詞。

十月　先生成〈曉峯先生之立德立言與立功〉一文，在《傳記文學》第四七卷第四期發表。

・赴紐約出席杜威學會五十週年紀念會。在紐約探望長子百益、長女百平、婿張紹遠及外孫張約禮，並訪問諸友好。

・《杜威在華講學錄》(*John Dewey, Lectures in China 1919–20 on Logic, Ethics, Education and Democracy*)在中國文化大學出版部出版。為此先生與Robert Clopton教授共同主譯，呂聰明博士Dr. Henry Lu 助譯之杜威在華講演錄之第三集。此集出後，杜威在華之系統演講，均已還譯為英文。

・先生經醫診斷，膀胱中有癌體，因住UCLA醫院，由Robert Smith醫師用Cystoscophy 法將癌體割除。十二月間再住院動手術一次。兩次手術順利完成。癌細胞已悉數清除，醫云癌細胞並未擴散，故易清除。以後須按三個月、六個月及每年一次覆查。第一次手術時，除次女百慶、婿陳允及外孫陳中和就近與夫人陪侍外，長子百益自紐約專程來侍。第二次手術時，長子百益、長女百平、婿張紹遠及外孫張約禮均專程來侍疾，並為夫人作伴。

民國七十五年　一九八六（丙寅）　先生八十六歲　夫人八十五歲

四月　先生經醫發現膀胱有黑點，在UCLA 由D. Smith 再動手術覆檢一次。幸非癌細胞復生。此次由陳（允）婿伴夫人在院照料。

六月　先生撰《增訂江皋集》出版。先生為教育家，但亦喜文學，平時輒有詩文創作。為提倡中國傳統文學，在香港時曾集所作詩古文詞出版《江皋集》，並刊行《庚年酬唱》初、續兩集。移美後仍不廢文事，蒐集《江皋集》出版以後續作之詩文，連同原集各篇，彙編為《增訂江皋集》，由臺北東大圖書公司出版。

・外孫張約禮在哥倫比亞大學畢業，得工程學士學位。先生赴紐約參加其畢業典禮。

九月　先生撰〈紀念陳啟天吾友〉在《中外雜誌》第四〇卷第三期發表。

十月三十一日　先生赴洛杉磯中國城參加先總統蔣公百年誕辰紀念會，王東原將軍講〈先總統行誼〉。

十一月十二日　先生赴中國城參加國父百二十一年誕辰紀念會，應邀講〈國父革命建國勳業的偉大性的再體認〉。

本年　先生在洛杉磯出席美國哲學會東部年會，參加成中英教授所主持之中國哲學小組。

民國七十六年　一九八七（丁卯）　先生八十七歲　夫人八十六歲

六月　國際孔學會議籌備處邀先生出席，先生論文以〈學記與現代教育精神〉為題。本月間論文完成先寄臺北。

十一月十日　先生飛抵臺北。次日即應中山學術文化基金會楊亮功董事長、阮毅成祕書長邀請，參加基金會成立二十二週年紀念及頒獎典禮，並致詞。

十一月十二日　國際孔學會議開幕，共開會一週。出席中外學者一五九人。先生除宣讀〈學記與現代教育精神〉(The "Shuechi" (Report on Teaching) and the Spirit of Modern Education)〔影本見第二六一頁〕論文外，並曾為其它幾種論文宣讀會之主席或講評員。又曾代表出席人員在宴會致謝詞，並向會議主持人陳立夫先生送紀念牌，致頌詞。

民國七十七年　一九八八（戊辰）　先生八十八歲　夫人八十七歲

一月十三日　蔣經國總統逝世。

二月六日　赴南加州華僑團體追悼蔣故總統經國先生大會，會中曾宣讀先生所撰之祭文。

祭　蔣故總統經國先生文

維中華民國七十七年六月六日，美國南加州各華僑團體謹以清酌素饈致祭於蔣故總統經國先生之靈曰：嗚呼！浙水鍾靈，誕生我　公。繼業垂統，中外所

〔本文條目說明見前頁第四行。〕

學記與現代教育精神

吳俊升

壹、學記與孔學

在中華民國舉行的第一次國際孔學會議以「孔學與現代世界」為主題。學記為孔學經典之一，也是孔學中關於教育原理與方法的比較有系統的記述，所以在討論「孔學與現代世界」時將學記特別提出，分析它與現代教育原理與方法有無相通之處，對於現代教育的實施有無可以啟示之處，實是切合於本屆孔學國際會議的主題的。因此我在此作一嘗試。

學記乃是禮記的一篇。禮記乃是孔子弟子及其後學者對於孔子言行的記載。傳至漢朝的戴聖，經他刪定為四十九篇而流傳至今。即是今日所通稱的禮記。這部禮記經過漢朝鄭玄注和唐朝孔穎達疏，到清朝收入四庫全書而成為現行的禮記版本。我現在就在這版本中特別提出學記加以研究。

學記是禮記的第十八篇。原來與學記併列的有第卅一篇的中庸和第四十二篇的大學。到宋朝經過朱子的特別重視，將這兩篇從禮記抽出，與論語、孟子合成四書，成為孔學家喻戶曉的典籍。由此可見禮記各篇在孔學中的重要性，而中庸與大學以外的各篇，其價值亦差可比擬。梁啟超便曾說過，「禮記四十九篇其價值雖然比不上論語，但內中亦有比論語還強的。」（註一）學記一篇雖然不能說比論語還強，但是就孔學中關於教育的言論而論，其周詳還可以補論語的不足，至少也可和梁氏所舉稱的禮運、樂記等篇，以及陳寅恪所重視的禮運、經解、樂記、坊記相提並論。（註二）張其昀則特別推重學記，認為「中國論師道最可寶貴的文獻，這顯然是孔子學說的流風餘韵」。（註三）學記在孔學中的重要性由此可見。

在孔學中關於教育的理論與方法與現代教育相通之處，單就論語一書中所記，至少可以舉出下列幾項。第一是「有教無類」。乃合於現代普及教育不分階級種族的最高理想。第二是「因材施教」。孔子認識了學生個性和才力的差異而施以不同的教導。孔門分四科即是依學生個性與才力而分別施教的。對他的學生同樣的問仁、問孝、問政，孔子均有不同的答覆。子路問：「聞斯行諸？」孔子答：「有父兄在。」冉有問：「聞斯行諸？」孔子答：「聞斯行之。」公西華因為孔子對同一問題而前後答覆不同，提出疑問。孔子答覆說：「求也退，故進之。由也兼人，故退之。」這是孔子因材施教最好的例證。第三是啟發式的教學。孔子說：「不憤不啟；不悱不發。舉一隅不以三隅反，則不復也。」這一段話張其昀解釋得最好，現引如下：他說：「這是啟發式的教學。為學貴自動自發的求，不可專恃教者的填充。自動自發，以其所得更能深入於心而有益於身。被動的填充其所得容易有食而不化的惡果。憤是憤懣；悱是悲憤。憤悱即感動而激勵之意。務當自強不息而不欲安於現狀。孔子對於不憤之人則不啟，對於不悱之人則不發。必待受教者有所憤有所悱而後為之啟，為之發。不憤不悱，即是自己不能發掘問題以求解答，而專待施教者的填充。舉，提示也。三隅不必拘泥於三。此乃反覆尋求觸類引伸之義。不復即不復告之也。如此之人，為學必少進益，不易有成。所以孔子嘆為『吾末如之何也已矣。』（衛靈公）縱為啟發，亦必勞而少功。孔子自身是『敏

2

以求之。』的（述而）。是發掘問題以求解答的。故必自發以求而後始有學業大成的希望。孟子曰：『君子深造之以道，欲其自得之也。自得之則居之安。居之安則資之深。資之深則取之左右逢其源。故君子欲其自得之也。』（離婁下）惟有啟發式的教育方能深造自得。惟有自動自發的教育方為合於現在之『教育者自教也』（Education is auto-education）的原理。」（註四）。

張氏所述孔子的啟發教育原理，實是深切著明。惟有一點張氏未曾提及的，即是現代的教育專詞所謂「啟發式教育」，「啟」「發」兩字即是從「不憤不啟，不悱不發」而來的。

以上概述了論語所講孔門教育與現代教育相通的幾項原理與方法，大多是學記中所記的張本。現在進一步探討學記中對於這些要項如何加以具體說明和補充，以見孔學中的教育主張如何與現代教育精神進一步的契合。

貳、現代教育精神

什麼是現代教育精神？這是一個難解答的問題。因為現代各個國家在教育實施上各有不同的表現，也各有特殊的精神；而在每個國家之內，每個教育學者也往往有各不相同的理論。因此很難說現代教育有何共同一致的精神。可是在現代紛異的教育理論與實施中，也未嘗不可就其異中求同，而舉出一些共通的精神。原來一切教育所須應付的對象，一是社會，一是受教育的個人。教育的功能，便在於謀求社會與個人之間的適應。因適應的方法不同，而發生制度與理論的差異。有的教育制度與理論以社會為主，注重社會化的目標。依社會的需要來訓練受教的個人，使他們適應社會生活。對於他們的本性智能的差異，以及興趣的所在，乃至個人自由，都少加注意。有的教育制度和理論則以受教的個人為主，注重人類本性，個性差異，尤其尊重個人的自由。對於社會目的和團體紀律，比較不加重視。這種以社會為重心和以受教者為重心的不同，自古已然。舉例而言：古希臘的斯巴達所實施的軍國民教育，係以社會為重心的教育一個極端的例證。而柏拉圖的理想國（Republic）中的教育主張，便是以斯巴達的實施為範本的。與斯巴達同是希臘城市國家之一的雅典，則是相反。它所施的乃是偏重於以個人為重心的文雅教育。至於現代西洋極權主義國家所施的教育，使個人完全屈從於國家，乃是以社會為重心的；而英、美、法、德等民主國家的教育，尊重個性與自由，乃是偏於以個人為重心。這兩種重心不同的教育，在教育史上一般而論，古時教育以社會為重心。但觀初民社會的族教（Initiation Ceremony）便知初民教育即是以社會化為教育目標的。不但古代為然。為家庭造就好子弟，為國家造就好公民，為教會造就好信徒，此乃古今中外教育大致一同的步驟。惟此種教育對於個人未免抑制過甚。所以在中國有孔子的民本主義教育，對於受教者的志趣與個性加以重視。西洋十八世紀起始有重視個人的自由主義運動而影響到教育方面。由盧騷（Henri Rousseau）的愛彌兒（Emile）發端，經過裴斯塔祿齊（Pestalozzi）、福錄培爾（Froebel）到杜威（Dewey）一貫的偏重從兒童本身講教育。直到美國前進派教育家（Progressive educationalist）的忽視教育的社會目標，一切應兒童的天性和個性進行教學，無固定的教材，也無固定的教法。兒童有學習與不學習的自由，無絲毫的強制。此種兒童中心主義的教育，不久以前已因太趨於極端而有改變。自十八世紀以來，此種以兒童為重心的教育雖曾代表了現代教育的一種精神，可是以社會為重心的教育，并未因此而停止。也自十八世紀起始，由歐洲各國開頭帶動全世界文明國家視教育為公共事務、為國家責任，把個人與教會所掌握的教育權逐漸收回而自行管理，並先後建立國家教育系統。教育的主要目標，由此確定為造就國家公民。因此社會本位教育和個人本位教育，同時為時代教育的精神所寄。這兩種重點不同的教育雖然在理論與實施上不免互相衝突，但是縱觀現在各國的實施，在社會與個人兩極之間往往能執兩用中，折衷調和，視各個政治背境與教育學說潮流而畸輕畸重，各自適應。因此雖是極權國家如蘇聯，在革命初成功時也曾邀杜威前往考察教育，並曾採取他的一部分的教育主張。而最主張民主自由注重個人本位教育的美國教育學者，也曾提倡一種Social Frontier運動，兼重教育的社會目標而對於前進教育運動的極端主張加以批判。至於我中華民國的教育宗旨以三民主義為最高準則。由於民族主義和民權主義並立而互相界限，在教育上亦是兼顧到社會本位與個人本位而加以折衷調和的。

講到此地，我們對於什麼是現代的教育精神這個問題，似乎可以得一解答。即是現代教育的精神是社會與個人兼顧的。更具體的說：現代教育精神寄於教育目的的社會化，和教育方法的個體化。

叁、學校所表現的現代教育精神

上文曾說現代教育精神在注重社會目標和個人價值兩方面同時表現出來。現在我進一步分析學記為何表現這兩種教育精神。

學記首先說明教育的目標乃是個人的社會化。它開宗明義便說：「君子欲化民成俗，其必由學乎？」又說：「建國君民，教學為先。」鄭玄為學記作註，首先說：「學記者以其記人學教之義。」學記中所記的既是學教之義，這化民成俗所由之學，乃是指的教育。至於「建國君民，教學為先」一句中的教學，教與學並說，顯然相當於今詞的「教育」。學記把教育視為化民成俗必由之道顯然重視教育的社會化的目標。至於把化民成俗進一步達成建國君民的理想，更是教育社會化的極致。我在上文曾經說過，教育自始即是以社會為重心的。在實施上雖然如此，但在理論上正式作此肯定，恐怕是學記所說為較早。我們如考西洋教育史，便見到在十九世紀後期以前教育學者所定的教育目的，一直是「個人一切能力的和諧發展」。所以美國的教育社會學家斯密斯在他所著的教育社會學原理（Principle of Educational Socialogy）中便曾說：「在十九世紀最後二十五年以前的全部教育文獻中，要尋求關於一種正式教育的社會目的的清晰敘述，是不可能的。」（註五）。要到十九世紀中期左右，法國的社會學家孔德（August Comte）首創了社會學，德國教育家諾道爾普（Paul Natorp）創立社會教育學，以及法國社會學家涂爾幹（Emile Durkheim）從社會學的觀點論教育以後，教育學者才注重教育的社會目的。舉例而言：諾道爾普在他所著的社會教育學（Social pādagogik）中曾說：「在教育目的的決定方面，個人不具任何的價值。個人不過是教育的原料。個人不能成為教育的目的。」（註六）。又說：「教育的目的只是社會化，因社會化而使一個民族的整個生活化。」（註七）。涂爾幹也表明教育的目的首先是社會的不是個人的。他說：「教育在於使年青人社會化……在我們每個人之中造成一個社會的我，便是教育的目的。」（註八）。經過這些社會學派的教育家的明白指出，教育的社會的意義和價值，才有理論上的認定。進一步的發展，便是十九世紀以來各個國家的先後建立國家學制系統，把國家化民成俗之事，視為教育的重要任務。而凡是新興國家在建國和治理人民方面，無不以教育為先務了。所以學記所說「化民成俗其必由學」，以及「建國君民，教學為先」實與現代教育的精神相契合，甚至可能是理論上的先驅者。

學記的內容最足以表現現代教育的精神的還在於注重受教者這一方面，也就是說它所記的教育方法，偏重於以受教者為本位。也就是偏重在自盧騷以來不斷發展以迄於現代的所謂新教育（New Education）或兒童本位教育方面。這一種發展趨勢與傳統的以社會為本位的教育實施相反處是在一切設施從受教者本身著想，注重受教者的身心發展的程序。依其發展而施行適時的教學，教以適時的教材，並用適當的教法指導學生學習。注重學生自習，教師只處於輔導的地位。同時注意受教者的個別差異而因材施教。受教者的興趣和需要，以及適度的行動自由，也予以尊重。工作與遊息也予以適當的配合。這些措施或多或少在現代各國的教育理論和實施中都有表現，而代表現代教育的一種主要的精神。學記中關於這種精神的表現，比注重教育的社會化的目標，更為顯著。現在列舉於後。

學記之「學」乃指教與學而言。說「建國君民教學為先」，把教學兩事并稱。這是不僅注重教還注重到學。傳統的教育往往只注意到教者如何教而忽略了學生如何學。學記中教學並舉，不僅指示了教者應如何教，還指示了教者應指示學者如何學。現代我國師範學校的課程中過去有「教授法」，現在則改為「教學法」，便是要教者不但知道如何教一種學科，還要教學生如何學這一科。即如說“Teaching John reading”這句話，在現代教學法中便是重在不僅是教者教讀法，還重在要教學生約翰如何學讀法。教師如何教與學生如何學，要同樣顧到，才可增加教學的效率。學記中教學並舉，並提出了具體的教學生學習方法（後詳）實是符合現代的新教學法的精神的。

學記注重教與學兩方面，還加強了教師與 學生的關係。教師勉勵學生學習，學生愈學習愈感覺其智能的不足。教師教學生學習，學生智能愈進步，教師愈覺的教學的不易。學生感覺智能的不足，才能自我反省，再求進步。而教師感覺教學的困難，才能更發憤自強，自求智能的充實。如此教師與學生互相激勵，彼此的智能均有所增進。學記所說：「學然後知不足；教然後知困。知不足然後能自反也；知困然後能自強也。」故曰：『教學相長也。』這實在師生關係最理想的境界。孔子自認「學不厭，誨不倦。」學記的上一段話，乃是孔子師道的發揮。而現今中外大學的鼓勵教師在教學時更求自己智能不斷的充實。一面教，一面作研究。要時時有著作與發明。甚至於有“Publish or perish”的警告，實是與學記教學相長之說相契合的。

現代的教育制度分小學中學大學三階段，每階段各有規定的課程，循序而進。每階段教學的結果，也分別有考核。學記依家塾、黨庠、術序和國學，分段的順序施教。每隔一年考校一次。第一年要考核學生的「離經辨志」，即是要看學生離開經書能否自己立志。三年要考核「敬業樂群」，即是要看學生能否崇敬他的學業，和能否樂於度群體生活。五年要考核「博習親師」，即是要看能否有廣博的學習和能否親敬授業的老師。七年要考核「論學取友」，即是要看學生能否不僅個人學習，還要看能否取擇益友，共同論學。經過這七年的考核能以及格，這樣的學生可算「小成」。學生受教經過九年最後加以考核，如果能「知類通達和強立而不反」，謂之「大成」。就是學生受到九年教育以後，能夠觸類旁通成為一個通材；而學行強固，成一勇往直前的獨立人格。這便是達到「大成」的境界，也就是大學畢業了。這樣的大學畢業生，從政施教，便足以「化民易俗」了。

學記如此規定教育分段和課程及考核辦法，與現代教育的分段施教與考試在辦法上雖不相同，但是精神是相通的。

學記說：「不學操縵，不能安弦。不學博依，不能安詩。不學雜服，不能安禮。不興其藝不能樂學。」這是說學習某種智能，必先作準備功夫。要彈琴瑟如不先學調弄絲弦，使手指熟練，則不能安弦而得正音。學詩如不先多曉譬喻，則不能學詩而理得心安。因為詩中多用譬喻之故。學禮如不先明白各種雜服以明服制的差別，則學禮不能心安。這些學記所舉的事例，乃證明要學習一種正業，必對於與正業有關的活動，先作準備。這是合於現代學習準備原理的。

傳統的教學有時不免以繁重的教材科責學生學習，使學生困倦不得休息，反而事倍功半。又使學生勤修學業，只有工作而無遊息，因而身心疲勞，學習乏味。這是傳統嚴格教育的通病。學記為矯正此通病而說：「故君子之於學也，藏焉、修焉、息焉、遊焉。夫然，故安學而親其師，樂其友而信其道。是以雖离師輔而不反也。」孔穎達疏中說此段說藏修息遊無時不忘於學。對於學記原義似有誤解。孔氏如生於現代，看到學校對於藏、修、息、遊的安排，當不致有此疏失。原來學記所說，正與現代學校的實施相合。「藏」是學生居校。「修」是修習學業。「息」是指休息。「遊」是指遊玩。除藏修有志於學而外，休息與遊玩正是離開學業而優遊自在。這是注意到學生精神張弛的節奏，不但祛除疲勞有利於健康，並且可增加學習效率，又可增進與師友間的親善和諧關係。現代學校都訂有藏修息遊的生活時間表。在上下課之間以及課後有休息時間。寒暑和公共節日有假期。正課以外有各種遊戲，且有校外旅行。既然調節身心，也是一種休閒教育（Leisure education）。學記對於學生生活能夠藏、修、息、遊兼顧，不但與現代教育精神相合，而容許學生遊樂，也是孔子嘉許門人曾點「浴乎沂；風乎舞雩；咏而歸」之遺意。（註九）

學記最重教學方法。這與現代教育因兒童學與教育心理學發展後對於教學方法的注重，是同一旨趣。學記講教法，先對不良教法加以批評。「今教者呻其占畢，多其訊，言及於數。進而不顧其安，使人不由其誠，教人不盡其材。其施之也悖，其求之也佛。夫然故隱其學而疾其師，苦其難而不知其益也。雖終其業，其去之必速。教之不刑，其此之由乎。」這一段話對於不良教法批評得淋漓盡致。大意是說，只令學生吟誦課文，不令了解意義。對於學生多多發問，而近於煩數。因此只求急進而不顧學生的安心受教。使學生作事而不是出於他的誠意。教學生又不能使他儘量發揮其材能。這樣的教法，是不合適的。對於學生的要求，也是不能使其心悅誠服的。因此學生在學業方面不能推誠相見而怨恨他的老師了。所以怨恨，因為作業太難而又不知其益處何在。如此雖然勉強終業。學問必然很快的還給老師了。教育的失敗，便是如此。

以上是學記對於傳統一般教法的批評。那麼學記的積極主張是什麼呢？學記提出「豫」、「時」、「孫」、「摩」四字要訣。「禁於未發之謂豫」。不良的習性或行為，在未發之前，先加以禁止，這是「豫」。既然發生以後才處理，則多衝突而不能生效所以說「發然後禁，則扞格而不勝」。「當其可之謂時。」「豫」是防於未然。「時」是適時而施。該禁的要禁於未然。該學的應該適時施教。原來個人心理的發展有一定的程序。什麼時候適宜於學習什麼教材，現代的教育心理學有所說明。學記提出「當其可」而教，便是適時而教。不然則是「時過然後學，勤苦而難成」了。「孫」是什麼？「不陵節而施之謂孫」。這是說已經適時而教學一套教材了，而對於這一套教材，應依其內容的難易而別其施教的先後，循序而進，不可雜亂。不然則是「雜施而不孫，則壞亂而不修」了。「摩」是什麼？「相觀而善之謂摩」。乃是要同學互相觀摩。「如切如磋」，「以文會友，以友輔仁」，乃是此義之擴充。如其反其道而行，那便是「獨學而無友，則孤陋而寡聞」了。教學如能做到「豫」、「時」「孫」、「摩」就是成功之道。如不能做到，又加上「燕朋逆其師，燕辟廢其學」，這便是教學失敗之道了。（註十）

學記所講教學成敗之道，實符合現代之教學原理。

學記對於教學方法除提出豫、時、孫、摩，四字訣外，又提出一個「喻」字。「君子之教喻也」。喻是循循善誘使學生相悅以解之意。如何能做到喻呢？學記有指示：「道而弗牽，強而弗抑，開而弗達」。「道而弗牽」這是指示教者在教學時領導學生上學習之路，但要他們自己前進，不要牽著他們的鼻子走，而使他們完全被動。「強而弗抑」是要教者強勉學生學習但不要挫抑他們的個性（註十一）。「開而弗達」是要教者對於學生的學習開其先路，但要他們自己努力求進。教者不可過分出力以求學生的通達。教者這樣做，有什麼好處呢？「道而弗牽則和」。學生不處於被動被牽率的地位，可與教者親善相處，不致有損和氣。「強而不抑則易」。師生無衝突，可以和易相處。「開而弗達則思」。學生欲自求通達，那便非自己用思想不可了。「如此可謂善喻矣」。這種循循善誘的方法，乃是由於教者處於輔導地位，使學生自動自發，自己思考，乃符合現代新式的教學方法。

「學」與「問」合而為「學問」。在孔門，博學與審問，同為治學方法。孔門最重問答。論語一書，有相當部分為師生問答的紀錄。後來宋明儒家有語錄有近思錄有傳習錄，也多是師生問答的記錄。學記雖然說過「記問之學不足為人師」，但是對於師生問答作為教學的重要方法，則有詳密的說明。學記要學者善問，教者善答，使問答收到教學的效果。如何才算善問呢？「善問者如攻堅木。先其易者，後其節目。及其久也，相悅以解。」這是說善問之人如匠人攻治堅木，先從易攻之處下手，然後斫其節目，可以迎刃而解。此乃比喻善問者發問，先易後難。教者依問題難易之程度而作答，師生可以相悅以解。但是學記以為學生發問，也不可躐等。「幼者聽而弗問，學不躐等也」。這是說長幼一同受教之時，幼者學力不充，多不能問。問亦無當。所以任其聽而不問，以免躐等。這也是因材施教之意。但是幼者在聽講時也有他不成熟的問題，仍宜鼓勵發問。在學記發表時，兒童學習心理未明，所以有此限制。直到今日甚至我國的大學生無論在國內國外，仍然多是「聽而弗問」，也許多少受此成訓的影響。

以上是從教學生如何發問而說。從教師答問而說，亦有善答與不善答之分。學記說「善待問者如撞鐘。叩之以小者則小鳴。叩之以大者則大鳴。待其從容，然後盡其聲。不善答問者反此」。這是以鐘受撞後的應聲比喻教師的答問。問少則少答。問多則多答。等到問者從容了解盡情發問時，則盡情以答。所謂如響斯應。教師如不善答問，或問少而答多，或問多而答少，或不待問者從容了解充分發問，而將深文大義一次和盤托出，俱不是理想的答問之道。

以問答進行教學，學記還另有兩點指示；一是必待問而後答，不作直接提示。所謂「觀而不語存其心也。」鄭注此句說「使其憤憤悱悱，然後啟發也」。正是不直接提示之意。惟有「力不能問，然後語之」。這是說學者對於教材內容因為過深無發問的能力，教者才自動提示，否則還是鼓勵學生發問。

現代教育從心理學中的學習心理獲得啟示，因而創新不少的教學方法。其中特有問答法一種，上述學記中在教學方面注重師生問答所提示的方法，和現行的問答法很多契合之處。

學記中對於教學的進行，除了用問答法而外，也注意到教者於答問而外要有自動提示。其目的在於將自己的學問，傳給受教者，此即學記所說「善教者使人繼其志」。直接提示教材，有賴於講述。應該如何講述呢？學記說：「其言也約而達，微而臧，罕譬而喻，可謂繼志矣。」孔疏說：「約而達者出言寡而顯明易解。微而臧者義理微妙而說之精善。罕譬而喻者取譬罕少而聽者皆曉」。這便是現代學校所用的講演的準則。

現代教育就學生本位著想，多注重學生的個性差異而主張因材施教。中小學有能力分組辦法，大學有選課制度。學記本孔門因材施教的遺規，也有適通應學生個別差異的辦法。學記說：「人之學也或失則多，或失則寡，或失則易，或失則止，此四者心之莫同也。知其心然後能救其失也。教也者長善而救其失者也。」這是從學者心理上的個別差異而發現有的人在學習時失之於貪多，超過他能力之所能勝。有的人不充分使用其才能，學習分量務求其少。有的人自恃才能，不測學問的高深，把它看得太容易。有的人把學問看得太難而中止不前。這些都是由於心理上的個別差異。知道這些差異，才可以分別救治學者之失。教學的作用，就是取學生之長而袪其短。這是很明顯的注意到現代教學之適應個性原則。

以上所舉多是學記中關於智育的原理和方法。學記所記關於德育方面較少。它所講的與德育有關的話，便是「夏楚二物，收其威也」這一句。這明明是「扑作教刑」從事體罰了。與現代教育精神似有違背，可是體罰雖非理想訓育方法，而在現代國家仍未完全廢除。即在西方家庭，對於幼兒有時仍不免施行體罰。學記既主張過失禁於未發，用體罰的機會當然不會多。夏楚二物用以示威也是禁於未發之措施。何況依現代學習心理如桑戴克（Edward L. Thorndike）的效果律（Law of effect）所示，行為所生之結果如得快感，則增強此行為。如生有不快感，則抑制此行為。我們如要加強某種行為，須用獎勵使生快感，如欲抑制此行

為 則需用懲罰，使生不快感。所以獎懲在訓育上應並用而不可偏廢。不過懲罰之法多端，不一定要用體罰。連偏於重視個人自由之盧騷與斯賓塞爾（Herbert Spencer）也都不忽視懲罰。不過他們所主張的乃是「自然懲罰」而已。至於現代心理學家施基納（Burrhus Frederic Skinner）在他的超於自由與尊嚴（Beyond Freedom and Dignity）一書中，把教育人看做和訓練動物一樣。訓練動物純憑制約作用（Conditioning）。教育人也同樣以獎賞鼓勵某種行為，用懲罰抑制某種行為。在他的教育方案中，只有獎懲，沒有任何道德的勸勉，與人格的尊崇。因此他把自由與尊嚴看做神話。他這種最新的也是最極端的理論，雖然未必完全正確，但是懲罰為改變人類行為的手段，仍然是不能不承認的。我舉出現代學習心理的實例，並不是為學記中關於體罰的記載作辯護。只是表示懲罰仍未與現代教育精神完全相違而已。

最後要指出的是學記對於教師的尊重。特別注意教師的責任在於授業傳道。「師嚴然後道尊」，尊師所以重道。「道尊然後民知敬學」。教師的影響不僅及於受教的學生，還影響於一般民眾。對於化民成俗更有直接的影響。所以對教師應該加以尊重。學記述尊師之道甚至說到「天子不得而臣」，「雖詔於天子無北面」。這種尊敬之道，在學記以後各朝代，也有實行的。如宋朝皇帝之尊禮程頤，即是一例。

在現代教育中除中國及東方少數國家仍重尊師傳統而外，其他各國政府、社會及學生，對於教師的地位，似少尊視。但是因為孔學影響，美國最近已有少數州政府明定孔子誕辰為教師節。聯邦議會亦有此提議。尊師風氣，也漸漸開啟了。

學記尊師甚至由「作之師」推到「作之君」的地位。它說：「能博喻然後能為師。能為師然后能為長。能為長然後能為君。教師也者所以學為君也。」這明說教師乃是國君的候補人物了。孔子為至聖先師，有德而無位，故稱素王。學記如此重師，或者有見於此。至於現世教師有志於政治而要直接建國君民者，亦不乏其人。為梁漱溟之鄉治主義，主張劃定鄉村為一政治單位。此單位內設一鄉治學院，由學院主持全鄉政務。希望由治鄉進而治國，由教育者為之長。這似乎是襲學記以師為君之遺意。再徵之於西洋現代，在第二次世界大戰以後，美國有一時期發生經濟恐慌。哥倫比亞大學師範學院教授奉杜威為領袖，發起所謂Social Frontier運動，要用教育力量直接從事社會與政治改革。他們主張由教育家自身決定社會與政治理想制度，以教育力量求此理想的實現。必要時教育家還要直接領導此種運動。因此他們從事組織政黨，直接過問國政。這樣做法將以教育者身份直接負建國君民之責任了。學記對於教師最高的期望竟在近二千年以後有此不約而同的嚮往。可說是古今人意想相通的一個有趣的例證。

肆、結語

從以上對於學記的研究和分析而得的結果可見學記所述教育理想與方法，乃是對於論語所記有關教育部分的進一步的發揮和補充，實代表孔學中有關教育的主張，而此主張大都是和現代教育精神相契合的。現代教育的精神大體表現於目的社會化與方法個體化兩方面。學記同時表現了這兩種精神。它主張以化民成俗建國君民為教育的目標，實與現代教育之社會化與國家化的精神相合。它之主張教與學並重，教育須分段進行，逐段考核。學生學習正業須先有準備。工作與遊息宜有配合。教學方法注重豫、時、孫、摩。要學生自發自動。學生要善問，教師要善答，使教學效率增加。教材與教法要適應學生個性差異，因材施教。這又都是和現代教育在方法上個體化精神互相契合的。至於學記尊重師道並可補西方國家教之不足。在近二千年以前學記所記竟能和現代教育精神相契合，且可補其不足，可以說開代風氣之先，也可供現代教育的借鏡。常言說：「孔子聖之時者也」，又說「孔學萬古常新」學記至少在教育方面可為這種說法作有力佐證。

附註

(一)梁啟超，孔子第七頁。

(二)張其昀，中華五千年史第五冊第二〇〇頁所引。

(三)仝上書第四九頁。

(四)仝上書第四七頁。

(五)吳俊升，教育哲學大綱第二〇七頁所引。

(六)Paul Natorp, Social Pädagogik, p.273。

(七)仝上書，p.245。

(八)Emile Durkheim, Education et Sociolagie, pp.119-121。

(九)論語，先進。

在此附述一故事。民國二十年間，我國行政院孫科部長建議廢除學校假期以增進教育效率本論文作者適任教北京大學。蔣夢麟校長與作者討論此建議。結果認為不可行。蔣校長作者主稿具呈教育部。呈文內除據教育原理及各國實施外，並引據學記藏修息遊並重之載，反對廢除假期。教育部據此，又因反對者多，遂罷此議。近二千年以前之古訓，可今用，亦可見學記之時代精神。

(十)「燕朋逆其師」兩句，因鄭注孔疏解釋未免牽強，故存而未解。

(十一)「強而弗抑」鄭注孔疏「強」字均作平聲解，似不可通。本文「強」字讀作上聲，作勉解似較妥。但亦未敢認為的解。

崇。天胡不弔，遽喪　政躬。僑胞聞耗，憂心忡忡。溯　公生平，純孝精忠。天縱之姿，命世之雄。少經患難，壯歲在公。從政抗日，早建勳功。大陸變色，峙立海東。整軍經武，固守待攻。經濟建設，國富民豐。全民擁戴，繼武　元戎。十年大成，四海從風。更崇民主，朝野溝通。宵旰勤勞，力大願洪。反共復國，遠期大同。豐功偉業，如日方中。山崩地坼，去何匆匆！僑眾興悲，涕淚濛濛。惟　公謀國，貫澈始終。付託得人，國運昌隆。海外懷德，哀思無窮。

嗚呼哀哉！尚饗。

六月　先生撰〈任國榮與陶振譽〉一文在《中外雜誌》第四三卷第六期發表。

・外孫張約禮獲得哥倫比亞大學工程碩士學位後，進紐約市政府有關工程部門任職。

七月　先生撰〈記高等教育功臣馬繼援〉一文在《傳記文學》第五三卷第一期發表。

十月三十一日　先生赴榮光社舉行之先總統蔣公百〇二誕辰紀念會，並參加晚餐會，有表演節目。

本年　中央大學校友會為北美協調會南加州辦事處處長劉達人榮退餞行，先生為校友會題贈「星軺載譽」橫額，以壯行色。

・五十餘年前曾在北京大學受教於先生，現任保定師範大學教授之劉文修來美短期講學，專程來謁先生。師生重晤，咸深今昔。

・吳百慶在此間Mc Donald 及United Technologies 兩公司，前後任電腦工程師有年，本年受聘為California Institute of Technology 之附屬研究機構 J. P. L. 之研究員。婿陳允已先在任同樣職務。

民國七十八年　一九八九（己巳）　先生八十九歲　夫人八十八歲

一月十五日　先生好友前考試院長劉季洪在臺北逝世。

六月二十八日　陳立夫先生暨孫祿卿夫人今年九十雙慶，避壽來美，經洛杉磯，此間戚友設宴祝壽。先生與夫人參加，並獻詩奉賀。

賀陳立夫伉儷九十雙慶

舉國尊大老，勳猶溯往日。三紀慶懸弧，今慶公九十。湖山鍾靈秀，命世賢哲出。
弘教存道統，握吐爭寸隙。老成謀國心，忠藎猶如昔。林下著高風，雙星耀前席。
芝蘭滿庭階，清香溢四壁。

八月下旬　陳允、吳百慶率張約禮伴先生及夫人遊黃石公園，共盤桓四日。

九月下旬　先生因在浴缸傾跌，傷肋骨三根。醫云只能服藥止痛，傷處須任其自行癒合。年老人需較久時間，始可痊癒。吳百益曾專程來寓問疾。

本年　本年為法國革命二百週年。先生於法國國慶日前夕，曾致書法國總統密特朗（François Mitterrand）。因為法國對中共六四屠殺學生與市民事件，嚴加譴責，並對六四事件發生後，流亡法國之中國學生與學人，優予庇護。在紀念革命二百年時，中國民運學生參加遊行，過主席臺時，法國總統率先與在臺上各國元首（包括美國布希總統在內）起立致敬，又准其文化部部長參加中國民運學生之重置自由神像典禮。此等舉動，足以表明密特朗總統之尊重民主自由，言行一致，與其他民主國家領袖之畏首畏尾，行不顧言者不同。故先生特別以巴黎大學老校友及北京大學前教授之資格，致函密特朗總統。除致賀其國之革命二百週年紀念與慶祝法國國慶外，並對總統特別表示敬意與謝忱。此函旋獲法國總統府傳訊主任 Michel Henocg 代表密特朗總統發出之謝函。（先生去函及覆函原文見第二七五頁）

總統先生尊鑒：鄙人以巴黎大學六十年前校友以及國立北京大學前教授的身份，謹修此函，對　鈞座以最嚴正語氣指責北京政權大屠殺的行徑極表感佩；並對　鈞座以寬厚的心懷讓參加北京民運的學生在　貴國受到　庇護，極表歡迎。鄙人在電視上見到中國學生被允許參加巴黎慶祝法國革命兩百週年紀念的遊行，至為感動。他們手舉指責中國北京政府壓迫民運的標語。貴國文化部長移駕參加逃脫北京大屠殺學生所重置自由神像典禮，為特別殷切關懷的表示。此等舉動足以證明法國為致力自由、平等、博愛的國家而發揮了法國革命的精神。所以鄙人謹以此函表達最真誠的敬意。鄙人保證在美國大多數中國知識份子均具有同感。

總統先生，時值法國舉行國慶大典之際，鄙人最後謹以至誠之心祝：

法蘭西萬歲，總統萬歲！

吳俊升拜上

一九三一年巴黎大學博士

國立北京大學前教授

中華民國教育部前次長

目前長期居住美國

法國總統府巴黎，一九八九年七月三十一日　CAB/SC/8/122994 號函

吳先生尊鑒：貴函已寄達法蘭西共和國總統處。

總統密特朗先生對閣下所觀察到有關他的言行以及所作祝願　深有感受，並委

託鄙人向先生致謝意！敬致
最高的敬意

總統府傳訊主任　米歇爾・亨諾克(Michel HenocQ)

・先生接法國總統府復函以後，密特朗總統不顧中共抗議，仍然依約售我國幻象戰機；並且准許密特朗夫人應我國邀請來臺北訪問，都是對我國善意的延長。
・先生與王東原先生、吳興鏞教授一同參加南加州寫作協會所主辦之演講會。講員有黎東方、勞榦兩位教授，及名作家黎錦揚。先生與王東原先生俱被邀臨時致詞。先生講有關五四新文化運動親歷經過。
・先生參加在洛杉磯 Wilshire 公園舉行之對中共屠殺學生市民抗議集會。
・先生得如皋縣僑務辦公室覆函，允不除平沈家莊祖墳，甚慰。
・吳百平以社區領袖資格，被邀參加美國新總統布希就職典禮，來電話報告經過。
・吳百平參加紐約市民反對中共暴行之示威遊行，並在電視中接受訪問。
・吳百益在紐約市立大學皇后學院及哥倫比亞大學任教多年。本年在皇后大學升任正教授；在哥大升任訪問正教授。

圖一一：先生為天安門事件致法國總統函及其覆函原文。

Le Gouvernement de la France

Juillet 14, 1989
1042 Frederick Street, #2
Venice, Los Angeles, California
U.S.A.

Monsieur le Président:

Comme ancien élève de la Sorbonne, il y a soixante ans, et comme ancien professeur de l'Université Nationale de Pekin je prends la liberté de Vous écrire pour vous exprimer ma reconaissance pour votre condamnation la plus sévère du massacre de Pekin et pour votre accordance généreuse d'un lieu d'asile dans votre pays aux édudiants chinois qui ont participé au mouvement démocratique à Pekin.

J'ai été très touché de voir à la Télévision les édudiants chinois à qui on a permis de participer au défilé à Paris pour la célébration du bicentenaire de la révolution française. Ils portaient en marchant des affiches avec des inscriptions suggérant la condamnation du gouvernement chinois à Pekin qui a réprimé le mouvement démocratique.

Il a été extraordinaire pour votre Ministre de Culture de participer à l'inauguration d'une Statut de la Liberté preparée par les édudients Chinois qui sont les rescapés du massacre de Pékin.

Tous ces événements mentionnes au dessus témoignent que la France est le pays qui est réellement pour la liberté, l'égalité et la fraternité et digne de la Révolution Française. C'est pour ça que j'ai l'honneur de vous exprimer mon respet le plus sincère. Je voudrais aussi vous assurer que ce sentiment de respet est aussi partagé par la plupart des intellectuels chinois qui résident aux Etats-Unis.

Pour conclure ma lettre, Monsieur le Président, veuillez agréer à l'occasion de la Fête nationale

de la France mes voeux les plus sincère:
Vive la France! Vive le Président!

Ou Tsuin-chen
Docteur de l'Université de Paris (1931)
Ancien Professeur de l'Université Nationale de Pekin
Ancien Vice ministre de l'Education Nationale de la Republique de Chine
Résident permanent, Etats Unis d'Amérique

PRÉSIDENCE DE LA RÉPUBLIQUE

Président de la République

Monsieur OU TSUIN-CHEN
1042 Frederick Street 2
VENICE, CA 90291

ETATS UNIS D'AMERIQUE

CM/EM

PRÉSIDENCE
DE LA
RÉPUBLIQUE

Paris, le 31 JUIL. 1989 CAB/SC/8/122994

Monsieur,

Votre lettre est bien parvenue à Monsieur le Président de la République française.

Sensible à votre témoignage à son égard ainsi qu'à vos aimables voeux, Monsieur François MITTERRAND m'a chargé de vous en remercier.

Veuillez agréer, Monsieur, l'expression de mes sentiments les meilleurs.

Michel HENOCQ
Chef du Service du Courrier

Monsieur OU TSUIN-CHEN
1042 Frederick Street 2
VENICE, CA 90291

ETATS UNIS D'AMERIQUE

十、九秩榮慶

民國七十九年　一九九〇（庚午）　先生九十歲　夫人八十九歲

三月　先生在醫院用X Ray覆檢肋骨傷處，已見完全癒合，但仍有隱痛。

七月　先生因行路不慎，又跌傷肩骨，經醫療治，傷處逐漸癒合，仍續行物理治療。

九月　遷居Condo於Alhambra E. Valley #24。此區有數戶華人鄰居，也有多戶美國人鄰居，常有共同聚會。夫人對於美國年老的人，仍然從事研究工作、演藝工作或者釣魚、游泳及其他種遊戲，表現出自強不息和不服老的精神。

十二月二十四日　耶誕前夕，先生九十誕辰。友好王東原將軍等擬為發壽啟祝壽，經先生婉謝，仍蒙諸友好共設壽序，並於誕辰前夕設宴暖壽。除主人王東原將軍外，尚有壽序作者胡國材，書者黃元中，及列名之王石安、張迺藩、黎東方、汪錫鈞、熊持林、吳興鏞夫婦、邵孫朔寧夫人與王泰臨女士。席間由王東原將軍與黎東方窗友致賀詞，先生致詞答謝。又每月參會諸同人浦薛鳳、沈國瑾兩先生，萬賡年夫婦及湯滌生夫婦，亦將例行參會改設壽筵，為先生夫人祝壽。五十餘年前曾在教育部高等教育司任職之柯樹屏、鍾健、湯滌生同仁等，亦借家人為先生設宴慶賀。壽辰當日，壽星夫婦設宴答謝賜宴、賜壽序詩文及壽禮諸友好。長子百益、女百平、百慶，及婿陳允、外孫張約禮、陳中和，均陪席答謝。同時因為新遷入Park Alhambra作睦鄰之舉，宴請馬禮全牧師夫婦、俞康、陸文卿、喬汶荃三位先生夫婦，筵開五席，賓主盡歡。

・先生疊東坡〈日壁吟〉所用「壁」字韻，撰〈九十自壽詩〉。〔手蹟影本見第二八一頁〕

九十自壽詩

浮生九十年，憂患少寧日。天祐徙播人，謝天惟合十。一生事教育，賢豪喜輩出。

戰時賡絃誦，光陰爭寸隙。歲寒松柏姿，堅勁今如昔。雙壽逢時艱，未宜開筵席。

述作百萬言，待正列東壁。

・和庚午自壽詩者有陳立夫、陳孫祿卿、沈亦珍、沈李兆萱、何敬群、潘重規、王韻生、李懋、

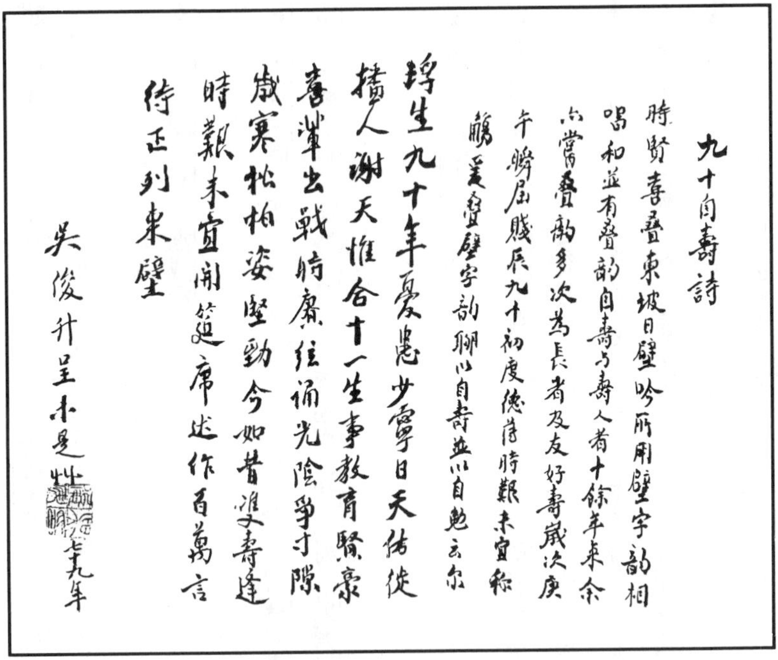

九十自壽詩

時賢喜疊東坡日壁吟所用壁字韻相唱和並有疊韻自壽與壽人者十餘年來余亦嘗疊韻多次為長者及友好壽歲次庚午歲屆賤辰九十初度復值時艱未宜稱觴爰疊壁字韻聊以自壽並以自勉云爾

浮生九十年憂患少寧日天佑從播人謝天惟合十一生事教育賢豪喜輩出戰時廣絃誦光陰爭寸隙歲寒松柏姿堅勁今如昔準壽逢時艱未宜開筵席述作百萬言待正列東壁

吳俊升呈未是稿 七十九年

圖一二：先生自撰〈九十自壽詩〉手稿：民國七十九年十二月為吳俊升夫婦九秩榮慶，撰本詩自壽。

吳漱溟、林仁超、柯樹屏、劉光華、黎東方、黃鴻書、勞榦、陳克誠、程崇道、馬爾傑、俞福如、劉真、趙仰雄、王師復、李猷、溫麟、鍾健、高龢賜、胡國材、孫愛棠、王則來、吳希真、丁驌、鮑薇青、王齊樂、葛克全、胡應元、吳敬基、蕭相訥、柏蔭培、袁子予、劉翊偉、李亞白、文席謀、謝元裕、湯成沅、陳一聰、顧毓琇等長者友好。詩詞載《庚午酬唱三集》。

．王東原、王石安、王周鏡暉、張迺藩、張曹滌塵、黎東方、黎黃鴻書、汪錫鈞、汪葛秀芝、查石村、查何翠華、熊持林、熊盛叔荇、邵孫朔寧、胡國材、吳興鏞、吳于小秋、王泰臨等同作壽序。

吳士選先生伉儷九十雙壽序

中華民國七十九年如皋吳士選先生暨夫人倪朗若女士壽登九秩，海內外鴻儒高士與其交往者多，或道義相期，或學府從遊，或追陪杖履，或酬唱有年，或忝列門牆，或誼屬桑梓，逢此良辰，莫不歡騰慶禱。惟公伉儷謙抑為懷，以國事多艱，民瘼未解，雅不欲言壽，遠道申賀者概予婉謝。竊以九秩高齡，尊為人瑞；學貫中西，當今國寶。詩云：「樂只君子，遐不眉壽。樂只君子，德音是茂。」又豈能不稱觴以介眉壽，不申仰以茂德音？

庚年為公之整壽，故庚寅、庚子、庚戌、庚申為公五十、六十、七十、八十之壽期，公僅以生朝詩述志，而辭謝舉觴為壽。其歷次生朝詩意境不同，而寄託深遠，賡和者多碩望之士，乃裒輯成篇，先後有《庚年酬唱集》及《庚年酬唱續集》問世。今歲逢庚午九十高齡，例必詩文匯集，為公伉儷慶，亦所以慶唱和諸公也。

竊常以人間最難得者三事：聰明才智，未必年登耄耋；夫妻博士，未必賢而偕老；著作等身，未必文能載道。斯三者公伉儷兼而有之。蓋二老少負才名，結為連理後在法國同日考取博士。畢生盡瘁教育，德化天下，為士林之楷模。且公詩筆雄健，遐邇同欽。其專著裨益世道人心，矯枉以正，激濁揚清。而在耄期之間，神清氣朗，尤屬難能。

公初任北大教授，才華畢露。旋長教育部高教司，規劃推進不遺餘力，使抗戰時期之學子普獲甘澤，為復國建國廣植人才。嗣任教育部政務次長，興學育才，不辭勞瘁。尤以香港二十年之教化，成就輝煌。當其主持新亞書院時，謹嚴戒慎，公而無私，勞怨集於一身，不為邪說所惑，而以發揚中國文化為職志。在香港各基礎學院聯合成立中文大學時，公之建議規劃最多，對中大籌備與成立之過程，始終參與其事。貢獻之大，無與倫比。

公之為學，西學則浸淫杜威之教育哲學，國學則推崇桐城派。其研究杜威教育學說之深入，中、西人士莫不奉為圭臬。其對桐城派之評語，常謂「中國文章體例演變至於桐城，其樸實說理狀事，汰盡僻典麗言，而行文遣詞，復婀娜多態，不流於枯澀板滯。」故公之為文，合於古文義法。

夫人倪朗若女士為國立東南大學教育學士暨巴黎大學文科博士，慈惠賢淑，學有專精。初任江蘇省立第三女子師範學校校長，擘劃周詳，開創我國女子接受新式教育之風氣。旋任金陵大學、重慶大學、臺灣大學、香港珠海學院教授，萬千桃李如沐春風，而另一專長則為統計學，故在南京市政府暨內政部歷任統計長有年。其著作譯述數種，為世所重。

公暨夫人持清介之節，葆儉素之風，恭敬謙遜，未嘗以辭色加於人。溫良恭儉讓集於一身，君子儒也。夫存心慈仁，而持躬戒敬者，壽之道也。公伉儷得享高年，於理固屬當然。

昔司馬溫公居洛十五年，絕口不言事，而遠近知名。公暨夫人居美亦十有餘年，平居簡出，迄為士林所景仰，頗有溫公之遺風。衛武公年過九十，而夙夜不怠。今公伉儷年登九秩，而耳聰目明，撰作詩文不減從前，雖壯健者自歎弗如，換上天之篤祐，而調攝得宜，養氣葆真，有以致之也。自茲以往，百千高齡未可量也。

胡國材敬撰，黃元中敬書。

王東原、王石安、王周鏡暉、張迺藩、張曹滌塵、黎東方、黎黃鴻書、汪錫鈞、汪葛秀芝、查石村、查何翠華、熊持林、熊盛叔荇、邵孫朔寧、胡國材、吳輿鏞、吳于小秋、王泰臨同敬賀。

庚午年十一月吉日於美國洛杉磯市

・香港長者友好原擬公開之壽啟，經先生婉商改為壽序，由徐季良、李祖法、沈亦珍、胡家健、孫德智、余鑑明、翁鳴等同署名。

吳士選先生九秩榮壽序

庚午年仲冬為士選先生嶽降之辰，榮登九秩大壽。同仁等忝在交遊之列知之最稔。壽人壽世，敬表以聲，綜述其生平。先生學養純粹，事業彪炳，士林推重。方在英年，畢業東南大學。負笈遊法京，入巴黎大學，專攻教育哲學，獲博士學位。返國後任教於北京大學有年。學子尊之如泰斗。抗戰軍興，受政府徵調入教育部，由高等教育司擢升次長。設立學生貸金制度，使有志流亡青年，完成大專學業。抗戰勝利，遷至大後方之國立大專院校陸續返回原地，學術文化之延續，於茲是賴。己丑夏秋之間，政府遷臺。先生仍篤守崗位，夙夜匪懈。是年國內學人連翩至港。錢穆賓四先生及其志同道合諸友在九龍創建新亞書院。得道多助，三年有成。董事會諸公以先生富有教育行政經驗禮聘襄理校政。其後先生仔肩獨任，協和內外，物望咸歸之。至秩滿告退。子女在美，懇請迎養。先生與夫人倪亮赴美定居，享天倫之樂。庚年冬月，乃先生嶽降之辰，致三多祝誦九如之詩，此不特一邑一鄉之榮，抑亦邦國之光也。十載之內，海宇清平。效管寧之歸國，繼伏勝之傳經。將於此卜之。《中庸》曰：「大德者必得其名，必得其壽。」亦於此取證焉。謹序。

王韶生恭撰，莫德光敬書。

徐季良、李祖法、沈亦珍、胡家健、孫德智、余鑑明、翁鳴仝敬賀。

十二月二十五日　壽辰次日，由子女婿孫陪同先生夫人出遊Palm Spring，並設宴祝壽。盤桓竟日返寓。

冬　成《自訂年表初稿》，連同最近十年所作散篇文字，集為《庚年存稿》，寄商務印書館印行，以紀念九十初度。

本年 先生赴中央大學校友會之聯誼會。會中並為蔡樂生教授伉儷及先生與夫人慶九十雙壽。先生致詞答謝，並贈自壽詩。

・吳百益新著*The Confucian's Progress* 在*Princeton University Press* 出版。

・外孫陳中和在加州大學洛杉磯分校(UCLA)畢業，得電機學士學位，先生與夫人參加其畢業典禮。

・外孫張約禮暑假後入University of Pennsylvania 研究院繼續研究工程學。

・先生出席南加州孔孟學會第一次國際會議。

民國八十年 一九九一（辛未） 先生九十一歲 夫人九十歲

一月三十日 行政院大陸委員會成立。

二月 先生著《教育哲學大綱》由商務印書館重排出版。

三月 先生撰〈我的教育信念〉，分為「我寫本文的緣起和旨趣」和「我的教育信念的由來」兩部分，希望「讀者對於一切教育信念審察其來源，而對於教育實施時有所斟酌取捨」為目的。

我的教育信念

我寫本文的緣起和旨趣：我從事教育學習、研究和實施六十多年，教育可算是終身事業。過去多年中對於教育理論的探究和評述，和實際從事教育的經驗的記敘，已經是連篇累牘，可是對於教育的綜合主張，一直未有發表。近十年來雖然每年發願要從事於此，但是始終未曾著手；其原因很多。首先由於教育之事關係個人與民族國家，甚至於世界前途，事關重大，非有真知灼見，不敢有所主張。其次一切教育主張多涉價值判斷，而價值判斷與事實判斷不同，難得理得心安，眾意從同，因此不敢隨便有所主張。可是近來反復思想，覺得教育乃是一種實際行動需要立時付諸實施，不能等待教育學者或是實際從事教育者在永久不能得到共同結論的理論或辦法方面從容商討，懸而不決，以致貽誤事機。由於這種現實的考慮，所以我認為一個多年從事教育理論和實際的人，應該把他個人所相信的貢獻於教育界和一般社會，以求多少引起共信，據以實施，使得教育獲有美好的前途，而對於個人和國家均能有所裨益。我個人只是教育界的一個老兵，是否能以自信引起共信，雖不敢說，但當此國家民族存亡繼續的重要關頭，我覺得再不容太多理論的顧慮，而忽略教育上當前急迫的需要，再安於旁觀者的緘默了。因此我趁老年未衰之時，將我關於教育的信念一一鋪陳，以供將來計畫及實施教育者的考慮。

本文的名稱，很自然的將引起讀者聯想到杜威的〈我的教育信條〉(John Dewey, *My Pedagogic Creed*)，本文確由於杜威大作的啟示，所列信念也與杜威的信條有相關之處。但是我講「信念」而不講「信條」，因為「信條」不免帶有宗教的意味。其實杜威原書雖用「信條」字樣，雖然也取信條的形式，雖然文內也提到上帝，但是實際與宗教無關，我想他如重新考慮，可能不再用「信條」字樣的。

杜威發表教育信條在一八九七年，年方三十八歲，其前一年，初創支加哥大學實驗學校。〈信條〉所列各條乃是他創設實驗學校的理論方面的假定。經過實驗證明然後建立了整個的教育哲學體系。我發表教育信條與杜威不同，我是在研究和實施教育多年以後，始根據理論的探討和實際的體驗而發生信念。此等信念也只是實行的假定，還待將來的教育者據此假定實際試行，以定得失。所以我的一切教育信念只望教育者依著試行，不敢以金科玉律自許而望盲目奉行。

我的教育信念的由來：一般信念的來源約有幾種。第一，由於邏輯的必然。例如相信二加二等於四，此種信念乃出於必然，不由你不相信的。第二，由於實驗的證明。如相信水的成分為H_2O。此種信念獲有客觀的充足事實的支柱的，是可以大家共信的。第三，由於常識的見解。此乃一般人從經驗中所體認的信念，但未經過科學的實驗證明的。第四，由於相信權威而起的信念。譬如醫師關於疾病的判斷，律師關於法律案件的立場。當事者雖然不能親加證驗，但是因為相信專家的學術權威，仍然加以信任的。第五，由於相信整個哲學系統或形而上學的見解，或關於價值的判斷而起的各種信念。這種信念不能實證亦未必取得一般公認，但仍為實際行動的所根據的前提。一個社會的成訓教義，一個國家的憲章法令，作為個人行為的規範，因此而生的一切什麼事該為、什麼事不該為的信念都由此而生。第六，由於個人的直覺而生的信念。此種信念非由共識，乃由於個人一己的體認。第七，由於宗教的啟示。這種信念的來由，又可細分為二，一是由於教會的啟示，二是由於個人所受的上帝的直接啟示。因此等啟示而起的信念多是超自然的。此等信念，因為來源不同，所以客觀共信的程度不同，如以客觀共信為標準來決定對於各種信念應用的強度，則由第一種至第七種其應信度當遞減。第一種信念出於邏輯的必然，當然可以確信。第二種經過實證的信念乃是經驗界最可置信的信念。第三種乃是經驗的(Empirical)而非是科學的或實驗的(Scientific or Experimental)信念，可信度雖較第二種為低，但在不能實證的現況下，如其經過個人的實際體認，仍然可以相信。第四種由於信託權威而起的信念雖然未經個人實證，但因其出於專家的啟示具有實證的可能而個人為了事實的需要和制限又不能一一親證，因而對於權威的判斷加以信託，此種信念的可信度亦屬可觀。至於第五種信念的前提多屬於形而上學的，超經驗的，不可證驗的；但都是一切價值的根據。如要判斷一個人或一件事的善惡美醜有用與無用，非接受一種形而上學的宇宙與人生的觀點或及一種價值論不可。從此而生的關於實際行動上應該如何或不應該如何的信念，雖不能取一致共認，但亦是事實上的必需。第六種信念乃是個人的意見。至於第七種關於宗教啟示的信念由於特殊來源在親受啟示者主觀上可以確信與虔信，但由於缺乏客觀共認的支持，卻未能取得大眾的共信。我在本文所述的教育信念，由於教育本身的性質和個人的經驗，其來源可就以上分析的七種約略先為敘述以供教育者採酌的依據。一切教育信念的內容，大約不出兩方面：一方面是關於教育事實的信念，一方面是關於教育應如何辦的信念。我的關於教育事實的信念乃是根據觀察和推考教育事實，就事論事，作客觀的陳述而可經實地證驗的。其來源屬於第二種居多。關於教育應如何辦的信念，因為牽涉到目的和方法方面，其信念的來源便屬於多種的。先說教育目的。一提到目的，便涉及價值問題。自有教育以來，各個教育學者，各個社會所定的目的，不可勝數。我們辦教育究應有何目的？這個問題涉及價值問題，非憑事實認定所可解決的。關於目的的信念，不能從第二種來源產生。歷來在教育史上以及在教育實施上，關於教育目的爭議，始終沒有一致的結論，其原因便在於各人對於教育目的的信念，不能憑事實判斷而要憑價值判斷，而價值判斷各據不同的形而上學的、倫理學的或政治哲學的前提。前提不一致因而目的也不一致。

我的教育信念：我們辦教育不可無目的，要定教育目的，我不贊成由個人的哲學體系出發而推出教育目的，因為這不是可能成為共信而為公眾付諸實施的。教育學者既然不能憑個人的哲學體系定出教育目的，而教育目的的規定又是當前迫切的需要；不得已的辦法只有接受一個民族國家的歷史文化傳統和現實的政治社會理想和體制所包涵的價值系統，依此系統而推衍出關於教育目的的信念。我論教育目的乃以我國儒家文化傳統和三民主義為兩大依據而起信念的。這信念的起源可稱屬於第五種。也許有人批評此種信念未免遷就現實。我以為教育不能在真空內設施，而在現實社會內，就其政治理想與體制以及文化傳統以定教育目的，乃是不得已的選擇。何況代表我國主要文化傳統的儒家學說，以及三民主義的社會哲學兩者相輔相成，正是此時此地最好的決定教育目的的根據。我這種信念乃是起於上述的第五種來源。我關於教育方法的信念，應該起於第二種來源。因為決定了目的以後如何達此目的，乃是可以依據關於事實的可以實證的信念的。一般說來，教育是一種實際行動，可與工程、醫藥、以及農藝相比擬。工程、醫藥與農藝的目的比較確定，與教育不同，可是根據實證知識以決定達到目的的方法，是可以與教育比擬的。不過也有一種可憾的差別，即是關於工程等活動的實證知識有已經發展的關於自然的科學，如物理學、生理學、解剖學、生物學、遺傳學等，分別供給實施的方法，而教育所可依據的關於人的科學，如人類學、心理學、社會學等發展稍遲，尚不能對於教育供給充分的實證的知識，可作決定方法的根據。人類學的發展比較最遲，關於整個人類的探究，在體質形態等物質方面，作為對於人類的實證知識者較多，而關於人類整個精神生活方面則發現很少。至於屬於人類的社會生活方面，則詳於初民社會生活而於文明進化的民族的社會生活尚少涉及。心理學為最早發生的關於人的科學之一。可惜最近幾十年來心理學者的研究亟於求向自然科學看齊，對於人類心理的研究往往只偏重可以客觀觀察的外表行為而忽視了人的內心生活。而對於人的外表行為，又歸約為機械的反射作用，再將反射作用歸約為神經系中進行的理化作用，對於應為教育的對象的人的智慧、情緒、品格，多所忽略，因此教育者可以依據的關於心理的信念，微乎其微，而教育實施便難得如工程、醫藥和農藝得有長足的發展。至於社會學的發展，猶在心理學之後，現在還在方法上摸索的階級，甚少實證知識，可以供給教育對於個人社會化的根據。這也是教育在方法上不能有很大的突破的原因。我在本文中所述關於教育方法的信念，固然有一部分依據人類學、心理學和社會學的實證知識，但仍然還有很多部分超於上述若干來源的。這是由於人的科學發展的制限而起，也是事非得已的。

說明了我的教育信念的來源以後，我希望讀者對於一切教育信念審察其來源，而對於教育實施時有所斟酌取捨。

三月九日　臺灣海峽交流基金會成立。

五月一日　臺灣動員戡亂時期宣告終止。

本年《庚子酬唱三集》自印。歲次庚午為先生九十華誕，循庚子、庚戌、庚申往例，賦詩明志，又獲友朋酬唱。先生爰再仿往例，將瑤章鴻詩彙編。

・先生撰司琦著《中國小學教科書發展史》（國立編譯館主編）一書序言，在《（江蘇）鹽城鄉訊》發表。

民國八十一年　一九九二（壬申）　先生九十二歲　夫人九十一歲

五月二十一日　新聞天地社社長卜少夫專訪先生，在坐者有吳夫人及卜社長、夫人徐天白。題為「教育家吳俊升」專訪錄，由《新聞天地》於民國八十三年十二月出版。〔專訪見第三一三頁〕

七月　吳百益與 Mercy Jo 女士參加佛教區域活力國際學會(Regional Dynamics of Buddhism)，由山西大學接待，會址為太原五台山及大同。

十一月二十四日　胡家健先生九十榮慶，先生欣接四世同堂全家福合照；在先生現存友好中實不多見，特申賀忱。

本年　先生參加教授返老還童會，為文藝創作同好之所組織者。

・夫人參加阿罕伯拉老人活動中心之英文寫作圓桌討論會。

民國八十二年　一九九三（癸酉）　先生九十三歲　夫人九十二歲

一月二日　先生撰〈賀新天刊行四十八周年〉，文載《新聞天地》第四九卷第一期。認為《新天》具有多元性、恆久性及嚴肅性的三種特色，故能行銷四十八年歷久不衰。

十二月　先生著作《教育哲學大綱》，半世紀以來廣為大學教育系所選為教材。本年增加〈問世五十週年自序〉，由商務印書館印行增訂版。增序闡明早年撰述本書緣由，分析行銷至今原因及對中國教育哲學的體認。

《教育哲學大綱》問世五十週年自序

拙著《教育哲學大綱》於民國廿四年由上海商務印書館印行初版，最初收入《師範叢書》。同年即再版改歸《大學叢書》，以後繼續重版。直至民國三十二年在抗戰期間發行渝版，內容仍舊，但是加上〈渝版自序〉繼續印行。勝利復員後在滬重版發行。大陸淪陷，政府遷臺，在臺印行臺版，重版多次。在民國六十二年，我因為邏輯實證主義和存在主義成為當代主要思潮，對於教育哲學亦發生影響，而在本書以內，未及論及，實為缺憾，便對於原書加以增訂，加上〈教育哲學的新頁〉一章，分敘這兩新派哲學對於教育的涵義與影響，因而由商務印書館改印增訂版。自增訂版發行以來，幾於每年重版一次，迄今本書行世已經五十週年。一本普通學術著作，不比世傳經典與文學名著，能行世半世紀，還銷行未衰，而著者還健在，及見本書繼續銷行，可算是我國出版界不常有之事，也許是值得紀念的，所以著者「敝帚自珍」作此自敘，以就教於讀者。

在自敘時首先引起感喟的是與本書行世有關的幾位前輩先生都已先後辭世了。我在大學曾從受教和在寫本書時曾蒙指正的孟憲承先生和湯用彤先生，已先後在大陸去世；曾為本書作序並推荐出版的蔣夢麟先生和收印本書的王雲五先生也已先後在臺灣捐館了。對於本書內容影響最大的杜威教授辭世已經三十多年。使我見到教育哲學的另一方面而對於本書內容也有影響的法國社會學家涂爾幹的嫡傳弟子我的論文導師福谷奈教授(Paul Fauconnet) 也已去世多年了。

本書初為著者在北京大學教授教育哲學的講義，後來出版成書的。當時受教的學生有不少現在中國大陸南北大學任教；他們還懷念舊日師承，來書請益，並望我能回去講學，這自然是絕不可能之事。連本書的增訂版，他們恐怕也無法寓目的了。前輩與後生，死生契闊，使我在自敘本書問世五十週年時，悵惘同深！

我寫本書是從民國二十二年接眷在北平定居時開始的。當時因擔任教育哲學一課，沒有適當課本，最初兩年是自擬大綱，在課間憑著大綱演講，學生尚感興趣。可是北大傳統，教授多憑大綱自編講義，在上課時或課後印發，使學者不致因筆記有所漏錄而對演講內容不得充分了解，這些講義後來多出版成書。我為教學便利便按上課時間事前編寫講義。此課每週上課一次，計二小時。所以每逢上課以前數日，便排除一切，埋頭思索並廣泛參考書籍，依大綱章節，編寫講義。如此者一年，成初稿。第二年覆教，再加增訂，成為一部完整的講義。後來我將這部講義請北大校長蔣夢麟先生指正。承他謬賞，認為有出版價值，便介紹與商務印書館王雲五先生，並賜贈一序。當經雲五先生收印，於民國二十四年出書。初為《師範叢書》，同一年內，因銷行不差，即改為《大學叢書》再版。歷年重版，銷行至今。這是著者第一部學術著作問世的小小成就。飲水思源，這也是由於幾位前輩先生的鼓勵和玉成。

本書所以能行銷至今，現在分析其原因，可能有下列幾種：第一、本書內容，並非一家一派的教育哲學，而是羅列各家各派加以比較與批判的。一家一派的教育哲學思潮，是隨時代而變遷的。有時盛行，有時歸於低潮。惟有羅列各派的教育哲學，始終具有歷史的意義，如能隨時加以補充，還是能適應學術要求和教育實施的參考的。本書所以能在五十年中繼續行世，原因之一在此。第二、本書編撰時，教育哲學還是一種新興學問，沒有具體確定的內容，所有當時存在的教育哲學專著，或是著者根據本人的哲學系統演繹為教育哲學，成為一家之言，例如杜威的《民主主義與教育(John Dewey：*Democracy and Education*)》又如H. Horn 的《教育中的理想主義(*Idealism in Education*)》和 G. Gentile 的《教育的改造*The Reform of Education* (Trans. Bigongue)》。本書著者並無自己的哲學系統，自然無從演繹成一家之言的教育哲學。同時從教學觀點而言，向學生講授教育哲學，應泛涉各家，促其思考與判斷，亦不應只講一家一派，所以我寫本書未採取一家一派而泛及各家各派。可是泛論各家各派，可從幾種程序下手。誠如本書初版序文所分析的，這程序有三種：第一種程序是就哲學的根本問題如本體論（以心靈問題）、方法論與價值論以及社會哲學分析各派哲學對於這些問題的主張所及於教育的涵義與影響。第二種程序是就教育本身的各個方面如目的、課程、教學法等分述各派哲學的主張。第三種程序則是分敘各派成系統的教育哲學如實用主義派教育哲學、理想主義派教育哲學，以及惟物主義派教育哲學等等。我取第一種程序講授而成此書。由於大學教育系學生及一般讀者，大半缺乏哲學基礎，宜於先從哲學幾個根本問題入手，然後及於教育影響與涵義，使哲學與教育之關係易獲了解。本書所以尚受歡迎，與本書體例，不無關係。本書體例當初出版時，在國內有關著作中尚屬首創，即在西文著作中亦少見。西文中取此體例有名著作如 John S. Bruhacher 的 *Modern Philosophis of Education*，其初版出版期為一九三九年尚在本書出版四年以後。又如 Van Cheve Morris 的 *Philosophy and the American School* 出版期為一九六一年，則更在本書出版二十六年之後了。

本書能長期銷行原因之三，為本書非一家言而泛涉各家。對於各家分析、比較與批判，所參考範圍，甚為廣泛。書中繁徵博引有關著述在二百五十處以上。對於引述原文，隨加中文翻譯，尚信達易解。全書行文用簡明白話，對於各家理論，在表現方面，尚能深入淺出，具可讀性。參考豐富而行文易解，這或是本書能持久銷行的另一原因。

關於本書在教育方面所生的實際影響如何此時也應加以檢討。本書銷行雖廣，但不能說讀此書者對於我所持對於各派教育哲學的見解都能同意；更談不到都據此見解而從事教育實施。可是讀此書者大都是教育科系的學生，以平均每年讀者一千人計，五十年來，已有五萬人之多。在此五萬人之中，至少有一部分人在其教育思想和實施方面多多少少受了本書的影響。況且這些學生中有一部分擔任師範學校教師，也許將本書的見解又傳授了他們的學生。他們的學生將來擔任教師，又憑師說而實施教育，那麼本書可能的影響便更大了。這是著者在本書行銷五十週年的樂觀想法，實際上是否有此影響，則不敢說了。

本書對於各家教育哲學的敘說，均本哲學的批判的功能從教育觀點，評論得失，結果是不取一家一派而兼取各派；去短從長，而有折衷調和的結論。這種結論針對我國教育過去五十年開始時，對於外來教育思想和方法隨便接受加以實施的趨勢，和爭新騖奇俯仰隨人的種種表現，不無抑制的作用。最近幾十年中，我國教育理論和實施的主流始終在持平穩重的途徑上演進未趨於任何極端方面，而有現在滿意的結果，實由於對於流行的教育理論和實施具有批判態度，不激不隨穩步前進的結果。因此回溯以往，本書在這一方面似乎也不無影響。

本書有一缺憾，即是對於中國教育哲學沒有特加敘述；所以如此的理由，著者在增訂版敘言之中，已經有所解釋。但是講教育哲學而忽略了中國方面，終是一種缺憾。著者雖然有志於此，但是學力未充未敢嘗試。老大蹉跎，恐終無成就，乃不得不寄望於同輩和後進的專家了。可是經過多年思考和體驗的結果，對於中國此時所需要的教育哲學認為應以三民主義為最高原則。我的見解認為哲學家可以根據其哲學系統演生各派教育哲學。但其哲學系統從形而上學及價值系統出發只是自成系統，而無法作實際證認，只是一家之言；所以其所演生的教育哲學，也是各有系統，無法在各家各派之間取得一致的結論。我們實施教育，在目的和課程甚至方法方面，又不可能完全從科學實證方面獲取根據，仍不能不仰仗於哲學；而哲學系統分歧，終不能有一致的理論，可作教育實施的根據；可是教育實施，仍不得不依據一種哲學。因此就實際需要而論，在此時此地提倡一種教育哲學，實在是必要的。我在《教育哲學大綱》出版以

十、九秩榮慶

前的一年，就以〈中國教育需要一種哲學〉為題，發揮這種見解了。我當時雖然主張為教育實施需要一種哲學。但是並未主張需要何種哲學。在對日抗戰期間在創鉅痛深之餘，適當本書印行渝版，便加上一篇自序，明白主張「今後的中國教育哲學，應該以三民主義為基礎，演繹而成的一種系統。」我當時如此主張，乃由於從兩次世界戰爭取得了教訓。在第一次世界大戰以前，我國教育以愛國主義為一貫不變的精神。但是由於第一次世界大戰德國戰敗，英、美有許多教育家都歸咎於德國教育注重權威，注重訓練與組織，注重民族國家的利益，而犧牲個體的民主與自由，和英、美教育的注重個體自由和興趣，注重個人自我表現，注重世界和平主義不同，以致獲得戰敗的結果。恰巧戰前中國教育主張發憤圖強，犧牲小我效忠國族，其精神和德國教育比較接近，而與英、美教育異趣。加以當時國際和平主義正屬盛興，似乎將來的世界永為和平理想和國際正義所規範，戰爭將永遠絕跡。雖弱小國家，亦得獨立自存。其時中國教育界由於對於時代的錯認，毅然改變了過去一貫的教育方針，對內變為崇尚個人自由，對外則憧憬於國際和平主義，以致從民國七年至民國十六年的十年之間學風大變。其結果為對內則紀律廢弛，不能成為有組織的國家，對外則空想和平，成為精神上和物質上解除武備的國家。直到國民革命奠定政權以後，這種個人主義和空想的國際和平主義的趨勢，才漸漸矯正過來。但已使中國成為有組織能自衛的國家，耽遲了十年，而食其受日本侵略的後果。在《教育哲學大綱》發行渝版之時，注重極權的軸心國家又有將為注重民主自由的同盟國家戰敗之勢。今昔情勢很相類似，我恐怕我國教育又將蹈過去覆轍，所以我大聲疾呼：「軸心國家誠然將因過分注重組織訓練，過分汩沒國民的個性，過分重視國家民族的權益而失敗，但是我們中國還是一個組織沒有完成的國家，我們卻無庸過慮組織機械化。我們個人的思想和行動還是太嫌散漫自由，我們卻無庸害怕過於嚴格的訓練。我們的國家還是太缺乏國防和軍備，我們的人民還是太重私利，我們此時也還不致因過重國家民族的利益，對外黷武好戰，對內犧牲個人。因此我們將來的教育決不能忽視組織與訓練，也決不能放棄國家民族的本位。我們當然也崇尚民治主義的理想，當然也蘄求國際新秩序的建立；但是必先養成守紀律負責任的國民，纔具備真正民治的條件。必先自完成一個獨立自主的民族國家，在將來新國際組織中才能成為一個有力的單位。我們必須檢討過去，預測將來，外觀世變，內審國情，建立一種合理的自主的教育哲學，作今後教育實施的方針，才不致俯仰隨人再蹈上次戰爭以後的覆轍。」我在大聲疾呼之餘，認為今後我國教育哲學，既不應採取軸心國的極權主義也不應完全模仿英、美式的民主主義，而將以折衷於善群與修己，組織與自由，訓練與興趣，民族與國際的一種社會哲學為依歸。什麼是這種社會哲學呢？我當時確認　國父手創的三民主義，以民族、民權、民生三者相界相成，使民族主義不致流為極權主義；使民權主義不致流為偏重個人主義的民治主義；使民生主義不致流為空想的國際共產主義，正合於這種折衷綜合的社會哲學的條件。因此主張中國教育哲學無疑的應該以三民主義為基礎演繹而成的系統。

我從民國二十三年的主張中國教育哲學需要一種哲學到民國三十二年的主張三民主義的教育哲學，實是經過多年思考與體認，尤是受戰時的實際感觸而起。當時實具有斐希特(Fichte)在普、法戰爭時向德意志人民演說的情懷與抱負，並非對於中國現實政治的附和。

第二次歐戰以後，國際情勢不出我的預料。國際和平主義仍是一種夢想，何時實現不知道要待幾千百年。中共更以其組織與訓練的優勢攫取了大陸。所幸我國憲法已明定我國為三民主義的國家，關於教育與文化的條文，也是三民主義為準則；三民主義的教育哲學，可幸已有了法律的基礎。如何把這準則應用到教育理論與實施方面，是在國人的繼續努力。我對於三民主義教育哲學除了從社會哲學的基礎加以肯定外，還在民國四十二年發表〈三民主義的綜合性〉

一篇論文（見拙著《文教論評存稿》第一三一頁至一三六頁）又從哲學的方法論方面發揮了三民主義哲學在教育方法上的綜合性。我認為古今中外的教育，在理論與實施方面，固然派別分歧，但可在大體上分為兩派。分派的標準，可有兩種：一個以個人與社會的相對價值為分派標準，一個以構成知識的元素——感覺與觀念——的相對價值為分派標準。第一標準依據了社會哲學或政治哲學；第二標準依據知識論，皆是具有哲學基礎的。依第一標準，一切不同的教育體制，都可大分為兩派。一派是偏重社會價值的，注重社會的組織與權威。一派是偏重個人價值的，注重民主與自由。三民主義的社會哲學，在社會與個人價值方面，無有偏重而具有綜合性，所以可為中國教育的根本原則，這在上文已經敘說了。至於依第二標準也可把教育分為兩派：一派是注重感覺經驗的，成為經驗派的教育。一派是重理性的，成為理性派的教育。前者重知，後者重行。三民主義對於重知與行兩派教育的對立，也具有綜合的功能。原來三民主義除了主義本身而外，還有一種方法論，這便是 國父的「孫文學說」和先總統 蔣公加以推闡而成的「力行哲學」。孫文學說和力行哲學在方法論上綜合了對立的經驗派和理性派，應用到教育方法方面也綜合了重知和重行的教育方法。

「孫文學說」和「力行哲學」都是以「行」來綜合感覺與觀念而構成真正

的知識的。「孫文學說」論人群之進化，分為不知而行、行而後知、與知而後行三個時期。此三時期實在以「行」貫通感覺與觀念而加以綜合的。「不知而行」，乃行其所不知而求其知，如科學家之從事試驗。「行而後知」乃據一觀念而加以試驗後所得之知識。既得知識更據以施行，此乃知識之應用，又是知識之進一步的發展。此是「知而後行」之時期。依　國父之意，在知行次第上，行為先，行得有困難，始求知，而知又非憑空而生，必在行中生知，也惟有以行來證知。知識既經證明，再據以實行，所以在整個知識發展歷程中就是以「行」來貫串經驗與理論而獲真知的。先總統　蔣公繼承「孫文學說」而倡「力行哲學」，把「行」之綜合性更加發揮而說「不行不能知」，更進一步以「行」來貫串純理知識與實際經驗。國父與先總統的知識論和最新的科學方法與精神正相符合，和現代哲學中代表科學精神與方法的試驗主義，也正相吻合。

三民主義有此合於現代精神的方法論，應用到教育方面，便可以㈠綜合了片面重知重行的教育。㈡綜合了注重純理知識和注重實際經驗的教育，也綜合了精神勞動和體力勞動的教育。㈢綜合了注重書本知識和注重應用技能的教育。㈣綜合了文雅教育和職業教育。㈤綜合了注重興趣和注重訓練的教育。因此我認為三民主義的方法論把教育方法上的種種對立一一加以綜合，實可與現代最進步的教育方法比美。正為三民主義的教育哲學，奠定了方法論的基礎。總而言之，三民主義依其政治政策可以綜合偏重社會與偏重個人的教育目標。依其知識論，又可以綜合偏知與偏行的教育方法。用之為教育最高原則，實在最確當的。

還有就教育與文化的關係而論教育的主要功能之一是傳遞一個民族的文化。傳遞文化自然不能忽視民族文化傳統，而三民主義乃是繼承中國堯、舜、禹、湯、文、武、周公、孔子的道統的，同時又主張吸收西洋文化以補我的不足，對於綜合中、西文化，又持有最適當的立場。以三民主義的文化綜合性而作為中國教育哲學的指導原則，也是適合歷史與時代的需要的。

三民主義的教育哲學，既合於憲法的要求又具有哲學與文化的基礎，實是我國此時實施教育的最高準則，如何在理論與實施方面據此準則而加以發揮，是在此時和將來的教育專家了。

最後有一點要特別附述的，我在上文強調三民主義教育哲學的綜合性，著重在民族、民權、民生三種主義的互相輔助限制方面，也說明了三種主義的不可偏廢，但沒有強調三種主義的不管任何情況，而要同時並重。當然在理想情況之下，三種主義齊頭並進，相輔相成，是最圓滿的目標。可是因為時地的情況不同，這三種主義有時不可偏廢，卻不可並重，而應該分個先後緩急。即以民族主義而論，在三種主義之中比較是最根本的。如民族不能獨立自存，人為刀俎我為魚肉，還談什麼民生？更談不到什麼民權。所以在一個民族存亡危急之秋，不論任何崇尚民主自由的國家，都要限制民權統制經濟。在這特別時期，民族主義便居首要。我中華民國便處在這危急存亡時期，民族主義便應該特別注重。可是朝野上下，似乎都不肯公然強調此點。在朝者恐被識為獨裁專制，而在野者只恐因此妨害民權民生，都不願公然主張此時應側重民族主義。因此在教育方面，亦無人公然以國家至上、民族至上來教誨學生了，我認為這是國家的危機。據我考據國際歷史與審察時代現狀的結果，不但依我國現狀，在教育上應注重民族主義，即使就國際情勢而論，強權衰退，公理伸張，真能達到世界大同的境界恐怕至早要在幾千百年之後。因此我們此時要圖自存，非注重民族主義不可。要注重民族主義，在教育上，還要和在世界大戰以前一樣，實行一貫的愛國主義。非此不能救亡圖存，願我教育界同仁懍之！慎之！

我在《教育哲學大綱》中未述及中國教育哲學。現在為了稍稍彌補這種缺憾，特假紀念本書發行五十週年的機會就我個人教育思想演變的結果，試述中國應需的教育哲學，及其應該注重之點，作為增訂版中「教育哲學的又一新頁」。

民國八十三年　一九九四（甲戌）　先生九十四歲　夫人九十三歲

三月　先生撰《庚年存稿》出版。本書為先生紀念九秩華誕而編印，亦以紀念為商務印書館首編《高級小學新法國語教科書》七十周年。本書內容分：〈論文與講詞〉、〈教育生涯片段〉、〈感舊錄〉、〈書序〉及〈自訂年表初稿〉等編。著者一生從事文教工作，自本書內容可窺一斑。商務印書館出版。

春　先生與夫人參加中央大學同學會，與會者有來自當年南京高等師範、東南大學、中央大學及現在的臺北中央大學、南京工學院、南京東南大學畢業校友。（中央大學的前身為東南大學，東南大學的前身為南京高等師範。）

七月　夫人眼睛白內障開刀，視力未見進步。

八月　先生跌倒，左手腕受傷，執筆困難。

九月　司琦、徐珍夫婦及林家興、王麗文夫婦相偕拜謁先生和夫人，研商為先生及夫人編輯年譜事宜，攜回資料，開始編寫工作。

民國八十四年　一九九五（乙亥）　先生九十五歲　夫人九十四歲

一月五日　先生勉力親書致陳立夫先生函，請為其夫婦年譜題耑，函由司琦攜臺轉奉。

二月十日　接陳立夫先生書寫年譜題耑。

六月七日　妙覺山萬佛聖城開山祖師宣化上人圓寂，先生撰輓聯悼念。

宣化上人圓寂

宣揚聖道萬眾共仰

化及黎庶薄海同欽

吳俊升合十敬挽

七月二十三日　林家興、王麗文夫婦返臺出席國家建設研討會，攜回年譜資料。邀國立政治大學歷史研究所李耿旭、劉怡青兩位研究生為編輯助理，參加編務，共同研商編輯進度及分工等事項。

十二月二日　先生口述〈我與王東原將軍文學結緣記〉一文，由林家興博士記錄，全文為：

我住在聖塔莫尼卡的時候，與王東原將軍比鄰而居，時有往返。他從阿罕伯拉回聖塔莫尼卡的時候，時常惠贈我吃的東西，深以為感。平常往來的時候，我經常勸他寫回憶錄。民國七十六年，他的夫人梁棣徵女士過世之後，我為其夫人題墓。《傳記文學》劉紹唐社長多次相勸，王將軍就開始撰寫《浮生簡述》。他的書由我作書後就登在《傳記文學》，對於他的行誼與事功，多所補敘。因此，他以後所寫的文章，必定先讓我過目，然後再發表。

在他九十歲做壽的時候，朋友們推我作一首詩來恭賀他。他對我寫的這首詩的印象很深，特別請臺北的書法家把它寫出來，懸掛在家裡的廳堂裡。

壽王東原先生九十

雍雍王公，德高望隆。允文允武，弼輔元戎。儒將風度，和藹謙沖。
六韜在胸，赫赫戰功。生聚教訓，化育才雄。復興陽明，眾仰高風。
餘力主政，人和政通。兩湖士庶，備致尊崇。奉使韓國，揚聲海東。
遨遊世界，高探蒼穹。立身大道，允執厥中。治軍主政，竭智盡忠。
齊家有方，一門融融。庭階玉樹，滿目青蔥。海外頤養，皤然一翁。
壽登大耋，神完氣充。期頤在望，福壽無窮。請晉一觴，多士呼嵩。

後來，我介紹他在正中書局出版他的《退思錄》。該書於民國八十年出版，我為他寫了一篇引言，加以介紹。自我遷居阿罕伯拉之後，也常有往來。

大陸在民國八十二年三月，出版了《何鍵．王東原日記》。在王東原將軍民國二十五年二月十三日的日記裡，提起了我的一篇文章。這篇文章是《國聞周報》要我寫的〈教育研究的檢討與展望〉一文。從他的日記可知，我與王東原將軍的文學結緣，已有五十九年之久。

王東原將軍於民國八十四年春天過世。在開弔之日，有人遵照王東原將軍生前的意思，把我給他的詩，改為〈王東原先生贊〉。有人把這篇〈王東原先生贊〉寫在白布，陳列在禮堂上。我因臥病在床，不克出席，至為遺憾。

十二月二十四日　司琦、徐珍夫婦將《年譜》整理稿及〈備供參閱資料〉從柏克萊寄洛杉磯，請先生和夫人審閱。

附載

一、教育家吳俊升——《新聞天地》週刊專訪

時間：一九九二年五月廿一日上午十時

地點：美國洛杉磯ALHAMBRA

人物：吳俊升（被訪問者）、卜少夫（訪問者）、成荷生（攝影·錄音）、倪亮、徐天白（在座者）

前言

我與吳俊升（士選）相識，大概一九五〇年在香港創刊《自由人》時期。

以後在臺北，由於他輔佐教育部長張其昀，任教部政務次長，見面較多。

再以後，由於他再來香港，主持新亞書院，晤聚更多。

直到他與倪亮夫人十二年前移居美國，也就暌違了十二年。一九九二年五月，在洛杉磯，將他們列為我寫的「二十世紀人」之一，正式訪問，我們前後相交，近半個世紀了。

吳倪俱南高、東南大學（後改中央大學，現改南京大學）出身，內子徐天白（品玉）一九三五年中央大學畢業，可說是他們的後輩小學妹了。因此，也有一點視我為小學弟的意思。

一九九二年五月，利用與天白遊美機會，在洛杉磯先後訪問了王東原、星雲大師與吳俊升。「二十世紀人」從今年四月號（二三五二期）《新聞天地》刊起，至今年十月，已刊出八篇，訪問吳俊升計畫在十一月號（二三五九期）發表的，但今年六月，吳俊升給我一封信，並附來一生行略（見下文）。提供了翔實資料，證明他的精神旺盛，更證明他的鄭重與精細。他夫婦畢竟都已年逾九十高齡老人了。兩宗文件皆吳俊升的親筆，字跡細小，字體清秀，實在令我敬佩而感動，將這兩宗文件，刊在訪問記後面，可讓讀者更認識吳俊升也。

據說，吳俊升、倪亮夫婦在美國十二年，已搬了好幾次家，現在住的地區Alhambra，是洛杉磯華人比較多的一區，雖然不能與Monterey Park比，但購物也方便，有不少中國店鋪。

此住宅談不上規模，聊堪容膝而已。他們夫婦外，還有一名老女管家，好像與他們夫婦有點親戚關係。

大兒百益，大女百平，俱在東岸，小女百慶在洛杉磯，她們都已成家，且有兩個在大學已畢業的孫子。看上去，小女兒夫婦會常來看二老的。

以下是訪談實錄：

訪問

卜：臺灣的教育方向，是不是與時代有點不順，現在的教育部長，清華大學的這位，不一定贊成聯考制度，你有什麼意見？

吳：聯考制度是立夫先生做部長時所創，那時候我幫他……

卜：陳立夫沒有在臺灣做過部長？

吳：沒有，曉峯先生在臺灣做部長恢復了這制度，在臺灣實行了這麼多年，沒有更好的制度可以代替，因為這制度是公平的。假使沒有聯考制度，臺灣的許多人，比方說，賣菜的人的兒女不會有今天。聯考制度公平，所以能發掘人才，使臺灣有復興的今天。我已離開多年，對教育上的大方針不敢多講。臺灣如今與二、三十年前不同，社會變更了，教育應該適應現狀，我認為最重要的是道德教育。現在大家有了錢了，反而在行動上不大守規則了，幻想太多。因此有許多為非作歹的事，這是以前沒有的現象。所以道德教育重要。如今科學發達，可是對人文教育還是不很注意，現在主持教育大政的科學家很多，當然他們有他們的貢獻，可是不要把人文教育忘記。我舉一個例子，中央研究院直到現在還沒有中國文學研究所，有人提議建立，可是當政的人說，我這裡不是雜貨舖，不能什麼都有。把中國文學比做雜貨，這話非常刺耳，後來大家爭論不息，終於要辦了，可是至今還沒有消息。什麼人籌辦我不清楚，可是許多真正的中國文學家並沒有參與，這件事使我覺得不安，希望會有所改進。當然我現在並不是批評哪一個。

卜：曉峯先生在中國之友社早餐，邀你邀我，他請你做次長，我記得我在旁敲邊鼓。

吳：你敲邊鼓是有的，不過那時候我已經答應了他。他到我家來說，有事要我幫忙，是說他本來要我做教育部長。

卜：向總裁推薦？

吳：向總裁推薦，他說結果總裁把大任交給了他，所以他要我幫忙。我說，你既然這麼說，我不能非部長不做，我一定幫你。所以，原則上我已經答應他了，你又加以促進，所以我就接受了。

卜：你跟曉峯先生幾年？

吳：四、五年，從他上任開始到他下任為止。

卜：你對曉峯先生怎樣看法？

吳：在教育上我認為有三位先進，李石曾、陳立夫、張曉峯。他們都想做事，都是大而化之的人，三個人各有貢獻，貢獻都很大。李石曾先生有時候做得太多了一點，以致有許多事他自己照顧不到，可是他的氣派了不得，是個創業的人。立夫先生繼承李石曾先生的氣派，人家說他大而化之。可是他做了許多事，其中有許多事至今仍繼續，仍在遵行，聯考便是一件。貸金又是一件，如今臺灣無需貸金……大家都有錢了。可是使貧窮的子弟能有讀書的機會，這是要緊的。曉峯繼承這一系統。

卜：你認為這三個人同一個作風？

吳：一個作風，可是成就各不相同。李石曾先生沒有正式當過教育行政長官，在辦學校和許多其他方面都是很有魄力的。立夫先生在抗戰時期方針很正確，大力推進，做過許多許多的事。他一生的貢獻我認為在教育方面比在黨務方面更多。曉峯先生所處的局面小，可是做了許多大事，當然他有的時候做得太快一點，他什麼都要做，都要做得好。所以他每天都在奮鬥，我很慚愧，我還拉他一把，勸他少做一點。當然他有時候不一定採納我的意見，不過我總是對他盡了我的責任，要他不要太過，慢慢地來。比方說聯考，他一上來就要恢復聯考，這很對，但那時候就有校長——我不知道是出於本心還是使壞——他們說，這很好，聯考由教育部辦。我一聽就知道這件事要糟糕，因為那時候教育部剛接收，在輿論上還沒有一致，忽然換了新的部長來，人手也不夠，要自己辦聯考，不是那麼容易的事。當初在立夫時代並非由教育部來辦這件事，而是由教育部主辦這件事，各方面都要負責的。那時候是抗戰時期，情況不同，大家遵守命令，很容易推動。臺灣地方雖小，要推行卻不那麼簡單。我立刻寫了報告給他，說明教育部沒有力量來辦這件事，像出題目等等，一不小心就要出亂子，他接受了我的意見。如今聯考仍由各大學組織委員會來辦，由教育部監督。要不然，出了事就麻煩了。我沒能夠幫助他很多，談這件事只是拾遺補闕。

卜：除了這件事外，你還有什麼得意的事？

吳：在立法院方面，我有許多熟朋友，比方說免試升學，他並沒有全面辦，只是斟酌試辦，立法院反對，我為他在立法院疏解，打消了反對案。當時的立法院教育委員會委員我都很熟，只有胡秋原是唱反調的。這辦法試辦不順利，倒是後來蔣總統採取了這個辦法，將義務教育由六年延長到九年，將初中納入義務教育。今天許多在臺灣的領袖應該想一想，當初要是沒有這種公平的教育制度，他們有許多人是不能成為領袖的。他們應該不忘記曉峯先生，有立夫先生開創於先，曉峯先生繼續於後。

卜：請比較五四與文革。

吳：文革與五四不可相提並論。五四是愛國運動，後來才變為新文化運動。新文化運動與文革也不可相提並論。因為文革是政治運動，幫助毛澤東鞏固政權，不是文化運動，再說，文革所造成的傷害太大太大，知識分子被他們殘害得太多太多。連他們內部不同情他們的知識分子也有許多人受傷害，這是不可彌補的。至於文物，被摧毀的文物也是不可彌補的。五四打倒孔家店，只是暫時提倡，並沒有真正的實行。有一次我當面問吳稚暉先生說，你要把線裝書丟進茅廁三十年。他說現在快到三十年了，應該拿出來了。所以吳稚暉先生後來是贊成教育部尊孔政策的。就是當初贊成打倒孔家店主張全盤西化的胡適之先生，後來也只主張簡單西化。中共把一切文化都消滅，秦始皇焚書坑儒，只不過坑了幾十人，書也並非所有的都要燒燬，有許多書都留了下來。

卜：所以不能比？

吳：不能比。

卜：秦始皇焚書坑儒不像文革範圍之廣。

吳：文革使所有的知名之士都受到殘害，被弄死的、自殺的不知道有多少。如今大陸也變了，提倡固有文化，古為今用，兩岸已無甚分別。

卜：請談談在美國求學的中國學生。

吳：我的印象是最初大陸的學生程度不如港、臺的，現在大陸、港、臺的學生都差不多。美國最初對大陸學生比較優待。從前臺灣學生表現優異，以後難說。

我來美已十一年，子女都在美國。

兒子已六十多歲，在哥倫比亞大學和紐約市大學教書，他原讀中央大學外文系，後來在波士頓大學取得西洋文學碩士，後來是加州大學數學學士，哥倫比亞大學數學碩士，哥倫比亞大學東方文學博士。

大女兒在新澤西，於波士頓大學心理系畢業後，改學電腦，如今是電腦專家，已婚有一子。

小女兒臺大畢業，耶魯大學碩士，紐約大學化學博士，現在丈夫一同在噴氣推進實驗所從事研究工作。有一子，在加州大學取得電氣工程學士後，現在紐約大學學法律。

無外孫女。

曾跌倒數次，兩年多前在洗澡間跌倒，肋骨斷了幾根。一年多前在路上跌倒，傷了肩骨。後來上街買報，又跌倒一次。現在腿上有濕氣、腿軟，有時使用助步車。

二、吳俊升先生自述行略

一九九二年，吳俊升六月來函：

少夫兄嫂儷鑒：前奉

覆函，敬悉一一。《新聞天地》最近三期，三位訪問錄已經先後發表，內容極為精采，及富趣味，承

兄不棄，弟亦在訪問之列，但曾訪問諸公均功業彪炳人物，弟能濫竽，自愧薄植疏才，難與倫比。茲奉上臨時草成之〈行略〉一篇，供兄嫂參考，或可于記問時酌為採用，使行誼表現不至過外寒傖，有損

兄嫂知人之明也。臨文草草，因年邁之故，並乞

諒恕為幸。匆此順候

撰安

弟吳俊升寫　六月十四日

余生於寒素之家，祖先中雖曾有人遊宦，並在鄉留有家當。但以累世耕讀，家道中落。先祖與先父俱以教讀維生。余生於如皋車馬湖池家庄一茅屋中。小學畢業後無力升中學，乃升入本縣全公費待遇之師範學校。畢業後無力入大學，更進入有公費待遇之南京高等師範學校。同時在與高師並立之東南大學補修學分一年，始得學士學位。其後留學法國，因當時法郎特別低廉，遂以大學畢業後服務中學之數年積蓄及本縣政府之一部補助，始得入巴黎大學肄業。其後法郎兌值暴漲，賴向親友告貸，及美國一基金會之補助，始能完成論文，取得學位。

余畢生從事文教工作，俱從低層做起。在教學方面，曾為小學教員、中學教員及大學教授、系主任、院長，及副校長等職。在教育行政方面，曾從科員、主任祕書（相當於科長職位）、司長，累升為政務次長。循序漸進，未嘗躐等；亦未嘗依賴任何外力支援。

余除實際從事教育工作外，並致力教育學術研究。平時以研究所得，著成專書及論文，對於當代教育思想與實施，不無影響。所引以自慰者，約有數事：

在日本侵華中日戰爭將起時，一部輿論主張全盤教育改弦更張，實施非常時期教育，一時議論紛紛，發生教育危機。余時任教北大，於民國廿五年在《大公報》發表「星期論文」一篇，題為《論國難時期的教育》。此文大意謂：教育之效能原是有限而迂緩的，要解決國難，不能全賴教育，也不能放棄百年大計，但求速效。國難時期所需要的教育，不應是在原有教育而外另加一種教育，而應該是全部貫徹救國目的的教育。也不應只是應付一時非常局面的教育，應該是應付

「來日大難」的教育。此文對於當時停止平時教育改辦戰時教育之主張，發生平衡的作用。也對於後來對日抗戰的教育政策之制度與實施，發生影響。此種主張適與中樞之教育政策相合，因而有陳立夫部長提余任高等教育司長之舉。而抗戰時教育則是大體維持原制，另有適應戰時需要之若干措施，使教育根本未有動搖而適應戰時特殊需要，如徵召學生從事工程醫藥及美軍翻譯工作，及最後之「十萬青年十萬軍」之徵召，對於建國抗戰雙方兼顧，未有偏廢。

余在教育理論方面對於教育實施有實際影響者，即為在國民政府成立前後我國教育受杜威一派新教育之主張亦步亦趨，有時走向極端。余在北大任教時，曾發表〈重新估定新教育的理論與實施的價值〉一文，對於當時在「新教育」名義下的施行之教育不免有偏重個體發展自由與興趣之義，放任主義、心理主義、活動主義，與狹隘的實用主義之趨勢，故從社會的觀點加以批判，並評估其價值。此一論文對於教育實施陸續發生影響。我國中學與大學教育未至放任自由而能保持學業程度與教育水準。此文以及余從事教育行政所執行之政策，對之均有影響。

余之教育思想初偏向杜威主義，後以〈杜威之教育學說〉為博士論文專題，發現其學說之演進不免經人誤解，偏向極端，故作持平論斷。後來關於杜威之研究繼續持批判態度，當其聲望隆盛時，未有溢美之稱頌。當其聲望低降後，亦未嘗隨眾詆毀，而為其受誤解而辯護，但亦不諱其偏失。因此余之論著，常受歐、美學者之徵引，而成為國際具有微名之杜威研究專家。余所作關於杜威之著譯有多種。其中有以中、法、英文發表者，亦有西班牙譯本。在余全部近三十種著譯專書中，以關於杜威研究為較多。其中可以提述者，在杜威當年在華全部演講，其原來英文手稿或講演大綱，在美已全不存在。余在夏威夷大學時與Clopton 教授將杜威全部演講還譯為英文，全稿存在夏大圖書館。如此當年佛經中馬鳴菩薩所著之《大乘起信論》，和由真諦譯成中文，但馬鳴原著在印度失落不見，由玄奘依真諦中譯原本再譯成梵文，回饋印度之故事。直到現在，由中文還譯為英文杜威在華演講已有三冊問世。其中兩冊在美國出版，一冊在中國臺灣出版。

余在抗戰期間，在教育行政方向，可述之事略，為在中樞決策與陳立夫部長領導之下，執行抗戰與建國雙重教育政策。在高等教育方面，安置流亡員生，賡續絃誦。不僅遷移原來院校，並根據當時需要，增設院校，造就人才。最重要之措施，為實行貸金制度，使流亡青年完成學業。並在考送官費留學生以外，以官價外匯准留英美學生結匯，事實上等於公費留學，因此造就人才甚眾。至於規定區大學院校行政組織，整理課程，審核師資，及統一入學考試，均為當時與後來建立規模。在保全文物國際文化、合作方面，亦有適當措施。

在大陸陷共前後，余曾受杭立武部長徵召任政務次長。對於安置流亡員生，維持絃誦，及平定學潮與遷移古物，亦曾盡力。

政府遷臺以後張其昀部長主持部務時，余曾奉召再作馮婦，為政務次長。輔助行政數年，對於張部長之大力推進各級教育，亦曾盡力相助。

在香港任職新亞書院期間，對於參加創設中文大學及維護新亞傳統，曾經盡力。中大改制後在農圃道之新亞原有事業方面，曾在新亞董事會致力維護。結果除新亞書院歸屬中文大學以外，農圃道之新亞研究所，離中大而獨立設置。另增新亞文商書院。原有之新亞中學繼續存在。因此農圃道仍保有原體系與原有精神。

余在港曾與王雲五、成舍我、卜少夫、阮毅成、端木愷、程滄波諸公創辦《自由人》期刊。現已停刊多年，而當年諸公除卜少夫兄與余尚健存外，其他諸公多已作古矣。余所參加之團體有少年中國學會、中國教育學會、美國哲學會、杜威學會。曾參加之會議有中研院召集之漢學會議，孔孟學會召集之國際孔學會議，全國教育會議，美國詹生總統召集之世界教育會議等。

退休在美期間，曾整理舊作出版專著數種，其中有《增訂江皋集》。

（原載《新聞天地》週刊「二十世紀人」欄專訪之後）

索引

一、年譜依時為序，一一列舉譜主一生的事實，自難窺其全貌。本書編輯以譜主傳記項目為架構的索引，備供參閱。

二、本索引項目依年譜條目，分為譜主之身世、教育、經歷、著述，婚姻及姻親、子女、學術及社交活動、旅遊及其他，共九項。

三、上述年譜項目中前四項：身世、教育、經歷和著述，係將其內容別為二位譜主編索引；後五項：婚姻及姻親、子女、學術及社交活動、旅遊和其他，多為家庭有關事項，共編索引。

四、本索引之編排，採用以下三種方法：

甲、分類法：依年譜條目之性質，酌予分類，如前述將年譜條目分為九項；又如「著述」項中又分為專書、專文、書評、序文等小項，均為採用分類法者。

乙、字順法：依項目、小項、專書、專文等首字的筆畫由少而多為序；首字筆畫多少相同者，以橫、直、點、撇、彎為序；首字相同者，依其第二字筆畫為序，餘類推。如「著述」為專書或專文，各自獨立，其次序即用字順法。又如「專文」小項中，列有「杜威」有關的八篇專文，採字順法便於排在一起，一目了然。

丙、時序法：依項目或小項（即事項首次發生之頁碼少在前，多者後），條目所述事項發生之時間之先後為序。如譜主所受「教育」採用此法，則依接受初等、中等、高等教育及研究院為排列次序。

五、前條所述三種編輯索引方法，一般書籍多用字順法。本書為編輯譜主傳記架構式的索引，特增用分類法及時序法，並彈性應用。如「專文」係採用「字順法」，亦夾用「分類法」及「時序法」，將譜主「自壽詩」五首及「壽陳立夫先生詩」三首，分別歸類集中在一起，各加小項目標題，即為一例。

六、本書所列國內外及文教大事等條目，旨在顯現譜主所處時代的背景及影響，未列入索引。

七、本索引之編輯工作，係請世界新聞傳播學院趙慶河副教授、臺灣省教育廳兒童讀物小組崔蕙萍編輯，就年譜項目內容酌採分類法、字順法及時序法合力精心編輯完成。此一當代學人伉儷年譜之傳記架構式的索引，試為年譜索引編輯方法開創新例。

司琦　民國八十五年聖誕節前夕於洛杉磯

一、身世

二、教育

三、經　歷

四、著述

吳俊升

專書

專文

書評

序文

〈重印志頤堂詩文集序〉（沙健庵遺作） 二一一
《香港中文教育史》（王齊樂著）序 二三三
二三四—二三六（全文）
《增訂約翰杜威教授年譜》自序 二四四
《教育哲學大綱》渝版自序 九七 九八—一〇二
（全文）
《教育哲學大綱》臺灣增訂版自序 二〇八 二〇九
—二一一（全文）
《教育哲學大綱》問世五十週年自序 二九五
二九六—三〇八（全文）
《教育論叢》自序 一三三—一三四（全文）
張正藩教授著《訓育問題》序 二〇八

倪 亮

專書

心理測驗之理論與實施（上下冊、大學用書）
一四九 一五〇（圖）
初商統計製圖（教科書） 一一五

專文

一年以來的心理學（四十四年） 一三二
民國四十三年度心理學研究 一一五
李・克榮保赫所著之《教育心理學》之介紹（節譯）
一二三
喬治居瑪主編的《心理學全書》（譯作） 四五
四六—五六（影印全文）
Etude sur la Selection Psychotechnique des Apprentis dans une Ecole D'apprentissage, 1931（博士論文） 四二

研究報告

中學生人格測驗研究報告（與鄭發育、張幸華合撰）
一一五 一一六—一二二（影印全文）
主題統覺測驗被試在所講述故事中所做隱匿之研究
一五三 一五四—一五九（影印全文）
國軍不適現役人員檢定組暖暖中心受檢士兵智力衰退之研究 一三七 一三八—一四七
（縮本全文）

測驗

五、婚姻及姻親

六、子女

七、學術及社交活動

八、旅遊

九、其他

後記

教育活動源遠流長，而教育成為一門專門的學問，受哲學與心理學的影響很大。自採行新教育以來，研習教育者無不視教育哲學及教育心理學為教育的基礎而予以重視；因此培育師資的各級師範學校，均設教育哲學及教育心理學為必修科目，並對教育哲學及教育心理學有卓越貢獻的學者莫不為杏壇所尊崇。

吳公俊升（士選）先生、夫人倪亮（朗若）女士初習教育，後復分別對教育哲學與教育心理學作精專的研究，嗣後伉儷同日榮獲巴黎大學博士學位，傳為士林佳話；加以畢生堅守教育崗位，相伴遨遊環宇，共臻遐齡尤為罕見。謹將二老生平、經歷、著述、學術及德業依年齡為序編為合譜。如今稿成，謹簡述編輯年譜的要點和經過。

一、創編伉儷雙譜：依《中文大辭典》中「年譜」一詞的解釋為：「按年次記載一人生平事蹟曰年譜，大率為後人就其著述及史籍所載事實而考訂編次之者。」我國歷代刊行的年譜頗多，該辭典舉出「宋洪興祖有《韓愈年譜》、趙子櫟有《杜工部年譜》、元程復心有《孟子年譜》」為例，譜主均為一人。本譜基於「人間最難得者三事：聰明才智，未必年登耄耋；夫妻博士，未必賢而偕老，著作等身，未必文能載道：斯三者公伉儷兼而有之。」（引自〈吳士選先生伉儷九十雙壽序〉，胡國材撰。）故而創編伉儷合譜（本書簡稱《吳倪伉儷年譜》）。

二、擬定年譜架構：年譜為傳記的一種，按年齡次序，也就是以時為經，記述譜主生平之事蹟為緯。翻閱多冊年譜，用以記年的方法亦頗不一致。本譜用：民國（民前及民後）、公元、帝號及干支四種紀年：民國及公元紀年在前，帝號及干支加括弧於後。

年譜依時記事，常被視為譜主的流水帳。近代年譜偶有依譜主一生的轉折處分節，每節加標題，以便閱者知譜主一生的梗概。本譜的譜主二老結縭以來，雖從未久離，然服務的學校及機關未盡相同。因此，本譜不以服務單位及職務分節，而以其遷住地區為主，分為：幼年生活、接受師教、負笈巴黎、執教北平、西遷重慶、舌耕南京、任職臺北、講學香港、息影洛城和九秩榮慶等十節，以顯現二老生活歷程的脈動。

年譜的條目先依時繫年，然後將每年的條目分月，每月的條目分日。凡有年無月者列於年之末，有月而無日者列於月之末，幾成為年譜條目排列的通例，本譜亦屬如此。至於每年條目的排列，係參照《近七十年來教育大事記》（丁致聘編）的排法，但同一月日的條目之上加黑點「・」，便於識別。

三、搜集譜主史料：先生撰有《教書生涯一周甲》（傳記文學出版社出版）及〈自撰年表初稿〉（文載《增訂江皋集》東大圖書公司出版）二種傳記文獻：前者為獻身教育事業六十年的回憶錄，後者為簡明的自撰年表，成為編輯本譜的基本文獻。二老的論文：先生編有《教育論叢》、《教育與文化論文選集》及《文教評論存稿》等文集，已收其一生的主要論文；夫人的著譯及散載在心理與測驗刊物的論述未予收藏。

自決定編輯二老年譜以後，即取閱其收藏的專書、文集及其他傳記文件予以分類，初加整理。返臺後除請教育部、國立臺灣大學、國立政治大學及國立臺灣師範大學的人事單位提供二老的履歷表及人事資料外，並請北京吳宗蕙女士（首都師範大學學報編審、文藝評論家）、臺北韓介光主任（政大社會科學資料中心研究發展組）、林淑芬編輯（國家圖書館書目資詢中心）、許秀梅助教（臺大心理研究所）協助；承提供譜主書目或搜尋並影印歷年在報刊中發表的論述，謹誌申謝。

年譜多為後人就前輩的著述及傳記資料考訂編次而成。本譜譜主年逾九十高齡，先生手傷難以執筆，夫人苦於白內障，視力較弱。然身體均硬朗，記憶亦清晰；編譜之事在二老的指導之下，進行口述補充條目；每遇疑難之處，面談立決，故能順利竣事。

四、編撰年譜譜文：年譜的編撰為記述譜主一生的事實，依「縱經（時間）橫緯（事蹟）」的架構加以編組譜文。由於譜主的經驗、著述、事功和德望有別，其一生的事蹟自不相同。夫人為心理學家，且長於心理測驗的編製和應用，並研繪國畫，因此選列與傳記有關的國畫〈鞠有黃華〉。先生為教育家，對教育哲學及杜威學說的深入，固廣受中外人士的尊崇；然亦精於詩詞，享譽文壇。本譜除記述二老生平事蹟及對其專著略作簡介外，並將二老從事文教活動過程中具有學術性、歷史性和紀念性的重要作品列為引文；至於與傳記有關的詩詞和國畫應酌予選列，以供學術研究和文藝欣賞。

本譜選列的引文，有中文、英文和法文的作品；同為中文的作品，今昔的標點符號不同；且有些作品列有插畫及統計圖表，故將選取早期的作品影印後加框表示為引文列譜，保存文獻原貌。

五、編排年譜圖片：古代印書用刻版方式，其時攝影技術尚未發明，早期的年譜自無照片列入。近年出版的年譜僅在卷首列有譜主的肖像和手蹟之類的照片。鑒於年譜為記述譜主的生平活動，照片入譜，易使閱者見圖而知其人。又譜主著述宏豐，其中有絕版者，列入書影，俾研究者據以尋閱。

本譜將圖片分為彩色和黑白兩部分：前者用銅版紙精印，列於卷首；後者分列在譜文與條目配合。為便於編列「彩色圖次」及「黑白圖次」，每一圖片均加名稱，在其後酌加說明。

六、編附索引備查：年譜為「依時記事」之作，與傳記依身世、教育、經歷、著述、功勳等論理的組合不同。因此，閱年譜而欲知譜主曾服務那些機關？撰述那些著述？頗為不易。多年前我訪晤楊亮功先生，承告其年譜正請蔣永敬教授等撰述中；我建議其年譜宜編傳記架構式的索引，使閱年譜者易於獲知傳記的資料，他頗為讚許。民國七十七年五月，時我奉教育部人文及社會學科教育委員會主任委員劉季洪先生之命綜理會務，楊公攜《楊亮功先生年譜》（聯經出版事業公司出版）付印清樣莅會，囑編索引；經輔導黃琴鳳（中興大學畢業）和蕭順涵（政大教育系研究生）二位研究助理編竣。本譜仍依前例編列譜主傳記項目架構式的索引，請趙慶河歷史副教授（世界新聞傳播學院）、崔薏萍編輯（臺灣省教育廳兒童讀物小組）合力編輯。因本譜的譜主為二人，故編輯索引自必費力。

七、成立編輯小組：抗戰時期先生應教育部陳立夫部長之邀，接掌高等教育司，手創大學學生貸款制度，使奔赴後方的流亡學生弦歌未輟。我當時在國立暨南大學讀書，身受其惠。民國四十三年五月，張其昀先生接長教育部，先生應邀出任政務次長，其時我奉派在普通教育司服務，忝屬胥列，多蒙指導愛護。約二十年前內子徐珍撰述《我國早期小學社會教材發展研究》一書（正中書局出版），近年我撰述《中國小學教科書發展史》一書（國立編譯館主編）均蒙先生撰賜序文。高山仰止，厚愛難忘，故樂於為二老編譜。

林家興、王麗文二位均是政治大學教育學系畢業，教育研究所碩士；繼赴美深造獲博士學位，在洛城聯合心理顧問中心工作，適為吳府近鄰。他們敬老尊賢，欣然應我之邀，為政治大學前文學院院長吳公伉儷年譜的助編，紀錄二老口述事蹟，並協助二老在洛城和我在臺北間的聯繫。

李耿旭、劉怡青二位均為政治大學歷史研究所的研究生，既富有史學素養，又精於電腦打字，應邀參與編譜工作。因年譜資料原是分項整理，須加以整合；年譜條目時有增減，句法須求一致，打字稿一再修改。但因二位學藝兼備，做事負責，故能及時完成清晰的文稿。

憶民國八十三年九月，我們由臺北到洛城成（華）兒家度假期間，拜訪二老；其時適先生跌傷，執筆維艱；夫人白內障開刀，成效欠佳，閱讀仍覺困難。違教年餘，再度聚敘甚歡，並決定編輯二老合譜。嗣經編輯小組年餘的分工合作，始成全稿。八十四年十二月，我們由臺北攜合譜文稿先到柏克萊文（華）、永（華）二女家綜閱文稿、排列插圖、編寫頁碼，然後影印裝訂成冊，於二老九五華誕前夕，寄請審閱定稿。

在整理文稿期間，憑窗俯覽舊金山海灣，景色幽美；遠眺金門大橋，在夕陽的襯托之下尤為壯麗迷人。大橋便於人群和車輛由此岸到達彼岸；教育亦如人類文化的橋樑，使前輩的學術思想傳遞到後輩。二老在教育哲學與教育心理學的貢獻素為杏壇所尊崇，道德文章亦為士林所景仰。

編輯小組人員或為其舊屬，或為其後學，為彰顯二老德業，合力完成初稿。後聞知曾任教育部統計長多年的朱暢鑒先生是夫人在抗戰期間執教國立重慶大學的高足，乃請其審閱譜稿；承惠予補充條目，增列照片，並提供寶貴意見，獲益良多。

國立教育資料館乃先生於民國四十四年在教育部擔任政務次長時所創設，館長毛連塭博士聞知本書編輯小組為二老編譜祝壽，欣然惠允將本年譜列錄國立教育資料館叢書，敬經承三民書局董事長劉振強先生欣然同意其鄉賢且為杏壇先進之年譜的印行，而使當代教育家及心理學家的學術思想和道德風範流傳久遠！

司　琦　民國八十四年聖誕節前夕於柏克萊